Jan-Noël Thon

Postdigitale Ästhetik

Osnabrücker Beiträge zu Literatur und Medienkultur

Herausgegeben von
Jan-Noël Thon

Band 1

Jan-Noël Thon

Postdigitale Ästhetik

DE GRUYTER

Die Open-Access-Veröffentlichung des vorliegenden Bandes wurde aus Mitteln der Universität Osnabrück sowie des Publikationsfonds NiedersachsenOPEN, gefördert aus zukunft.niedersachsen, großzügig unterstützt.

UNTERSTÜTZT VON / SUPPORTED BY

Alexander von
HUMBOLDT
STIFTUNG

ISBN 978-3-11-163832-4
e-ISBN (PDF) 978-3-11-163866-9
e-ISBN (EPUB) 978-3-11-163991-8
ISSN (print) 3053-8157
ISSN (online) 3053-8165
DOI https://doi.org/10.1515/9783111638669

Library of Congress Cataloging-in-Publication Data
A CIP catalog record for this book has been applied for at the Library of Congress.

Bibliografische Information der Deutschen Nationalbibliothek
Die Deutsche Nationalbibliothek verzeichnet diese Publikation in der Deutschen Nationalbibliografie; detaillierte bibliografische Daten sind im Internet über http://dnb.dnb.de abrufbar.

Einbandabbildung: Abbildung Frontcover: amtitus / DigitalVision Vectors / Getty Images; Muster Rücken: Svetlana Shamshurina / iStock / Getty Images Plus; Muster unten: huseyintuncer / E+ / Getty Images

www.degruyterbrill.com
Fragen zur allgemeinen Produktsicherheit:
productsafety@degruyterbrill.com

Danksagung

Die Osnabrücker Beiträge zu Literatur und Medienkultur zielen im Rahmen konziser Monografien auf die Verortung gegenwärtiger Theoriebildung und Forschungspraxis der Literatur-, Kultur- und Medienwissenschaft. Der hier vorliegende erste Band der Reihe befasst sich vor diesem Hintergrund mit dem für die gegenwärtige Literatur und Medienkultur zentralen Bereich einer postdigitalen Ästhetik.

Dieses Thema habe ich seit 2018 zunächst anlässlich verschiedener Vorträge in Aarhus, Berlin, Bremen, Farnham, Freiburg, Hamburg, Köln, Lausanne, Mainz, Passau, Trondheim, Tübingen, Valletta und Warschau sowie im Rahmen meiner Antrittsvorlesung an der Universität Osnabrück entwickeln dürfen. Die Muße zum Schreiben habe ich dann vor allem im Rahmen von drei längeren Gastaufenthalten am Zurich Aesthetics Lab der Universität Zürich gefunden, die zwischen 2023 und 2025 durch ein Feodor Lynen-Forschungsstipendium für erfahrene Forschende der Alexander von Humboldt-Stiftung gefördert wurden. Ich bin den jeweiligen Kolleg*innen für die Vortragseinladungen, den Zuhörer*innen meiner Vorträge für anregende und kritische Fragen, vor allem aber der Alexander von Humboldt-Stiftung für die großzügige Förderung und meiner Züricher Gastgeberin Frauke Berndt für die umfassende Unterstützung des Projektes außerordentlich dankbar.

Es handelt sich beim vorliegenden Band um meine erste längere Veröffentlichung zu diesem Thema in deutscher Sprache, aber ich habe einige der hier vorgestellten Überlegungen parallel in zwei englischsprachigen Kapiteln präsentiert:

Thon, Jan-Noël. „AI Horseplay: Postdigital Aesthetics in AI-Generated Images“. *AI Aesthetics: AI-Generated Images between Artistics and Aisthetics*. Hg. Jan-Noël Thon und Lukas R. A. Wilde. Abingdon: Routledge, 2025. 22–58.

Thon, Jan-Noël. „Postdigital Aesthetics in Recent Indie Games“. *Videogames and Metareference: Mapping the Margins of an Interdisciplinary Field*. Hg. Theresa Krampe und Jan-Noël Thon. Abingdon: Routledge, 2025. 221–283.

Ich danke meinen Co-Herausgeber*innen Theresa Krampe und Lukas R. A. Wilde, Suzanne Richardson von Routledge sowie Anne Sokoll von De Gruyter für die immer sehr angenehme Zusammenarbeit. Auch danke ich Claudia Benthien, Kieron Brown, Jannik Müller, Maike Sarah Reinerth und meinen Osnabrücker Studierenden für hilfreiche Hinweise, Benjamin Beil, Franziska Bergmann, Stephan Packard und Jens Schröter für die kritische Lektüre des Manuskriptes sowie Isabelle Hamm und Kieran Schmidthaus für die abschließende Korrektur der Druckfahnen.

Für die so kontinuierliche wie verlässliche Unterstützung im privaten Rahmen, ohne die konzentriertes Denken, Lesen und Schreiben während der letzten Jahre kaum möglich gewesen wäre, möchte ich schließlich Almut, Franziska, Mattis, Viola und Wolfgang danken, denen der vorliegende Band gewidmet ist.

https://doi.org/10.1515/9783111638669-202

Inhalt

1 Einführung

Aufmerksame Beobachter*innen der einschlägigen Theoriediskurse werden in den letzten Jahren eine zunehmende Tendenz bemerkt haben, die traditionell als Digitalisierungsprozesse beschreibbaren technologischen wie soziokulturellen Transformationen nach der sogenannten digitalen Revolution als Symptome des Postdigitalen neu zu rahmen. Tatsächlich handelt es sich beim ‚Postdigitalen' um einen ausnehmend schillernden Begriff, der in unterschiedlichen disziplinären Kontexten und durch verschiedene Theoretiker*innen recht heterogen konzeptualisiert wird, wenngleich das Präfix ‚Post-' hier grundsätzlich nicht auf das Verschwinden digitaler Technologie, sondern auf deren ubiquitäre Präsenz verweist. Der vorliegende Band fokussiert nun aber weniger auf diese noch recht allgemeine Feststellung als vielmehr auf die spezifischere Frage, zu welchen neuen Praktiken, Artefakten und Erfahrungsräumen die sich aus der Ubiquität digitaler Technologie ergebende Verschiebung, Verwischung oder Auflösung der Unterscheidung zwischen dem Digitalen und dem Nicht-Digitalen geführt hat und inwiefern sich selbige unter den Begriff einer ‚postdigitalen Ästhetik' subsumieren lassen.

Im auf diese Einführung folgenden zweiten Kapitel werden zunächst die theoretischen und theoriegeschichtlichen Grundlagen einer dezidiert postdigitalen Ästhetik ausführlicher dargestellt. Auf eine umfassende Rekonstruktion des Begriffs des ‚Postdigitalen' folgt eine genauere Bestimmung des nicht weniger schillernden Begriffs der ‚Ästhetik', welcher insofern medienanalytisch ausgerichtet wird, als es dabei nicht primär um ästhetische Urteile oder (evaluative) ästhetische Eigenschaften geht, wenngleich weiterhin zwischen ästhetischer und nicht-ästhetischer Wahrnehmung unterschieden sowie neben der hier zentralen Frage nach der ästhetischen Form von medialen Artefakten, denen wir eine postdigitale Ästhetik zuschreiben können, auch die nicht weniger relevante Frage nach den ästhetischen Praktiken berücksichtigt wird, durch welche derartige mediale Artefakte überhaupt erst erschaffen und als postdigital verstanden werden können. In der Zusammenführung der schillernden Begriffe des ‚Postdigitalen' und der ‚Ästhetik' wird so schließlich eine umfassende Konzeptualisierung von postdigitaler Ästhetik vorgeschlagen, die sich in vier mindestens heuristisch voneinander unterscheidbaren Bereichen des Postdigitalen beobachten lässt: einer ästhetischen Intensivierung des Digitalen, einer ästhetischen Transferbewegung vom Digitalen ins Nicht-Digitale, einer ästhetischen Intensivierung des Nicht-Digitalen sowie einer ästhetischen Transferbewegung vom Nicht-Digitalen ins Digitale. In den beiden folgenden Kapiteln werden diese vier Spielarten postdigitaler Ästhetik dann an einer Reihe einschlägiger gegenwärtiger Beispiele genauer konturiert, analysiert und illustriert.

https://doi.org/10.1515/9783111638669-001

Entsprechend spezifiziert das dritte Kapitel im Anschluss auch an Diskussionen um Begriffe wie ‚Post-Internet-Kunst' (*post-internet art*), ‚Glitch-Kunst' (*glitch art*) und ‚neue Ästhetik' (*new aesthetic*) zunächst die ästhetische Intensivierung des Digitalen und die ästhetische Transferbewegung vom Digitalen ins Nicht-Digitale mit Blick auf die Remediatisierung von durch Störungen in der digitalen Signalverarbeitung und -übertragung hervorgerufenem Rauschen, Knacken und Knistern, die Verpixelung digitaler Bilder sowie ein noch einmal umfassenderes Feld auditiver, visueller und audiovisueller Glitches in sowohl digitalen als auch nicht-digitalen medialen Darstellungen. Hier geht es also nicht mehr in erster Linie um die glatte, glänzende und größtenteils in kalten Blautönen gehaltene Formsprache einer insbesondere in den 1990er und 2000er Jahren dominanten digitalen Ästhetik, sondern um eine Ästhetik der Störung, die in der Verschiebung der Aufmerksamkeit vom (medial dargestellten) Inhalt auf die (wahrnehmbare ästhetische) Form immer auch auf die Materialität digitaler Technologie verweist. Dass es sich sowohl bei der ästhetischen Intensivierung des Digitalen als auch bei der ästhetischen Transferbewegung vom Digitalen ins Nicht-Digitale um transmedial zu denkende Spielarten einer dezidiert postdigitalen Ästhetik handelt, wird dabei mindestens schlaglichtartig durch knappe vergleichende Analysen einer Auswahl von digitalen und nicht-digitalen Bildern, Skulpturen, Comics, Filmen und Spielen illustriert.

Das vierte Kapitel wendet sich dann der ästhetischen Intensivierung des Nicht-Digitalen sowie der ästhetischen Transferbewegung vom Nicht-Digitalen ins Digitale zu. Erstere Spielart einer postdigitalen Ästhetik meint dabei zunächst all jene ästhetischen Praktiken, die nicht-digitale Technologie priorisieren, obwohl digitale Technologie einfacher verfügbar wäre (wenn etwa Comickünstler*innen Handzeichnungen, Collagen und nicht-digitale Druckverfahren verwenden; Fotograf*innen oder Filmemacher*innen nicht-digitale Kameras und nicht-digitales Filmmaterial einsetzen; oder unabhängig produzierte nicht-digitale Spiele auffällig gestaltete Spielmaterialien aus Papier, Pappe, Holz, Kunstharz, Metall, Stein, Glas oder Textilien beinhalten). Letztere bezieht sich demgegenüber auf eine Vielzahl von digitalen medialen Darstellungen, die einen teilweise erheblichen Aufwand treiben, um die Medialität und Materialität nicht-digitaler Medienformen zu remediatisieren. Auch dafür finden sich wiederum zahlreiche Beispiele nicht nur in verschiedenen institutionell als solche markierten Kunstkontexten, sondern eben auch im für den vorliegenden Band relevanteren Bereich der populären Medienkultur der Gegenwart – und diese Bandbreite wird einmal mehr schlaglichtartig durch knappe vergleichende Analysen einer Auswahl von digitalen und nicht-digitalen Bildern, Comics, Filmen und Spielen illustriert, bevor die hier vorgestellten Überlegungen zu vier salienten Spielarten einer umfassend konzeptualisierten postdigitalen Ästhetik durch ein kurzes Fazit und einen ebenso kurzen Ausblick abgerundet werden.

2 ‚Postdigitale Ästhetik' als schillernder Begriff

Beginnen wir also mit dem Begriff des ‚Postdigitalen', der zur Jahrtausendwende unabhängig voneinander durch die drei auch theoretisch arbeitenden Künstler Kim Cascone, Robert Pepperell und Michael Punt geprägt wurde (vgl. Cascone 2000; Pepperell und Punt 2000). Cascone nimmt Negropontes (1998) programmatisch-provokative Feststellung, dass die sogenannte digitale Revolution vorüber sei,[1] zum Ausgangspunkt seiner Diagnose einer spezifisch „‚post-digitalen' Ästhetik", die sich als eine Ästhetik der Störung in der elektronischen Musik der Jahrtausendwende manifestiert und die zumindest „teilweise als Konsequenz der immersiven Erfahrung des Arbeitens in von digitaler Technologie durchdrungenen Umgebungen" (Cascone 2000, 12; Übers. d. Verf.)[2] verstanden werden kann. Entsprechend zeichnet sich eine als Ästhetik der Störung verstandene postdigitale Ästhetik dadurch aus, dass sie „Glitches, Bugs, Anwendungsfehler, Systemabstürze, Clipping, Aliasing, Verzerrung, Quantisierungsrauschen und sogar das Grundrauschen von Computer-Soundkarten" (Cascone 2000, 13; Übers. d. Verf.)[3] integriert, simuliert oder evoziert. Zwar erscheinen Pepperell und Punts (2000) Überlegungen zum Begriff einer ‚postdigitalen Membran' als eines Mittels zur Überwindung des binären Denkens, das sie mit digitaler Technologie bzw. mit dem Digitalen insgesamt verbinden, offenkundig umfassender angelegt als Cascones (2000) vergleichsweise eng fokussierter Ansatz, aber letzterer hat sich dennoch als deutlich einflussreicher erwiesen.[4]

1 Wenn Negroponte davon spricht, dass „die digitale Revolution vorüber [sei]" („the Digital Revolution is over" [1998, o. S.; Übers. d. Verf.]), so geht es ihm vor allem um eine Betonung der Folgen digitaler Technologie (und nicht etwa um deren Negation): „Wir befinden uns nun in einem digitalen Zeitalter, jedenfalls soweit es unsere jeweilige Kultur, Infrastruktur und Wirtschaft (in dieser Reihenfolge) zulassen" („we are now in a digital age, to whatever degree our culture, infrastructure, and economy (in that order) allow us" [Negroponte 1998, o. S.; Übers. d. Verf.]). Im Rahmen des vorliegenden Bandes wird im Übrigen nicht zwischen den (im englischsprachigen Begriff der *technology* zusammenfallenden) Begriffen der ‚Technik' und der ‚Technologie' differenziert, sondern letzterer wird „eher in einem alltagsweltlichen Sinn verwandt, welcher hauptsächlich technische Geräte und deren Nutzung umfasst" (Hartmann 2015, 351), sich dabei aber ebenso auf digitale wie auf nicht-digitale Technologie beziehen kann (vgl. ausführlicher z. B. auch Irrgang 2008).

2 „The ‚post-digital' aesthetic was developed in part as a result of the immersive experience of working in environments suffused with digital technology" (Cascone 2000, 12).

3 „[G]litches, bugs, application errors, system crashes, clipping, aliasing, distortion, quantization noise, and even the noise floor of computer sound cards" (Cascone 2000, 13).

4 Dies gilt in qualitativer wie in quantitativer Hinsicht, aber bereits der Unterschied zwischen den etwas mehr als 200 Zitationen von Pepperell und Punt 2000 und den knapp 1.500 Zitationen von Cascone 2000, die im August 2025 auf Google Scholar dokumentiert waren, spricht hier für sich.

https://doi.org/10.1515/9783111638669-002

Dies mag auch daran gelegen haben, dass sich Pepperell und Punts Monografie in weiten Teilen als ein mäanderndes Manifest liest, das überwiegend aus einer Aneinanderreihung von sehr weitreichenden Behauptungen besteht, ohne allzu sehr an intersubjektiv nachvollziehbaren Belegen für selbige interessiert zu sein. Pepperell und Punts eher assoziativer Argumentationsstil wird dabei bereits in vielen der Thesen sichtbar, mit denen sie die insgesamt zehn Abschnitte ihrer Monografie einleiten. Hier werden dann frei flottierende Behauptungen wie jene vorgebracht, dass „die Unterscheidung zwischen den Wörtern ‚Mensch‘ und ‚Maschine‘ ebenso wie jene zwischen Menschen und Maschinen an Gültigkeit verlieren, da [deren] Bedeutungen als Reaktion auf Vorstellungen und Wünsche mutieren“ (Pepperell und Punt 2000, 71; Übers. d. Verf.),[5] dass „die Vorstellung, dass Lebewesen aus organisierter Energie bestehen, von der konventionellen Wissenschaft geleugnet wird“ (Pepperell und Punt 2000, 107; Übers. d. Verf.),[6] dass „Technologie es erlaubt, begrenzte Mengen spezifischer menschlicher Energie aufzuzeichnen, zu speichern und zu konsumieren“ (Pepperell und Punt 2000, 143; Übers. d. Verf.),[7] und dass „die Kategorien der Logik, der Vernunft und des Binären in der postdigitalen Membran absorbiert und transzendiert werden“ (Pepperell und Punt 2000, 157; Übers. d. Verf.).[8] Selbst wenn sich also auch in neueren Forschungen zum Postdigitalen durchaus noch das ein oder andere Echo von Pepperell und Punts „dichter Theorie“ (2000, 84; Übers. d. Verf.)[9] der postdigitalen Membran finden lassen mag, erscheinen ihre Thesen mindestens aus heutiger Perspektive eher als Kuriosa.[10]

---

5 „The distinctions between the words ‚human‘ and ‚machine‘, and between humans and machines, lose validity as meanings mutate in response to imagination and desire“ (Pepperell und Punt 2000, 71). Vgl. z. B. auch Hayles 1999 zum damit aufgerufenen Begriff des ‚Posthumanismus‘.

6 „The idea that livings [sic] things consist of organised energy is disavowed by conventional science“ (Pepperell und Punt 2000, 107). Vgl. hierzu abweichend z. B. bereits Schrödinger 1944.

7 „Technology can permit limited quantities of specific human energy to be recorded, stored and consumed“ (Pepperell und Punt 2000, 143). Vgl. auch Pepperell und Punt 2000, 171–174.

8 „The categories of logic, reason and the binary are absorbed and transcended in the postdigital membrane“ (Pepperell und Punt 2000, 157). Vgl. auch Galloway 2012 zum Begriff des ‚Interface‘.

9 „[T]hick theory“ (Pepperell und Punt 2000, 84). Vgl. auch Geertz 1973 zu dichter Beschreibung.

10 Hervorzuheben wäre zudem Pepperell und Punts These, dass „das digitale Zeitalter ein Übergangszeitalter und sehr wahrscheinlich kurzlebig ist“ („the digital age is transitional and quite possibly short-lived“ [2000, 163; Übers. d. Verf.]). Wenngleich hier nicht unmittelbar klar wird, wie genau sich das digitale Zeitalter (womöglich auch im Sinne der Dämmerung eines von diesem zu unterscheidenden *post*digitalen Zeitalters) als kurzlebig hätte herausstellen sollen, scheint es sich dabei aus heutiger Sicht jedenfalls kaum um eine allzu präzise Prophezeiung gehandelt zu haben. Freilich muss nicht zuletzt angesichts rezenterer geopolitischer Entwicklungen wohl die grundsätzliche Möglichkeit eingeräumt werden, dass sich das digitale Zeitalter doch noch als verhältnismäßig kurzlebig erweisen wird, insofern sein Ende etwa mit dem Ende des Anthropozäns als solchem einhergehen könnte (vgl. z. B. Clarke 2020; Gormley 2021; Holloway 2022; MacCormack 2020).

So oder so lässt sich festhalten, dass der Begriff des ‚Postdigitalen' zwar zunächst vor allem in den Diskursfeldern der elektronischen Musik und der Medienkunst zirkulierte, dann jedoch spätestens seit den 2010er Jahren zunehmend wissenschaftliche Aufmerksamkeit erfuhr und inzwischen nicht mehr nur in künstlerisch-praxisorientierten Kontexten (vgl. z. B. Alexenberg 2011; Bishop et al. 2017; Paul 2016), sondern auch in so unterschiedlichen Disziplinen und Forschungsfeldern wie der Musikwissenschaft und den Sound Studies (vgl. z. B. Ford 2023; Kouvaras 2016; Lund 2015), der Literaturwissenschaft (vgl. z. B. Abblitt 2018; Hamel und Stubenrauch 2023; Ludovico 2012), der Theaterwissenschaft (vgl. z. B. Causey 2016; Papagiannouli 2022; Traulsen und Büchner 2022), der Medien- und Kommunikationswissenschaft (vgl. z. B. Diecke et al. 2022; Jung et al. 2021; Murray 2020) sowie der theoretischen und empirischen Bildungsforschung (vgl. z. B. Hayes 2021; Jörissen 2018; Mathier 2023) als Alternative zu in den hier relevanten Diskursen etablierteren Begriffen wie ‚Digitalisierung', ‚Mediatisierung' oder ‚Medienkonvergenz' verwendet wird (vgl. z. B. Balbi und Magaudda 2018; Hjarvard 2013; Jensen 2022).

Ausgehend von der Diagnose einer zunehmenden Ubiquität digitaler Technologie in unserem Alltag, wie sie bereits in Cascones grundlegender Beobachtung, dass „die Ranken der digitalen Technologie auf die eine oder andere Weise jede*n berührt haben" (2000, 12; Übers. d. Verf.),[11] ebenso wie in Pepperell und Punts wiederum umfassenderer Warnung angelegt ist, „dass die intellektuellen Beschränkungen des digitalen Paradigmas im Begriff sind, unvermeidlich zu werden" (2000, 2; Übers. d. Verf.),[12] betont auch ein Großteil der aktuelleren Forschung zum Postdigitalen, dass „die historische Unterscheidung zwischen dem Digitalen und dem Nicht-Digitalen zunehmend verschwimmt" (Berry 2014, 22; Berry und Dieter 2015b, 2; Übers. d. Verf.),[13] was zum Entstehen einer Vielzahl von als postdigital zu denkenden Praktiken, Artefakten und Erfahrungsräumen geführt hat.[14]

---

11 „The tendrils of digital technology have in some way touched everyone" (Cascone 2000, 12).

12 „[T]hat the intellectual restrictions of the digital paradigm are now becoming unavoidable" (Pepperell und Punt 2000, 2). Vgl. z. B. auch Kuhn 1962 zum Begriff des ‚Paradigmas'.

13 „[T]he historical distinction between the digital and the non-digital becomes increasingly blurred" (Berry 2014, 22; Berry und Dieter 2015b, 2).

14 Dies betrifft durchaus auch wissenschaftliche Publikationspraktiken, wobei insbesondere Jandrić eine recht produktive ‚Publikationspipeline' bei Springer etabliert hat, durch die seit 2019 in rascher Folge zahlreiche Artikel und Bücher im Feld der Postdigitalitätsforschung publiziert worden sind. Der sehr zügige Publikationsprozess hinterlässt allerdings Spuren und einige dieser (postdigitalen) Publikationen scheinen das Resultat von für einen wissenschaftlichen Kontext eher fragwürdigen Abläufen zu sein, in deren Rahmen dann etwa Peer-Reviewer*innen kurzerhand zu Co-Autor*innen ernannt wurden (vgl. z. B. Arndt et al. 2019; Cormier et al. 2019), aber sowohl die Zeitschrift *Postdigital Science and Education* als auch die gleichnamige Buchreihe leisten nicht zuletzt mit Blick auf die Dokumentation der Begriffsgeschichte des Postdigitalen wertvolle Arbeit.

Die damit aufgerufene Unterscheidung zwischen dem Digitalen und dem Nicht-Digitalen fällt freilich kaum mit der medientheoretisch präziseren Unterscheidung zwischen digital-im-Sinne-von-diskret und analog-im-Sinne-von-kontinuierlich zusammen, sondern meint weniger genau, dafür aber breiter anschlussfähig, die Präsenz bzw. Absenz von (digitaler) Computertechnologie.[15] Das Präfix ‚Post-' im Begriff des ‚Postdigitalen' bezeichnet also nicht das Ende des Digitalen oder das Verschwinden digitaler Technologie, sondern betont vielmehr deren ubiquitäre Präsenz und feingranulare Integration in unseren Alltag, die dazu führt, dass wir mindestens in unserer Alltagswahrnehmung immer weniger strikt zwischen digitalen und nicht-digitalen Technologien, Praktiken, Artefakten und Erfahrungsräumen unterscheiden.[16] Schon diese erste Annäherung mag freilich bereits angedeutet haben, dass es sich beim ‚Postdigitalen' um einen ausnehmend schillernden Begriff handelt, der in unterschiedlichen disziplinären Kontexten und durch unterschiedliche Theoretiker*innen in durchaus divergenter Weise konzeptualisiert wird, wobei eine Reihe von einschlägigen Beiträgen zum nach wie vor im Entstehen begriffenen Feld der Postdigitalitätsforschung den Begriff des ‚Postdigitalen' als einen vergleichsweise umfassenden Überbegriff für ganz verschiedene Phänomene versteht und entsprechend auch – mehr oder weniger systematisch – zwischen diversen Dimensionen, Aspekten oder Bereichen des Postdigitalen unterscheidet.

---

15 Schon Schröter betont, dass seit ihrer Etablierung unklar geblieben ist, „was *genau* die Unterscheidung analog/digital – über den etwas unbestimmten Gegensatz kontinuierlich vs. diskret hinaus – impliziert oder konnotiert" (2004, 10; Herv. im Original), und obwohl Cramer in vergleichbarer Weise zwischen einem „in diskrete, zählbare Einheiten geteilten" („divided into discrete, countable units" [2015, 17; Übers. d. Verf.]) Digitalen und einem „nicht in diskrete, zählbare Einheiten zerhackten" („not been chopped up into discrete, countable units" [2015, 18; Übers. d. Verf.]) Analogen unterscheidet, betont er zugleich eben auch, dass „alles, was in wörtlicher oder übertragender Weise mit elektronischen Datenverarbeitungsgeräten verbunden ist [...], heutzutage als ‚digital' bezeichnet werden kann" („anything connected literally or figuratively to computational electronic devices [...] can nowadays be called ‚digital'" [2015, 23; Übers. d. Verf.]). Vgl. zu dieser Unterscheidung z. B. auch Cubitt 2006; Fazi 2019; Frigerio et al. 2013; Maley 2011; sowie zum Begriff des ‚Digitalen' z. B. Distelmeyer 2021; Galloway 2014; Krämer 2025; und zum im vorliegenden Band nicht bevorzugt verwendeten Begriff des ‚Analogen' z. B. Galloway 2022; Maley 2023; Sterne 2016.

16 Insofern lässt sich der Begriff des ‚Postdigitalen' mit ähnlich gebildeten Begriffen wie ‚Poststrukturalismus', ‚Postmodernismus', ‚Postkolonialismus' oder ‚Postpunk' sowie ‚Post-Fotografie' (vgl. z. B. Mitchell 1992; Shore 2014), ‚Post-Kino' (vgl. z. B. Denson und Leyda 2016; Hagener et al. 2016), ‚Post-Medium' (vgl. z. B. Apprich et al. 2013; Guattari 1990; Manovich 2014) oder ‚Post-Internet' (vgl. z. B. Olson 2011; Paul 2016; Rothwell 2024) in Beziehung setzen, welche sich allesamt (wenn auch in unterschiedlicher Weise) auf Transformationen des bisher Bestehenden beziehen, während sie zugleich kritisch hervorheben, dass das bisher Bestehende trotz dieser Transformationen wirksam bleibt (vgl. auch noch einmal Cramer 2015, die ursprüngliche Version dieses Textes in Cramer 2014 sowie die weiteren [auch kritischen] Anmerkungen z. B. in Cramer 2012; 2013; 2016).

Während Cascone (2000) zwar die Ubiquität digitaler Technologie hervorhebt, ansonsten jedoch vor allem auf eine Ästhetik der Störung in der elektronischen Musik der Jahrtausendwende fokussiert, bringt beispielsweise Florian Cramer den Begriff des ‚Postdigitalen‘ nicht nur mit einer „Entzauberung des Digitalen“ (2015, 13; Übers. d. Verf.)[17] und einer „Wiederkehr ‚alter‘ Medien“ (2015, 13; Übers. d. Verf.)[18] in Verbindung, sondern bezieht ihn zudem allgemeiner auf „den unordentlichen Zustand von Medien [...] *nach* ihrer Digitalisierung“ (2015, 19; Herv. im Original; Übers. d. Verf.),[19] welcher sowohl „Hybride aus ‚alten‘ und ‚neuen‘ Medien“ (2015, 20; Übers. d. Verf.)[20] als auch „die Verwendung von ‚alten‘ Medien als ‚neue Medien‘“ (2015, 21; Übers. d. Verf.)[21] umfasst. Cramer betont zudem die ästhetische ebenso wie die politische Neubewertung des Nicht-Digitalen vor dem Hintergrund der Ubiquität des Digitalen und also das kritische Potential des Postdigitalen, wobei er unter anderem vorschlägt, dass „wir postdigitale Kulturen metaphorisch als postdigitale Praktiken in einer von einem militärisch-industriellen Komplex übernommenen Kommunikationswelt beschreiben können“ (2015, 24; Übers. d. Verf.).[22]

In ähnlich umfassender Weise konstatiert Sy Taffel die Vielfalt möglicher Bedeutungszuschreibungen und unterscheidet zwischen fünf Verwendungsweisen des Begriffs des ‚Postdigitalen‘ unter Bezug auf

> (1) eine Rückkehr des Analogen oder eine Bewegung jenseits diskreter Samples, (2) die Offenlegung von Nähten und Kunstgriffen innerhalb der ansonsten glatten Räume des Digitalen, (3) die historische Phase der nach der digitalen Revolution stattfindenden technokulturellen Entwicklung, (4) die Rematerialisierung digitaler Technologie und ihre Integration in urbane Umgebungen und (5) einen Weg, der Fetischisierung von Neuheit und Upgrade-Kultur zu entkommen.
>
> (Taffel 2016, 325; Übers. d. Verf.)[23]

---

17 „Disenchantment with [the] ‚digital‘“ (Cramer 2015, 13).
18 „Revival of ‚old‘ media“ (Cramer 2015, 13). Vgl. auch bereits Cramer 2013.
19 „[M]essy state of media [...] *after* their digitization“ (Cramer 2015, 19; Herv. im Original).
20 „[H]ybrids of ‚old‘ and ‚new‘ media“ (Cramer 2015, 20).
21 „‚[O]ld‘ media used like ‚new media‘“ (Cramer 2015, 21). Vgl. z. B. auch Gitelman 2006; Hansen 2004; Jenkins 2006; Levinson 2015; Manovich 2001; Scolari 2023 zum Begriff der ‚neuen Medien‘.
22 „We could metaphorically describe post-digital cultures as postcolonial practices in a communications world taken over by a military-industrial complex“ (Cramer 2015, 24).
23 „(1) a return of the analogue or move beyond discrete samples, (2) the revelation of seams and artifices within the otherwise smooth spaces of the digital, (3) the historical phase of technocultural development occurring after the digital revolution, (4) the rematerialization of digital technology and its integration into urban environments and (5) a way of escaping the fetishization of newness and upgrade culture“ (Taffel 2016, 325). Vgl. z. B. auch Balbi 2023 für weiterführende Überlegungen zum Begriff der ‚digitalen Revolution‘ aus historischer und ideologiekritischer Perspektive.

Die von Spencer Jordan (2020) im Kontext seiner Überlegungen zum postdigitalen Erzählen[24] vorgeschlagene Konzeptualisierung des Postdigitalen betont ebenfalls, dass die schon bei Cramer (2015) umfassend thematisierte Hybridisierung des Digitalen und des Nicht-Digitalen unterschiedlich gewichtet werden bzw. in unterschiedliche Richtungen verlaufen kann. Dabei geht Jordan davon aus,

> 1. dass das Postdigitale ein ‚Aufeinandertreffen' im Sinne einer Hybridisierung sowohl des digitalen als auch des nicht-digitalen Bereichs und eine Negation jedweder impliziter ‚Disjunktion' [...] in der Art und Weise ist, in der wir diese Bereiche erfahren; 2. dass dieses ‚Aufeinandertreffen' oder diese Hybridisierung zwei Vektoren hat: die Bewegung des Nicht-Digitalen zum Digitalen und jene des Digitalen zum Nicht-Digitalen [...]; 3. [... dass] das Postdigitale von zwei Zuständen oder Positionen aus operiert: *innerhalb des* Digital/Nicht-Digital-Nexus oder *über ihn hinweg*; 4. dass das Postdigitale, unabhängig von seinem Zustand oder seiner Position (innerhalb der oder über die Bereiche hinweg), die dominante Modalität bleibt; 5. dass der nicht-digitale Bereich dem digitalen Bereich untergeordnet ist.
> (Jordan 2020, 63; Herv. im Original; Übers. d. Verf.)[25]

Jordans Überlegungen bleiben hier offenkundig recht abstrakt und er liefert auch in den folgenden Analysen keineswegs durchgehend erhellende Beispiele für die so vorläufig abgesteckten Bereiche des Postdigitalen, die sich innerhalb des Digital-Nicht-Digital-Nexus ebenso wie über den Digital-Nicht-Digital-Nexus hinweg beobachten lassen, aber zugleich scheint mir Jordans Fokus auf die sich aus dem in unterschiedlicher Weise rekonfigurierten Verhältnis des Digitalen und des Nicht-Digitalen ergebenden vier Bereiche des Postdigitalen nicht zuletzt mit Blick auf das Erkenntnisinteresse des vorliegenden Bandes einen produktiveren Ausgangspunkt zu bieten als etwa Taffels (2016) weniger systematisch angelegte Taxonomie.

---

24 Hier sei angemerkt, dass ich Jordans Konzeptualisierung des Postdigitalen zwar als einen hilfreichen Ausgangspunkt für eine im Folgenden noch ausführlicher darzustellende Unterscheidung salienter Bereiche des Postdigitalen (und daran anschließend auch: verschiedener Spielarten einer postdigitalen Ästhetik) betrachte, seine Monografie insgesamt jedoch nicht als einen besonders systematisch angelegten oder narratologisch verdienstvollen Beitrag zur Theorie und Analyse des postdigitalen Erzählens verstehen würde. Beispiele der Art von Genauigkeit, die von theoretischen Arbeiten in diesem Bereich zu erwarten wäre, finden sich z. B. in Ensslin und Bell 2021; Punday 2019. Ein Beispiel für einen stärker praxisorientierten Ansatz bietet Koenitz 2023.

25 „1. that the postdigital is a ‚coming together', a hybridisation of both the digital and the non-digital domains, and a denial of any implicit ‚disjuncture' [...] in how we experience them; 2. that this ‚coming together' or hybridisation has two vectors: the movement of the non-digital to the digital and the digital to the non-digital [...]; 3. [... that] the postdigital operates from two states or positions: *within* or *across* the digital/non-digital nexus; 4. that regardless of state or position (within or across the domains), the postdigital remains the dominant modality; 5. that the non-digital domain is subordinate to the digital domain" (Jordan 2020, 63; Herv. im Original). Vgl. auch bereits McLuhan 1964; sowie z. B. Backe 2021; Kraidy 2017; Ortega 2020 zum Begriff der ‚Hybridität'.

Auch in der deutschsprachigen Diskussion finden sich freilich verschiedene Versuche, den Begriff des ‚Postdigitalen' mehr oder weniger systematisch auszudifferenzieren. Vergleichsweise früh hat etwa Holger Lund vorgeschlagen, „Postdigitalität" als „eine bestimmte Form der Bewältigung von Digitalität" (2015, 2) zu verstehen, die sich mindestens in „vier mediale[n] Strategien erkennen" (2015, 3) lässt. Lund zufolge wird hier dann (1) „ganz einfach vollständig analog vorgegangen", (2) „Analogizität [...] digital simuliert", (3) „werden Hybride gebildet, die ‚handmade-digital' gefertigt sind", oder (4) kommt es zu Formen von „Hyperdigitalisierung" (2015, 3), wobei im Rahmen letzterer entweder „Digitalität exponiert [...] und damit auf die Problematik der Digitalität aufmerksam gemacht" (2015, 3–4) oder aber „eine Hyperdigitalisierung konstruiert [wird], die auf selbstreflexive Weise die digitale Verfasstheit nicht leugnet, sondern etwa spielerisch thematisiert" (2015, 4). Zwar finden sich durchaus medienspezifische Differenzen in der Realisierung postdigitaler Ästhetik(en), aber insbesondere bei den von Lund für das Musikvideo nachgezeichneten Formen der „Re-Analogisierung und Hyperdigitalisierung" (2015, 4), die im Wesentlichen Cramers (2015) Wiederkehr alter Medien und Cascones (2000) Ästhetik der Störung entsprechen, handelt es sich sicherlich um saliente Aspekte auch einer medienübergreifend konzeptualisierten postdigitalen Ästhetik.

Dies wird ebenfalls noch einmal an Benjamin Jörissens Überlegungen zu „‚postdigitaler' Kultur [...] als Kultur unter Bedingungen vielfältiger und komplexer digitaler Transformationen und Disruptionen" (2018, 51) sichtbar, in deren Rahmen er das Verhältnis von „Materialität und Digitalität" (2015, 57) genauer zu fassen versucht und zu diesem Ende (1) auf die „Rekonfiguration von Weltverhältnissen durch Digitalisierung" (2018, 62), (2) auf die *„Digitalisierung analoger Medialität"* (2018, 59; Herv. im Original) bzw. „Remediatisierungen von Medialitäten und Materialitäten" (2018, 62) sowie (3) auf die „digitale Hervorbringung von materiellen Dingen, Räumen und Körperlichkeiten" (2018, 63) fokussiert. Dabei ist einerseits auffällig, dass Jörissen weder auf Cascone (2000) noch auf Lund (2015) referiert und sich auch auf Cramer (2015) nur sehr allgemein in einer Endnote bezieht. Andererseits entsprechen die hier vorgenommenen Überlegungen zur Digitalisierung analoger Medialität (und Materialität) bzw. zu Remediatisierungen von (nicht-digitalen) Medialitäten und Materialitäten aber doch weitgehend Cramers (2015) These von der Wiederkehr alter Medien und Lunds (2015) These von der Re-Analogisierung.[26]

---

26 Während mir dieser Umstand zunächst vor allem darauf hinzuweisen scheint, dass es eben in der Tat naheliegend ist, das Postdigitale nicht auf eine bloße Ästhetik der Störung im Sinne Cascones (2000) bzw. auf eine Hyperdigitalisierung im Sinne Lunds (2015) zu reduzieren, ist der ebenso ausbleibende Bezug auf Bolter und Grusins (1996; 1999) hier einschlägige (und im Folgenden noch ausführlicher zu diskutierende) Arbeiten zur Remediatisierung weniger einfach zu erklären.

Neben der Verhandlung des Postdigitalen in Diskursen um ästhetische und kulturelle Bildung, auf die sich Jörissens Überlegungen in erster Linie beziehen, ist die Frage nach einer spezifisch postdigitalen Ästhetik auch verschiedentlich im Kontext von anhaltenden Diskussionen innerhalb des Forschungsfeldes der Medienästhetik aufgegriffen worden, wobei hier insbesondere Martin Becks rezente Überlegungen zur „Bedeutung des Begriffs des Postdigitalen und der darunter gefassten Entwicklungen von Technologie, Gesellschaft und Kunst für das Konzept der Medienästhetik" (2024, 55) mit dem im vorliegenden Band verfolgten Ansatz als kompatibel erscheinen.[27] Den „Begriff des Postdigitalen" versteht Beck als „erweiterten Begriff des Digitalen […], der digitale Technologien im Sinne einer *messiness* in ihrer grundlegenden Verflochtenheit mit allen Lebensbereichen und ihrer Nichtabtrennbarkeit von narrativen, sozialen und körperlichen Dimensionen denkt" (2024, 77), um dann in programmatischer Absicht vorzuschlagen, dass

> [e]in am Postdigitalen orientiertes Verständnis von Medienästhetik […] den Entwicklungen postdigitaler Gegenwartskunst folgen [könnte], die diese *messiness* zum Ausgang ihrer Praxis gemacht haben und die Frage nach dem Verhältnis von Technologie und Wahrnehmung um mindestens drei weitere Hinsichten ergänzen oder erweitern: mit dem Blick auf eine Pluralität gesellschaftlicher Narrative über Technologie; auf die Rolle von digitalen Technologien als gestalteten und stets von Ökonomie, Politik und Kultur durchdrungenen Formen des Sozialen; und auf die Weise, wie digitale Technologien prothetisch und affektiv in unsere Körper eingreifen und dabei Subjektivierungen und Identitäten miterzeugen, aufbrechen oder transformieren.
>
> (Beck 2024, 77)

27 So lässt sich konstatieren, dass Beck sich nicht nur auf Bolter und Grusins (1999) Begriff der ‚Remediatisierung', sondern zudem auf Schröters (2013) Begriff der ‚Transmaterialisierung' bezieht, den dieser anlässlich einer ausführlicheren Auseinandersetzung mit unterschiedlichen Konzeptualisierungen von Medienästhetik im Kontext der Ästhetik digitaler Medien vorgeschlagen hat und der seit der 2018 in Vortragsform entwickelten ersten Fassung der hier und im Folgenden vorgestellten Überlegungen zum Zusammenhang des Postdigitalen und der Ästhetik auch zu meinen zentralen theoretischen Bezugspunkten gehört (vgl. etwa den kurzen Hinweis auf die theoretische Verortung meiner Überlegungen in Thon 2023b, 443n6; sowie die ausführlichere Diskussion der dem vorliegenden Band zu Grunde liegenden Konzeptualisierung von Ästhetik auf den folgenden Seiten). Zugleich lässt sich allerdings auch hier konstatieren, dass Beck zwar die inzwischen weitgehend obligatorisch erscheinenden Bezüge zu Cascone (2000) und Cramer (2015) herstellt, aber zum Beispiel die in eine ähnliche Richtung weisenden Überlegungen von Lund (2015) und Jörissen (2018) ebenso wenig berücksichtigt wie die im internationalen Kontext einschlägigen Studien von Contreras-Koterbay und Mirocha (2016) zum Zusammenhang von postdigitaler Ästhetik und neuer Ästhetik, Betancourt (2017) zum Zusammenhang von postdigitaler Ästhetik und Glitch-Ästhetik oder Jordan (2020) zum postdigitalen Erzählen (vgl. auch die ausführlichere Diskussion des Konnexes von postdigitaler Ästhetik, neuer Ästhetik und Glitch-Ästhetik im folgenden Kapitel).

Zu betonen ist in diesem Zusammenhang schließlich auch noch einmal die für das interdisziplinäre Feld der Postdigitalitätsforschung charakteristische enge Verbindung von Theoriebildung und künstlerischer Praxis. Cascone, Pepperell, Punt, Cramer, Lund, Jordan sowie Beck sind allesamt (auch) umtriebige Künstler und insbesondere Jordan verortet seine Überlegungen zum postdigitalen Erzählen (ebenso wie seine diesen zu Grunde liegende Konzeptualisierung des Postdigitalen) nicht nur vergleichsweise explizit in einem praxisorientierten Kontext, sondern verspricht darüber hinaus sogar „eine signifikante Neubewertung praxisbasierter Forschung als einer kritischen Form der Wissensproduktion" (2020, 1; Übers. d. Verf.).[28] Zwar fokussiert der vorliegende Band nicht auf Methoden künstlerischer und praxisbasierter Forschung (und auch die Frage, inwiefern Jordan seinen Eingangs formulierten Anspruch einlöst, werden daher andere beantworten müssen), aber deren fortgesetzte Salienz im interdisziplinären Feld der Postdigitalitätsforschung ist offenkundig auch für das hier verfolgte Erkenntnisinteresse relevant.

Neben Jordan wären in diesem Zusammenhang dann mindestens noch Michael Betancourt (2017) sowie Pedro Ferreira (2024) zu nennen, die sich in ihren Theoretisierungsversuchen einer postdigitalen Ästhetik im Bereich der (audio-) visuellen Kunst beide in erster Linie an ihrer eigenen künstlerischen Praxis abarbeiten. Während Betancourts theoretische wie künstlerische Arbeit dabei vor allem auf den Bereich der visuellen wie audiovisuellen Glitch-Kunst (*glitch art*) fokussiert (worauf im folgenden Kapitel noch ausführlicher zurückzukommen sein wird),[29] unternimmt Ferreira den Versuch, „einen theoretischen Rahmen zur Analyse gegenwärtiger post-digitaler Ästhetik und zur Kontextualisierung [seiner] künstlerischen Forschung" (2024, 17; Übers. d. Verf.)[30] im umfassenderen Bereich der „postdigitalen audiovisuellen Kunst" (2024, 28; Übers. d. Verf.)[31] zu entwickeln. Zu diesem Ende unterscheidet Ferreira dann zwischen vier „post-digitalen künstlerischen Perspektiven […] *über* digitale Medien, *innerhalb* digitaler Medien, *zwischen* digitalen und nicht-digitalen Medien sowie *außerhalb* digitaler Medien" (2024, 53; Herv. im

---

28 „[A] significant re-evaluation of practice-based inquiry as a critical form of knowledge production" (Jordan 2020, 1). Für allgemeinere Überlegungen zu den Gütekriterien künstlerischer und praxisbasierter Forschung, die in den letzten Jahren und Jahrzehnten auch institutionell zunehmend etabliert worden ist, sich jedoch kaum direkt nach den Maßstäben wissenschaftlicher Forschung bewerten lässt, vgl. z. B. auch Candy 2020; Leavy 2020; sowie die Beiträge in Leavy 2025; Vear 2022.

29 Vgl. z. B. auch Betancourt 2018; 2021; 2023 für weitere Überlegungen nicht nur zur Glitch-Kunst, sondern auch zur sogenannten visuellen Musik (*visual music*), die einen weiteren zentralen Bereich nicht nur seines theoretischen Interesses, sondern auch seiner künstlerischen Praxis bildet.

30 „[A] theoretical framework that is used to analyse current post-digital aesthetics and to contextualise my practice-based research" (Ferreira 2024, 17).

31 „[P]ost-digital audiovisual art" (Ferreira 2024, 28).

Original; Übers. d. Verf.),[32] die sich wiederum mindestens in Teilen sowohl mit Jordans Konzeptualisierung des Postdigitalen[33] als auch mit den von mir im Folgenden unterschiedenen vier Spielarten einer postdigitalen Ästhetik überschneiden.[34]

Zugleich finden sich Unterschiede nicht nur im begrifflich-theoretischen Zuschnitt, sondern auch im grundlegenden Erkenntnisinteresse, das bei Ferreira exklusiv auf „kritische künstlerische Praktiken" (2024, 20; Übers. d. Verf.)[35] ausgerichtet ist. Zwar darf die Betonung kritischer Perspektiven insbesondere an der Schnittstelle von (postdigitaler) Theoriebildung und künstlerischer Praxis als weitgehend etabliert gelten,[36] aber unabhängig davon, dass die hier häufig recht pauschal getroffene Unterscheidung zwischen Kritik und Affirmation durchaus voraussetzungsreich ist, lässt sich mein eigener Ansatz diesbezüglich wohl am ehesten als agnostisch charakterisieren, insofern es mir im Rahmen des vorliegenden Bandes um die vielfältigen Manifestationen einer dezidiert postdigitalen Ästhetik im umfassenderen Bereich der populären Medienkultur geht, die dann zwar ohne Frage häufig *auch* als Kritiken des Digitalen gelesen werden können, dabei eine solche kritische Perspektivierung aber nicht in einem definitorischen Sinne voraussetzen.

---

32 „[P]ost-digital artistic perspectives [...] *on* digital media, *within* digital media, *in-between* digital and non-digital media and *off* digital media" (Ferreira 2024, 53; Herv. im Original). Die analytische Trennschärfe erscheint dabei weniger ausgeprägt als bei Jordan, aber dies mag intendiert sein, insofern Ferreira betont, dass es sich hier um Punkte innerhalb „eines Spektrums künstlerischer Praktiken [handelt], das eine Pluralität post-digitaler Perspektiven beinhaltet" („a spectrum of artistic practices that encompasses a plurality of post-digital perspectives" [2024, 53; Übers. d. Verf.]).

33 Dabei ist wiederum auffällig, dass sich Ferreira zwar intensiv an Cramer (2014; 2016) abarbeitet, dessen Überlegungen aber vor allem über Galloways (hypothetisch) an Gegenwartskünstler*innen gerichtete Frage ausdifferenziert, ob diese „in erster Linie ‚über' das Digitale oder ‚innerhalb' des Digitalen arbeiten" („primarily working ‚on' the digital or primarily ‚within' it" [2016, o. S.; Übers. d. Verf.]). Trotz seines von Cramer übernommenen Interesses an der Hybridisierung des Digitalen und des Nicht-Digitalen sowie der Abkehr vom Digitalen kommt Ferreira demgegenüber dann aber ohne jeden Bezug auf Jordan (geschweige denn auf Lund, Taffel, Jörissen oder Beck) aus.

34 Zwar war der Großteil der Arbeiten an der theoretischen Grundlage des vorliegenden Bandes zum Zeitpunkt der Publikation von Ferreiras Dissertation im Oktober 2024 bereits abgeschlossen und mein eigener (in erster Linie im Anschluss an Jordan 2020 entwickelter) Vorschlag zur Unterscheidung von vier Spielarten einer postdigitalen Ästhetik geht sowohl in begrifflich-theoretischer Hinsicht (etwa in der Ausdifferenzierung verschiedener Varianten dessen, was Ferreira als „Ästhetik der Hybridisierung" [„aesthetics of hybridisation" (2024, 71; Übers. d. Verf.)] beschreibt) als auch mit Blick auf die fokussierten Medienformen (die eben nicht auf den Bereich der „post-digitalen audiovisuellen Kunst" [„post-digital audiovisual art" (2024, 28; Übers. d. Verf.)] beschränkt bleiben) deutlich über die von Ferreira skizzierten vier Perspektiven hinaus, aber mindestens einige seiner Beobachtungen sind für das im Folgenden Vorgestellte ohne Frage dennoch relevant.

35 „[C]ritical artistic practices" (Ferreira 2024, 20).

36 Vgl. z. B. Betancourt 2017; Cramer 2015; Jordan 2020; sowie kritischer Cascone und Jandrić 2021.

Der Begriff des ‚Postdigitalen' bietet also vielfältige Möglichkeiten für Bedeutungszuschreibungen, von denen mindestens einige hier nicht weiter verfolgt werden,[37] und das Schillern des Begriffs scheint für bestimmte Theoretiker*innen einen nicht unerheblichen Teil seines Reizes auszumachen,[38] aber es lassen sich vor dem Hintergrund einer Reihe auffälliger Überschneidungen zwischen theoretisch, methodisch und analytisch zunächst sehr divergenten Ansätzen innerhalb des interdisziplinären Feldes der Postdigitalitätsforschung wohl dennoch so etwas wie saliente Dimensionen, Aspekte oder Bereiche des Postdigitalen herausarbeiten, die auch mit Blick auf die im Folgenden zu fokussierende Frage nach einer medienübergreifend konzeptualisierten postdigitalen Ästhetik relevant sein dürften. Insofern es mir im vorliegenden Band nicht nur um die noch recht allgemeine Feststellung geht, dass die Ubiquität digitaler Technologie zu einer Verschiebung, Verwischung oder Auflösung der Unterscheidung zwischen dem Digitalen und dem Nicht-Digitalen bzw. der Grenze zwischen digitalen und nicht-digitalen Technologien, Praktiken, Artefakten und Erfahrungsräumen geführt hat, sondern ich vielmehr insbesondere danach frage, welche neuen bzw. im theoretischen Kontext des Postdigitalen neu zu denkenden Praktiken, Artefakte und Erfahrungsräume eine solche Verschiebung, Verwischung oder Auflösung dieser etablierten Unterscheidung oder Grenze ermöglicht, möchte ich im Folgenden wie bereits erwähnt vorschlagen, im Sinne einer heuristischen Typologie mit theoretischer wie analyseleitender Funktion vier saliente Spielarten einer dezidiert postdigitalen Ästhetik zu unterscheiden, die sich in einer ganzen Reihe mehr oder weniger populärer Medienformen von literarischen Texten, Bildern und Comics bis hin zu Filmen, Serien und (Computer-)Spielen finden lassen (wenn ich auch nicht jeder dieser Medienformen in gleichem Maße analytische Aufmerksamkeit schenken kann).[39]

---

37 Es mag zutreffen, dass „das Postdigitale schwierig zu definieren ist; ungeordnet; unberechenbar; digital und analog; technologisch und nicht-technologisch; biologisch und informationell" („[t]he postdigital is hard to define; messy; unpredictable; digital and analog; technological and non-technological; biological and informational" [Jandrić et al. 2018, 895; Übers. d. Verf.]), aber mir scheint durch die allzu starke Ausweitung des Begriffs ebenso wenig gewonnen wie durch seine allzu starke Verengung etwa auf eine Ästhetik der Störung. Insofern ziele ich auf die systematische Integration der in der bisherigen Diskussion angerissenen Dimensionen postdigitaler Ästhetik.

38 Dies vielleicht auch, weil das Schillern des Begriffs die vergleichsweise leichtfüßige Integration wechselnder theoretischer Positionen in Bezug auf einen nach wie vor fluiden Gegenstandsbereich ermöglicht (vgl. z. B. die Überlegungen zum Postdigitalen in Cascone 2000 im Gegensatz zu Cascone und Jandrić 2021; oder Cramer 2015 im Gegensatz zu Cramer und Jandrić 2021).

39 Vgl. z. B. Thon 2014; 2016; sowie Gitelman 2006; Rajewsky 2002; Ryan 2006; Wolf 1999 zur hier nicht weiter zu problematisierenden Konzeptualisierung von Medien als konventionell distinkt, zum Begriff der (konventionell distinkten Medien zuschreibbaren) ‚Medialität' sowie zum theoretisch wie analytisch allgemeiner relevanten Verhältnis von Transmedialität und Medienspezifik.

Freilich schillert der Begriff der ‚Ästhetik' offenkundig nicht weniger als der Begriff des ‚Postdigitalen' und es wird daher kaum überraschen, dass die ohnehin nicht allzu zahlreichen Theoretiker*innen und Künstler*innen, die sich mit einer dezidiert postdigitalen Ästhetik befassen, in der Regel davon absehen, den dort jeweils zu Grunde gelegten Ästhetikbegriff allzu umfassend zu reflektieren.[40] Entsprechend verschwimmen hier nicht selten Fragen nach ‚guter' oder ‚schlechter' postdigitaler Ästhetik, nach dem politisch-kritischen Potential postdigitaler Ästhetik, nach den Gestaltungsstrategien postdigitaler Ästhetik und nach den im Bereich der postdigitalen Ästhetik zu verortenden Wahrnehmungs- oder Erfahrungsangeboten. Zur weiteren Konturierung des schillernden Begriffs der ‚postdigitalen Ästhetik' im Rahmen des vorliegenden Bandes möchte ich daher eine medienanalytisch ausgerichtete Konzeptualisierung von Ästhetik vorschlagen, der es nicht primär um ästhetische Urteile oder um (evaluative) ästhetische Eigenschaften geht, die aber dennoch zwischen ästhetischer und nicht-ästhetischer Wahrnehmung unterscheidet sowie neben der hier salienten Frage nach der ästhetischen Form von medialen Artefakten (bzw. meist: medialen Darstellungen),[41] denen wir eine postdigitale Ästhetik zuschreiben können, auch die nicht weniger relevante Frage nach den ästhetischen Praktiken berücksichtigt, durch welche derartige mediale Artefakte überhaupt erst erschaffen und als postdigital verstanden werden können.

---

40 Dies gilt nicht nur für frühe programmatische Überlegungen wie jene von Cascone (2000) oder Andrews (2002), sondern auch für rezentere Beiträge wie jene von Cramer (2013), Lund (2015), Betancourt (2017) oder Ferreira (2024), die jeweils mindestens bestimmte Formen einer (explizit so benannten) postdigitalen Ästhetik analysieren, ohne den diesen Analysen zu Grunde liegenden Ästhetikbegriff zu reflektieren. Jörissen thematisiert demgegenüber vergleichsweise umfassend „die Felder *ästhetischer Praktiken*", die sich „von rezeptiven und produktiven ästhetischen Alltagspraktiken bis hin zu institutionalisierten und kanonisierten ‚Künsten' und schließlich der Herausbildung von Kunst als eigenlogisches Feld menschlicher Praxis" erstrecken, obwohl es ihm primär um „‚ästhetische Bildung' als grundlegende[n] Modus von Bildungsprozessen" (2018, 53; Herv. im Original) geht. Mit Blick auf die deutschsprachige Diskussion wäre zudem noch einmal Becks zwar „an Schröter orientiert[e]", dabei aber durchaus eigene Akzente setzende, „überblickshafte Auseinandersetzung mit dem Begriffsfeld ‚Medienästhetik'" (2024, 57n1; vgl. Schröter 2013) zu erwähnen.

41 Während der Begriff des ‚Artefaktes' hier zunächst vor allem ästhetische Objekte, die von Menschen gemacht sind, von solchen abzugrenzen erlaubt, bei denen dies nicht der Fall ist, ließe sich selbstredend noch einiges mehr über den damit ebenfalls aufgerufenen Medienbegriff sagen. Neben der knappen Feststellung, dass ich im Folgenden von der konventionalisiert-kulturellen Unterscheidbarkeit von Medienformen ausgehe (vgl. auch Fußnote 39), sei an dieser Stelle aber vor allem betont, dass der theoretische wie analytische Fokus des vorliegenden Bandes nicht nur auf medialen Artefakten, sondern vielmehr auf solchen medialen Artefakten liegt, die darstellende Funktionen erfüllen und sich daher als mediale Darstellungen verstehen lassen, wobei viele (wenngleich wohl nicht alle) dieser medialen Darstellungen wiederum als narrative Darstellungen spezifiziert werden können (vgl. für einen ausführlichen Überblick zum Letzteren auch Thon 2016; 2017).

Wenn ich feststelle, dass es mir mit Blick auf die hier vorgeschlagene Konzeptualisierung einer postdigitalen Ästhetik nicht primär um ästhetische Urteile oder um (evaluative) ästhetische Eigenschaften geht, so ist damit zunächst gemeint, dass ich nicht in erster Linie nach ‚guten‘ oder ‚schlechten‘ bzw. nach schönen oder hässlichen Beispielen postdigitaler Ästhetik fragen möchte – und im Anschluss daran geht es mir dann eben auch nicht um einen gerade in der Literatur-, Kunst- und Medienwissenschaft nach wie vor wirkmächtigen normativen Ästhetikbegriff, der zudem häufig wiederum mit dem nicht weniger problematischen Kunstbegriff verbunden ist. Dies ist einerseits deshalb hervorzuheben, weil die (analytische) philosophische Ästhetik insbesondere in der zweiten Hälfte des 20. Jahrhunderts durchaus umfassende Anstrengungen darauf verwendet hat, den Begriff der ‚Kunst‘ genauer zu bestimmen.[42] Andererseits ist jedoch auch unabhängig von der im Folgenden weitgehend auszuklammernden Frage nach dem Kunstbegriff zu reflektieren, dass (analytische) Philosoph*innen den Begriff der ‚ästhetischen Eigenschaften‘ meist auf sehr viel spezifischere Weise konzeptualisieren, als es regelmäßig im interdisziplinären Feld der Postdigitalitätsforschung konstatiert werden kann.[43]

In Abgrenzung zum allgemeinen Sprachgebrauch hat sich in der (analytischen) philosophischen Ästhetik im Anschluss an Frank Sibleys (1959; 1965; 1968; 1974) einflussreiche Unterscheidung zwischen ästhetischen und nicht-ästhetischen Eigenschaften eine nuancierte philosophische Diskussion entwickelt.[44] Ästhetische Eigenschaften wie etwa „anmutig, delikat oder schrill […], ausgewogen, bewegend oder kraftvoll“ (Sibley 1965, 135; Übers. d. Verf.)[45] erfordern hier „die Ausübung von Geschmack, Wahrnehmungsvermögen oder Empfindsamkeit, von ästhetischem Urteilsvermögen und ästhetischer Wertschätzung“ (Sibley 1959, 421; Übers. d. Verf.),[46] während nicht-ästhetische Eigenschaften wie „groß, kreisförmig, grün, langsam

---

42 Vgl. hierzu z. B. die funktionalistischen Definitionen von Beardsley 1982; Schlesinger 1979; die institutionellen Definitionen von Danto 1981; Dickie 1974; die historischen Definitionen von Levinson 1979; Stecker 1994; den Cluster-Ansatz von Gaut 2000; und den Überblick in Davies 1991.

43 Wenn beispielsweise Contreras-Koterbay und Mirocha die „ästhetischen Eigenschaften […] digitaler Medien“ („aesthetic properties […] of digital media“ [2016, 36; Übers. d. Verf.]) beiläufig erwähnen oder Hoy den Unterschied zwischen den „analogen ästhetischen Eigenschaften“ („analog aesthetic properties“ [2017, 175; Übers. d. Verf.]) und den „digitalen ästhetischen Eigenschaften“ („digital aesthetic properties“ [2017, 175; Übers. d. Verf.]) von (post-)digitalen Kunstwerken reflektiert, dann sind damit jeweils kaum ‚ästhetische Eigenschaften‘ in jenem vergleichsweise spezifischen Sinne gemeint, in dem der Begriff in der philosophischen Ästhetik Verwendung findet.

44 Die Ursprünge dieser Diskussion ließen sich sicherlich auch noch deutlich weiter und dann mindestens bis Baumgarten und Kant zurückverfolgen, was ich hier aber nicht tun möchte.

45 „[G]raceful, dainty, or garish […], balanced, moving, or powerful“ (Sibley 1965, 135).

46 „[T]he exercise of taste, perceptiveness, or sensitivity, of aesthetic discrimination or appreciation“ (Sibley 1959, 421).

oder einsilbig" (Sibley 1965, 135; Übers. d. Verf.)[47] dies nicht tun. Die daran anschließende Diskussion ist – mit Blick auf die in der analytischen Philosophie üblichen epistemischen Praktiken kaum überraschend – durch eine über das Erkenntnisinteresse des vorliegenden Bandes deutlich hinausgehende theoretische wie terminologische Komplexität gekennzeichnet, wobei es um anhaltende und aufeinander bezogene Differenzen nicht nur mit Blick auf die Frage, ob das „Gerede von Eigenschaften" (Bender 1996, 374; Matravers 2005, 208; Übers. d. Verf.)[48] überhaupt hilfreich ist, um ästhetische Erfahrung oder ästhetische Wertschätzung zu verstehen, sondern ebenso hinsichtlich verschiedener weiterer Fragen geht, die sich bei der Konzeptualisierung des Begriffs der ‚ästhetischen Eigenschaften' stellen.

Dies betrifft etwa den ontologischen Status von ästhetischen Eigenschaften und also die Frage, ob bzw. wie diese existieren (vgl. bereits Sibley 1968; sowie z. B. die verschiedenen Argumente für einen ästhetischen Realismus in Eaton 2001; Zangwill 2001; und einen ästhetischen Antirealismus in Goldman 1995; Young 1997), ihr Verhältnis bzw. ihre begriffliche Abgrenzung zu nicht-ästhetischen Eigenschaften (vgl. bereits Sibley 1965; sowie z. B. Bender 1987; Currie 1990; Levinson 1984; Zangwill 2001 zur [vermeintlichen] Supervenienz von ästhetischen Eigenschaften) und die Frage, ob (mindestens einige) ästhetische Eigenschaften als (mindestens in Teilen) deskriptiv oder (ausnahmslos alle) ästhetischen Eigenschaften als (unteilbar) evaluativ zu verstehen sind (vgl. bereits Sibley 1974; sowie z. B. Levinson 2001; 2005; Zangwill 2001; im Gegensatz zu De Clercq 2002; 2008; Goldman 1995 für unterschiedliche Positionen zur Evaluativität von ästhetischen Eigenschaften). Vor diesem Hintergrund mag Bence Nanays rezenterer Vorschlag, den theoretischen und analytischen Fokus auf „ästhetisch relevante Eigenschaften" (2016, 67; Übers. d. Verf.; vgl. auch Budd 1995, 4; Goldman 1995, 148; Zangwill 2001, 100, für eine Auswahl früherer Verwendungen des Begriffs)[49] zu legen, als ein vielversprechender Weg aus diesem theoretischen und terminologischen Dickicht erscheinen.

Nanay geht davon aus, dass „Eigenschaften ästhetisch relevant sind, wenn es einen ästhetischen Unterschied macht, dass wir ihnen Aufmerksamkeit schenken" (2016, 67; Übers. d. Verf.).[50] Allerdings betont er auch, dass „dieses ‚einen ästhetischen Unterschied machen' vieles bedeuten" und zum Beispiel „unsere allgemeine ästhetische Bewertung des Kunstwerkes beeinflussen" oder „eine ästhetische Er-

47 „[L]arge, circular, green, slow, or monosyllabic" (Sibley 1965, 135).
48 „[P]roperty talk" (Bender 1996, 374; Matravers 2005, 208).
49 „[A]esthetically relevant properties" (Nanay 2016, 67).
50 „[P]roperties are aesthetically relevant if attending to them makes an aesthetic difference" (Nanay 2016, 67). Vgl. zur Perspektivgebundenheit solcher Relevanzentscheidungen auch Philipsens Unterscheidung zwischen einer digitalen und einer postdigitalen Perspektive auf das „Zuschreiben ästhetischer Bedeutung" („ascribing aesthetic meaning" [2014, 121; Übers. d. Verf.]).

fahrung Proust'scher Natur auslösen" (Nanay 2016, 67; Übers. d. Verf.)[51] kann. Obwohl Nanay darauf beharrt, dass „ästhetisch relevante Eigenschaften eindeutig non-evaluativ sein können" (2016, 82; Übers. d. Verf.),[52] scheint mir die von ihm vorgeschlagene vorläufige Bestimmung von „ästhetisch relevanten Eigenschaften" als jenen Eigenschaften ästhetischer Objekte (im weitesten Sinne), die „die *Valenz* der eigenen Erfahrung verändern" (Nanay 2016, 72; Herv. im Original; Übers. d. Verf.),[53] wenn wir ihnen Aufmerksamkeit schenken, doch mindestens eine (wenngleich perspektivgebundene bzw. kontextabhängige) evaluative Komponente zu beinhalten.

Nanays Konzeptualisierung von ästhetisch relevanten Eigenschaften erscheint letztlich also nicht allzu weit entfernt von bestehenden Konzeptualisierungen ästhetischer Eigenschaften wie sie sich etwa bei Marcia Muelder Eaton finden, die vorschlägt, als „ästhetische Eigenschaft eines Objektes oder Ereignisses" jede „intrinsische Eigenschaft" dieses „Objektes oder Ereignisses" zu verstehen, die „kulturell als eine Aufmerksamkeit verdienende Eigenschaft identifiziert wird" (2001, 11; Übers. d. Verf.).[54] Zwar schließt Nanays Konzeptualisierung expliziter das ein, was andere (analytische) Philosoph*innen als „Basiseigenschaften" (Bender 1996, 371; Goldman 1995, 45; Übers. d. Verf.)[55] bezeichnen würden, aber Eatons Argument, dass ästhetische Eigenschaften insgesamt in verschiedenen Kontexten „sozial als Wahrnehmung und Reflexion belohnend konstruiert werden" (2001, 18; Übers. d. Verf.),[56] scheint mir durchaus mit Nanays Fokus auf der aufmerksamkeitsbedingten Veränderung der Wertigkeit von Erfahrung kompatibel zu sein. Obwohl nun Fragen des (im Sinne Eatons [2001], Nanays [2016] und anderer immer auch soziokulturell konstruierten) Geschmacks[57] im Zusammenhang mit ästhetischen Urteilen in der Ästhetik offenkundig eine wichtige Rolle spielen, würde ich weiterhin davon

---

51 „This ‚making an aesthetic difference' can mean many things: attending to aesthetically relevant properties may alter our general aesthetic evaluation of the artwork [...], trigger an aesthetic experience of a Prussian [sic] nature [...], and so on" (Nanay 2016, 67). Ich habe *Prussian nature* hier als Tippfehler behandelt und entsprechend als ‚Proust'sche Natur' übersetzt, da Preußen bei Nanay an keiner anderen Stelle Erwähnung findet, dafür allerdings wiederholt von ästhetischer Erfahrung im Sinne Prousts die Rede ist (vgl. Nanay 2016, 13n1, 14–16, 18, 20, 28, 72, 102, 181).

52 „[A]esthetically relevant properties can clearly be non-evaluative" (Nanay 2016, 82).

53 „[I]f attending to a property of a particular changes the *valence* of one's experience of that particular, it is an aesthetically relevant property" (Nanay 2016, 72; Herv. im Original).

54 „A is an aesthetic property of O (an object or event) if and only if A is an intrinsic property of O and A is culturally identified as a property worthy of attention" (Eaton 2001, 11).

55 „[B]ase properties" (Bender 1996, 371; Goldman 1995, 45).

56 „[G]et constructed socially as repaying perception and reflection" (Eaton 2001, 18).

57 Ohne hier die für das Erkenntnisinteresse des vorliegenden Bandes weniger relevante Kategorie des Geschmacks ausführlicher diskutieren zu wollen, sei aber doch mindestens auf Brückner 2003 für eine Rekonstruktion ihrer Begriffsgeschichte im 18. und 19. Jahrhundert verwiesen.

ausgehen, dass sich die Analyse der Spielarten einer postdigitalen Ästhetik, die wir ganz unterschiedlichen (und nicht unbedingt in institutionell als solchen markierten Kunstkontexten verorteten) medialen Artefakten zuschreiben können, nicht auf wie auch immer konzeptualisierte ästhetische Urteile und entsprechend ebenfalls nicht auf „evaluative ästhetische Eigenschaften" (Goldman 1995, 12; Übers. d. Verf.),[58] „evaluativ aufgeladene ästhetische Eigenschaften" (Levinson 2001, 76; Übers. d. Verf.)[59] oder „inhärent evaluative [...] ästhetische Eigenschaften" (De Clercq 2002, 172; Übers. d. Verf.)[60] konzentrieren muss oder sollte.

Statt den Zuständigkeitsbereich der Ästhetik auf ästhetische Urteile und ästhetische Eigenschaften oder gar auf das Kunstschöne zu fokussieren, möchte ich zwar Fragen nach ästhetischer Wahrnehmung in den Mittelpunkt der hier vorgeschlagenen Konzeptualisierung von Ästhetik stellen, dabei jedoch keineswegs Ästhetik mit *aisthesis* (oder Aisthetik) und also mit Wahrnehmung insgesamt zusammenfallen lassen. Freilich ist es inzwischen übliche Praxis geworden, den Zusammenhang zwischen Ästhetik und Wahrnehmung zu betonen. Sowohl in der philosophischen Ästhetik (vgl. z. B. Böhme 2001; Nanay 2016; Seel 2003; Welsch 1996) als auch in Forschungen zur Medienästhetik (vgl. z. B. Hausken 2013; Marchiori 2013) und zur postdigitalen Ästhetik (vgl. z. B. Cramer 2015; Contreras-Koterbay und Mirocha 2016) wird bei der Herstellung dieses Zusammenhangs häufig nicht nur mehr oder weniger ausführlich darauf hingewiesen, dass der Begriff der ‚Ästhetik' „auf die griechische Wortgruppe αἴσθησις (*aisthesis*), αἰσθάνεσθαι (*aisthanesthai*) und αἰσθητός (*aisthetos*)" zurückgeht, deren Wörter „die Empfindung und Wahrnehmung im allgemeinen bezeichnen, vor jeglicher artistischen Bedeutung" (Welsch 1996, 136), sondern es werden zudem gerne die Ursprünge des Begriffs der ‚Ästhetik' im 18. Jahrhundert, nämlich in Baumgartens *Aesthetica* (1750/1758) und Kants *Critik der Urtheilskraft* (1790), betont. Trotz des nachhaltigen Einflusses letzterer auf die moderne philosophische Ästhetik[61] (und deren Konzeptualisierung von ästhetischen Urteilen und ästhetischen Eigenschaften) werde ich mich im Folgenden weder mit Baumgarten noch mit Kant ausführlicher befassen, möchte aber doch in etwas größerer Tiefe auf die rezentere Gleichsetzung von *aisthesis* und ästhetischer Wahrnehmung im Forschungsfeld der Medienästhetik sowie die verschiedenen daraus resultierenden Vorschläge eingehen, Ästhetik insgesamt als Aisthetik zu verstehen.

---

58 „[E]valuative aesthetic properties" (Goldman 1995, 12).

59 „[E]valuatively laden aesthetic properties" (Levinson 2001, 76).

60 „[I]nherently evaluative [...] aesthetic properties" (De Clercq 2002, 172).

61 Insbesondere Baumgarten hat sich dabei zuletzt nicht nur im Kontext der Philosophie (vgl. z. B. Menke 2001; Wallenstein 2013; sowie die Beiträge in McQuillan 2021), sondern beispielsweise auch innerhalb literaturtheoretischer Diskussionen als außerordentlich produktiver Ausgangspunkt ästhetischer Reflexion erwiesen (vgl. z. B. Berndt 2011; 2020; sowie das SNF-Projekt ARTS [2025–2029]).

Insbesondere der bereits zitierte Wolfgang Welsch hat sich ausdauernd darum bemüht, seine Rekonstruktion des „Aristotelische[n] Projekt[es] einer Aisthetik", das allerdings als (bloße) „Aisthesiologie endet[e]" (1987, 29), mit der recht pauschalen Diagnose einer „alltäglichen Ästhetisierung" (1996, 13) der Gegenwartskultur sowie mit der Forderung nach einer Neuausrichtung der „Ästhetik als ein[es] Forschungsfeld[es]" zu verbinden, „das alle Fragen umfaßt, welche die *aisthesis* betreffen" (1996, 175; vgl. auch bereits Welsch 1990; sowie die Beiträge in Welsch 1993). Welsch hat damit sicherlich den Weg für ein verstärktes Interesse an Alltagsästhetik geebnet (vgl. z. B. Leddy 2012; Mandoki 2016; Ngai 2012; Saito 2012), aber mir geht es hier vor allem um den Zusammenhang zwischen einer umfassenden Aisthetisierung der Ästhetik und der Theoretisierung digitaler Medien während der 1990er Jahre. So hat etwa ein von Florian Rötzer herausgegebener deutschsprachiger Sammelband unter dem Titel *Digitaler Schein* (vgl. Rötzer 1991a) früh danach gefragt, inwiefern (damals) neuere Entwicklungen im Bereich der Computertechnologie „maßgeblich für die Veränderung von Wahrnehmungsweisen und ästhetischen Formen sind" (Rötzer 1991b, 15) bzw. waren, und die Herausgeber*innen eines weiteren deutschsprachigen Sammelbandes mit dem vielversprechenden Titel *Aisthesis: Wahrnehmung heute oder Perspektiven einer anderen Ästhetik* (vgl. Barck et al. 1993a) betonen zunächst ebenfalls, dass „Wahrnehmung, griechisch ‚aisthesis', [...] mit Ästhetik als dem System der schönen Künste noch nichts zu tun" (Barck et al. 1993b, 445) hat, bevor sie eine überraschend grundlegende Rekonzeptualisierung der „Beschäftigung mit Ästhetik" (und eben nicht: mit *aisthesis*) als „Wahrnehmung einer künstlicher werdenden Welt" (Barck et al. 1993b, 446) vorschlagen.

Wenngleich derartige Beobachtungen noch recht eng an Welschs Ästhetisierungsthese anzuknüpfen scheinen, finden sich im Rahmen früher Forschungen zur Medienästhetik durchaus auch prononciertere Versionen dieser Art von umfassenden Thesen. So behauptet zum Beispiel Norbert Bolz recht selbstbewusst (und mindestens in der Rückschau kaum vollumfänglich zutreffend), dass der „Terminus Medienästhetik [...] sich nicht mehr auf eine Theorie der (schönen) Künste", sondern vielmehr „auf die ursprüngliche Bedeutung von *aisthesis*" (1990, 7) beziehe, bzw. noch allgemeiner, dass „die Ästhetik [...] ja längst keine Theorie der (schönen) Künste mehr" sei, sondern „heute in eine Theorie der *aisthesis* (Medientheorie) und in eine Technologie der digitalen Bilderproduktion (Computergraphik)" (1991, 7) zerfalle. Einerseits mag es nun zwar plausibel erscheinen, dass „die *Ästhetik* innerhalb der Medienästhetik nicht als Kunstphilosophie betrachtet wird" (Hausken 2013, 30; Herv. im Original; Übers. d. Verf.)[62] bzw. betrachtet werden sollte, zumal

62 „The *aesthetics* of media aesthetics is not viewed as a philosophy of art" (Hausken 2013, 30; Herv. im Original). Vgl. z. B. auch den rezenteren Überblick in Mersch 2024; sowie Fußnote 42.

die hier von Bolz, Hausken und zahlreichen weiteren Theoretiker*innen betriebene Fokusverschiebung nicht zuletzt ein wichtiges Gegengewicht zu in einem spezifischen Sinne normativ gewendeten Konzeptualisierungen von Ästhetik im Kontext einer auf die „Herstellungspraxis" (Böhme 2001, 178) bezogenen angewandten Medienästhetik bildet (vgl. z. B. Manovich 2017 für einen kurzen Überblick; sowie Zettl 2017 für ein einflussreiches Beispiel). Andererseits muss aber doch die vielfach angestrebte grundlegende Rekonzeptualisierung von Ästhetik „als einer Theorie der kulturell und historisch situierten Empfindung und Wahrnehmung, die begrifflich aus der ursprünglichen Bedeutung des Wortes als *aisthesis* oder Sinneswahrnehmung im Griechischen entwickelt wird" (Hausken 2013, 30; Übers. d. Verf.; vgl. neben Bolz 1990; 1991 z. B. auch Böhme 2001; Rancière 2011; sowie zuletzt Papenburg 2024),[63] als letztlich nicht weniger verengt und reduktionistisch erscheinen.

Anstatt die gerade im Forschungsfeld der Medienästhetik nach wie vor verbreitete These von der vermeintlichen „Unabgrenzbarkeit von aisthetischer und ästhetischer Wahrnehmung" (Kliche 1998, 485) zu akzeptieren, möchte ich im Anschluss an Martin Seel (1993b; 1997; 2003) und andere gegen die „‚Entdifferenzierung' der Begriffe ‚Aisthesis' und ‚Ästhetik'" (Ehrenspeck 1996, 202) und für eine systematische Unterscheidung derselben argumentieren, was dann eben auch die theoretisch-begriffliche Position beinhaltet, dass die *„‚Aisthetik'"* als Theorie der *aisthesis* im Sinne von „Wahrnehmung (und Erkenntnis) *überhaupt* [...] vor jeder philosophischen *‚Ästhetik'"* als Theorie der *„Bedingungen* der *besonderen* Aktivität *ästhe-*

63 „[A]s a theory of culturally and historically embedded sensation and perception, conceptually developed from the original Greek sense of the term, as *aisthesis* or sense perception" (Hausken 2013, 30). Böhme geht es (unter Bezug auf Baumgarten, Kant und Welsch sowie in wiederholter Abgrenzung zu Seel) explizit darum, „Ästhetik als Aisthetik" und also „als allgemeine Wahrnehmungslehre" (Böhme 2001, 29) zu entwickeln. In stärker auf das Kunstsystem bezogener Ausrichtung bestimmt Rancière demgegenüber den „Begriff der *Aisthesis*" im Sinne eines „Modus der Erfahrung, innerhalb dessen [...] wir sehr unterschiedliche Dinge [...] als insgesamt dem Bereich der Kunst zugehörig wahrnehmen" („[l]e terme *Aisthesis* désigne le mode d'expérience selon lequel [...] nous percevons des choses très diverses [...] comme appartenant en commun à l'art" [2011, 10; Übers. d. Verf.]). Papenburg sieht im Rahmen ihres prima facie auch für das Erkenntnisinteresse des vorliegenden Bandes relevanten Versuchs der Konturierung einer „postdigitalen Weltraumästhetik" die „Zielsetzung der Medienästhetik" ebenfalls vor allem darin, „eine Reflexion über die technisch-medialen Bedingungen von Wahrnehmungsweisen als Erkenntnispraktiken einzuleiten" (2024, 177), und bestimmt den Begriff der ‚postdigitalen Ästhetik' dann wiederum in recht idiosynkratischer Weise, wenn sie (insbesondere mit Bezug auf Weltraumbilder) zwar zunächst überzeugend festhält, dass sich „[e]ine postdigitale Ästhetik [...] von einer Ästhetik des Scheins" abgrenzt, „wie sie in der medienästhetischen Diskussion zu Beginn der 1990er Jahre gängig war", diese Abgrenzungsbewegung dann aber überraschend ausschließlich über den (inzwischen kaum mehr kontroversen) „indexikalischen Weltbezug[ ] der digitalen Bilder" (2024, 198) begründet.

tischer Wahrnehmung" liegt und „daher nicht mit letzterer zusammengeworfen werden" (Seel 1993b, 32n1; Herv. im Original) sollte (vgl. z.B. auch Reckwitz 2016). Entsprechend möchte ich die Möglichkeit einer Unterscheidung zwischen ästhetischer und nicht-ästhetischer (oder funktionaler oder pragmatischer) Wahrnehmung beibehalten, die sich wiederum mit Seel vielleicht am plausibelsten über die Selbstbezüglichkeit bzw. die Vollzugsorientiertheit ersterer voneinander abgrenzen lassen. Seel hat diese Konzeptualisierung von ästhetischer Wahrnehmung in verschiedenen Kontexten entwickelt und weiter ausgeführt, aber für unseren gegenwärtigen Zusammenhang mag die folgende Bestimmung ausreichen:

> Selbstbezüglich ist alle ästhetische Wahrnehmung in dem schon genannten Sinn, daß es ihr nicht nur um das jeweils Wahrgenommene, sondern gleichermaßen um den Akt der Wahrnehmung selbst geht. Man kann das vielleicht am besten so ausdrücken, daß man sagt, es gehe im Akt ästhetischer Wahrnehmung um den Vollzug einer jeweiligen Wahrnehmung *als* einer solchen Wahrnehmung.
>
> (Seel 1997, 31; Herv. im Original)

Diese allgemeine Bestimmung der Selbstbezüglichkeit ästhetischer Wahrnehmung überschneidet sich bei Seel mit ihrer Vollzugsorientiertheit, denn „[v]*ollzugsorientiert* sind Wahrnehmungen, bei denen die Wahrnehmungstätigkeit selbst zu einem primären Zweck der Wahrnehmung wird" (1997, 29; Herv. im Original).

Offenkundig finden sich verschiedene andere Vorschläge, ästhetische Wahrnehmung von nicht-ästhetischer, funktionaler oder pragmatischer Wahrnehmung abzugrenzen (vgl. z.B. Nanays Überlegungen zu „ästhetischer Aufmerksamkeit als distribuierter Aufmerksamkeit" [2016, 26; Übers. d. Verf.]),[64] aber Seels Betonung des „spürende[n] Sich-gegenwärtig-Sein[s]" (2003, 60) ästhetischer Wahrnehmung, das sich aus ihrer Selbstbezüglichkeit und Vollzugsorientiertheit ergibt, scheint mir für die Frage nach einer dezidiert postdigitalen Ästhetik besonders anschlussfähig zu sein. Gerade weil es mir im Folgenden vor allem um die Theoretisierung und Analyse selbstreflexiver medialer Darstellungen gehen wird, denen wir unterschiedliche Spielarten einer postdigitalen Ästhetik zuschreiben können, sei hier jedoch auch betont, dass Seel zufolge „[d]ieses Spüren [...] als solches noch nichts mit einer *reflexiven* Selbstbezüglichkeit zu tun" hat, „obwohl es zumal im Kontext der Kunst häufig auch hierzu kommt" (2003, 59–60; Herv. im Original). Vor diesem Hintergrund scheint mir ebenfalls Jens Schröters einflussreiche Unterscheidung zwischen einer starken Konzeptualisierung des Begriffs der ‚Medienästhetik' *sensu* Bolz (1990; 1991), „deren Vorteil das Bewusstsein für historische Diskontinuität, deren Nachteil aber die Entgrenzung des Ästhetik-Begriffs ist" (Schröter 2013, 91), und

64 „[A]esthetic attention as distributed attention" (Nanay 2016, 26).

einer schwachen Konzeptualisierung des Begriffs der ‚Medienästhetik' *sensu* Seel (1993a; 1997), „deren Vorteil der Sinn für die Eigenständigkeit der ästhetischen Wahrnehmung und der Sinn für Kontinuität", deren Nachteil aber ihr Festhalten „an einem traditionellen, ‚modernistischen' Begriff von Medienreflexion" (Schröter 2013, 91) ist, zunächst durchaus plausibel. Allerdings lese ich nicht nur Seel wohl etwas anders als Schröter (wobei ich insbesondere nicht davon ausgehen würde, dass Seel seine Bestimmung von ästhetischer Wahrnehmung in exklusiver Weise an ein modernistisches bzw. formalistisches Verständnis von Medienreflexion bindet), sondern mir scheint auch Schröters Vorschlag einer mittleren Konzeptualisierung der Medienästhetik, bei der es „um eine Ästhetik, ja Aisthetik der vor-digitalen Medien geht, die durch ihre verschobene digitale Wiederholung neu sichtbar (und hörbar) werden" (2013, 91), dann wiederum zu eng gefasst zu sein.[65]

Jenseits der Unterscheidung zwischen ästhetischer und nicht-ästhetischer, funktionaler oder pragmatischer Wahrnehmung beziehe ich mich im Folgenden zudem mindestens punktuell auf den Begriff der ‚ästhetischen Erfahrung', der (in der modernen philosophischen Ästhetik) jedoch nicht ausschließlich als Erfahrung des Schönen oder allgemeiner als „Erfahrung ästhetischer Eigenschaften" (De Clercq 2002, 174; Übers. d. Verf.; vgl. aber auch Eaton 2001 und die vorangegangenen Ausführungen zum Begriff der ‚ästhetischen Eigenschaften'),[66] sondern durchaus auch weiter gefasst wurde, beispielsweise als „eine ganzheitliche, vollständige, für sich stehende Erfahrung" (Dewey 1980, 55; Übers. d. Verf.),[67] als „Sinneswahrnehmung", in die „Begehren und Denken umfassend eingeschlossen sind" (Dewey 1980, 254; Übers. d. Verf.),[68] als „einheitliche Erfahrung, in der Wahrnehmungen mit Affekten verschiedener Art verbunden sind" (Beardsley 1981, lxi; Übers. d. Verf.),[69] als

---

65 Das ändert aber nichts daran, dass nicht nur Schröters Unterscheidung zwischen einer „Medienästhetik starken Typs" und einer „Medienästhetik schwachen Typs", sondern sicherlich auch seine Überlegungen zu einer „Medienästhetik mittleren Typs" (2013, 91) und hier vor allem sein als Spezifizierung des (von ihm selbst jedoch nicht thematisierten) Begriffs der ‚Remediatisierung' (vgl. Bolter und Grusin 1996; 1999) zu verstehender Begriff der ‚Transmaterialisierung' (vgl. Schröter 2013, 94; 2024) gerade für die Frage nach einer dezidiert postdigitalen Ästhetik in theoretischer wie analytischer Hinsicht äußerst produktiv sind, wie im Folgenden noch ausführlicher darzustellen sein wird (vgl. hierzu auch noch einmal Beck 2024, dessen unlängst publizierte Überlegungen zur Relevanz von Schröters Medienästhetikbegriff für die Frage nach einer dezidiert postdigitalen Ästhetik in weiten Teilen parallel zu meinen eigenen Überlegungen verlaufen zu sein scheinen).

66 „[E]xperience of aesthetic properties" (De Clercq 2002, 174).

67 „[A]n integrated complete experience on its own account" (Dewey 1980, 55).

68 „Not absence of desire and thought but their thorough incorporation into perceptual experience" (Dewey 1980, 254).

69 „[I]n […] a unified experience the percepts are integrated with affects of various kinds" (Beardsley 1981, lxi).

„ästhetische Erfahrung, die neben der Formwahrnehmung auch emotionales und kognitives Engagement einschließt" (Goldman 2013, 331; Übers. d. Verf.),[70] oder als *„ästhetische Wahrnehmung eines Objektes, die auf ästhetischer Aufmerksamkeit für das Objekt beruht"*, dabei jedoch ebenso *„eine positive hedonische, affektive oder evaluative Reaktion auf die Wahrnehmung selbst oder den Inhalt der Wahrnehmung beinhaltet"* (Levinson 2016, 39; Herv. im Original; Übers. d. Verf.).[71]

Nicht nur existieren also verschiedene Varianten ästhetischer Erfahrung, sondern ästhetische Erfahrung kann auch ganz unterschiedlich konzeptualisiert werden, wenngleich sehr weite Konzeptualisierungen etwa von ästhetischer Erfahrung als „jeder starken (oder intensiven oder emotional bedeutsamen) Erfahrung, die wir in einem ästhetischen Kontext machen" (Nanay 2016, 12; Übers. d. Verf.),[72] wohl auch über das Ziel hinausschießen können. Es mag angesichts dieser begrifflichen Vielfalt und der sich daraus ergebenden Schwierigkeiten plausibel wirken, dass wir uns bemühen sollten, es „zu vermeiden, vage von *ästhetischer Erfahrung* zu sprechen" (Zangwill 2001, 29n10; Herv. im Original; Übers. d. Verf.),[73] aber ich möchte den Begriff der ‚ästhetischen Erfahrung' im Folgenden dennoch mindestens punktuell zur Anwendung bringen, da er mir in aus theoretischer wie methodologischer Perspektive hilfreicher Weise zu betonen scheint, dass unser Aufeinandertreffen mit medialen Artefakten oder anderen ästhetischen Objekten nicht nur im engeren Sinne wahrnehmungsbezogene, sondern ebenso affektive (oder emotionale) und imaginative (insbesondere quasi-perzeptuelle) Prozesse instigieren kann.[74]

---

70 „[I]ncluding emotional and cognitive engagement along with perception of form in aesthetic experience" (Goldman 2013, 331).

71 „[A]*esthetic perception of some object, grounded in aesthetic attention to the object, and in which there is a positive hedonic, affective, or evaluative response to the perception itself or the content of that perception*" (Levinson 2016, 39; Herv. im Original).

72 „[A]ny strong (or intense, or emotionally significant) experience that we have in an aesthetic context" (Nanay 2016, 12).

73 „[T]o avoid talking vaguely of *aesthetic experience*" (Zangwill 2001, 29n10; Herv. im Original).

74 Entsprechend ist es durchaus kein Zufall, wenn etwa auch Seel davon ausgeht, dass eine Konzeptualisierung von „ästhetische[r] Erfahrung" nicht nur „ästhetische[ ] *Wahrnehmung*", sondern ebenso „ästhetische[ ] *Vorstellung*" als einer spezifischen „Spielart der sinnlichen Vorstellungen" (2003, 119; Herv. im Original) berücksichtigen muss. Böhme betont darüber hinaus, dass „Ästhetik [...] auch der Frage nachgehen [muss], *wie es dem wahrnehmenden Menschen in der Wahrnehmung geht*" (2001, 73; Herv. im Original). Es bestehen hier also vielfältige Anschlussmöglichkeiten zu in der Philosophie und Psychologie ebenso wie in der (insbesondere: kognitionstheoretisch informierten) Film- und Medienwissenschaft intensiv betriebenen Forschungen zum Verhältnis von Wahrnehmung, Quasi-Wahrnehmung und Imagination (vgl. den Überblick in Nanay 2021; sowie z. B. Antunes 2016; Currie und Ravenscroft 2002; Hague 2014; McGinn 2004; Sachs-Hombach 2003; Thon 2016) bzw. von Gefühl, Emotion und Affekt (vgl. den Überblick in Scarantino und de Sousa 2021; sowie z. B. Fahlenbrach 2010; Grodal 1997; Plantinga 2009; Smith 2003; Tan 1996; Voss 2004).

Obwohl ich also ‚Ästhetik' als einen wahrnehmungs- bzw. erfahrungsbezogenen Begriff verstehe, geht es mir im Folgenden letztlich in erster Linie um die ästhetische Form von medialen Darstellungen oder anderen medialen Artefakten, denen sich eine postdigitale Ästhetik zuschreiben lässt. Nun hat zwar etwa Caroline Levine in überzeugender Weise die Vielfalt literatur- und kunstwissenschaftlicher Formbegriffe betont und dabei auch treffend hervorgehoben, dass „Form nie ausschließlich zum Diskurs der Ästhetik gehört hat" (2015, 2; Übers. d. Verf.),[75] aber mit dem Begriff der ‚ästhetischen Form' möchte ich im Rahmen des vorliegenden Bandes vor allem die der Wahrnehmung zugängliche äußere Gestalt von medialen Darstellungen oder anderen medialen Artefakten bezeichnen, die in verschiedenen Kontexten von ihrem Gehalt, ihrem Sinn oder ihrem Inhalt abgegrenzt werden mag. Wenn ich den Begriff der ‚ästhetischen Form' hier auf die äußere Gestalt medialer Darstellungen oder anderer medialer Artefakte beziehe, so ist damit jedoch keineswegs gemeint, dass die ästhetische Form derselben notwendigerweise als singuläre Gestalt zu verstehen ist oder dass sie nicht mit Blick auf ihre je salienten konstitutiven Elemente und deren Wechselbeziehungen analysiert werden könnte.[76] In der Tat lässt sich der Begriff der ‚Form' mit Levine im Allgemeinen auf *„eine Anordnung von Elementen"* und damit auf ein mehr oder weniger stringentes Resultat von Prozessen des *„Ordnens, Gestaltens oder Modellierens"* (2015, 3; Herv. im Original; Übers. d. Verf.)[77] beziehen, was nicht zuletzt früheren Vorschlägen aus der (analytischen) philosophischen Ästhetik entspricht, den Begriff der ‚Form' als „aus Beziehungen zwischen den Elementen von Werken bestehend" zu konzeptualisieren, die wiederum „irgendeine nachvollziehbare Ordnung dieser Elemente konstituieren" (Goldman 1995, 83; Übers. d. Verf.).[78] Allerdings wird nicht nur medialen Artefakten, sondern durchaus auch nicht (unmittelbar erkennbar) von Menschen gemachten ästhetischen Objekten, wie sie sich in der belebten oder unbelebten Natur finden mögen, regelmäßig eine ästhetische Form zugeschrieben.[79]

75 „[F]orm has never belonged only to the discourse of aesthetics" (Levine 2015, 2).

76 Obwohl das damit mindestens implizit aufgerufene Theoriegebäude der Gestaltpsychologie (vgl. z. B. Köhler 1929; Koffka 1935; von Ehrenfels 1890; Wertheimer 1925) in der Phänomenologie (vgl. z. B. Merleau-Ponty 1945; Wiese 2017) ebenso wie in der (im weitesten Sinne) psychologischen Ästhetik (vgl. z. B. Arnheim 1954; Verstegen 2018) in der Vergangenheit wohl einigermaßen produktiv gemacht werden konnte, geht es mir hier und im Folgenden also weniger um die Konfiguration von Wahrnehmung(en) als vielmehr um die Konfiguration von (wahrnehmbarer/n) Form(en).

77 „[A]*n arrangement of elements—an ordering, patterning, or shaping*" (Levine 2015, 3; Herv. im Original).

78 „[F]orm consists in relations among elements of works, relations constituting some intelligible order of these elements" (Goldman 1995, 83).

79 Vgl. z. B. Böhme 1989; Brady 2019; Budd 2002; Carlson 2009; Seel 1991 zur Ästhetik der Natur.

Unabhängig von der (nach wie vor umstrittenen) Frage, ob „ästhetische Eigenschaften" als *„Erscheinungsweisen höherer Ordnung"* zu verstehen sind, die „aus den Erscheinungsweisen niedrigerer Ordnung hervorgehen, von denen sie auf ganzheitliche oder emergente Weise abhängen" (Levinson 2005, 218; Herv. im Original; Übers. d. Verf.),[80] scheint es mir jedenfalls plausibel, dass der „phänomenale Gesamteindruck" (Levinson 2001, 69; Übers. d. Verf.),[81] den mediale Artefakte (als der mit Blick auf das Erkenntnisinteresse des vorliegenden Bandes primär relevante Typ ästhetischer Objekte) vermitteln, nicht den ausschließlichen Fokus der Analyse von Medienästhetik im Allgemeinen und postdigitaler Ästhetik im Besonderen bilden sollte. Hier wäre jedoch auch noch einmal anzumerken, dass im Forschungsfeld der Medienästhetik ebenso wie im interdisziplinären Feld der Postdigitalitätsforschung die Rede von „den Formen medialer Artefakte" (Manovich 2017, 9; Übers. d. Verf.)[82] oder gar ihren spezifisch „formalen Eigenschaften" (Corner 2019, 103; Übers. d. Verf.)[83] in der Regel nicht auf ‚ästhetische Eigenschaften' in jenem recht spezifischen Sinne verweist, in dem dieser Begriff in der (analytischen) philosophischen Ästhetik mindestens tendenziell verwendet wird. Trotz der sehr unterschiedlichen Positionen, die sich mit Blick auf ästhetische Eigenschaften finden, scheint aber doch ein minimaler Konsens darüber zu bestehen, dass einige der formalen Eigenschaften, „die eng mit der wahrnehmbaren Form eines Objektes verbunden sind" (Levinson 2005, 224; Übers. d. Verf.),[84] als ästhetische Eigenschaften oder als „ästhetisch relevante Eigenschaften" (Nanay 2016, 67; Übers. d. Verf.)[85] verstanden werden können, während andere formale Eigenschaften lediglich als jene Variante von „im engeren Sinne nicht-ästhetischen Eigenschaften" (Zangwill 2001, 57; Übers. d. Verf.)[86] zu klassifizieren wären, die auch als „Wahrnehmungsqualitäten" (Sibley 1959, 438; Übers. d. Verf.),[87] „wahrnehmbare Eigenschaften niedrigerer Ordnung" (Levinson 2001, 61; Übers. d. Verf.)[88] oder „basalste [...] der Basiseigenschaften" (Goldman 1995, 82; Übers. d. Verf.)[89] beschrieben werden.

---

80 „[A]esthetic properties [...] are *higher-order ways of appearing* [that] arise out of the lower-order ways of appearing on which they depend in a holistic or emergent manner" (Levinson 2005, 218; Herv. im Original)

81 „[O]verall phenomenal impression" (Levinson 2001, 69).

82 „[T]he forms of media artifacts" (Manovich 2017, 9).

83 „[F]ormal properties" (Corner 2019, 103).

84 „[T]hat attach closely to an object's perceivable form" (Levinson 2005, 224).

85 „[A]esthetically relevant properties" (Nanay 2016, 67).

86 „[N]arrow nonaesthetic properties" (Zangwill 2001, 57).

87 „[P]erceptual qualities" (Sibley 1959, 438).

88 „[L]ower-order perceptual properties" (Levinson 2001, 61).

89 „[B]asest [...] of the base properties" (Goldman 1995, 82).

Dass der Fokus der Analyse der mich im Folgenden interessierenden Spielarten einer postdigitalen Ästhetik, die wir medialen Darstellungen oder anderen medialen Artefakten zuschreiben können, in erster Linie auf deren (ästhetischen ebenso wie nicht-ästhetischen) formalen oder doch mindestens „semi-formalen Eigenschaften" (Nanay 2016, 99; Übers. d. Verf.)[90] liegt, die sich darüber hinaus von ihren darstellenden oder expressiven Eigenschaften abgrenzen lassen (vgl. z. B. Budd 1995; Eaton 2001; Goldman 1995), mag wie ein Symptom eines einigermaßen ernsthaften Anflugs von Formalismus wirken.[91] Obwohl mir nun aber die Beantwortung der Frage nach einer ganz unterschiedlichen medialen Darstellungen oder anderen medialen Artefakten zuschreibbaren postdigitalen Ästhetik in der Tat auch den Einsatz formalästhetischer Analyseverfahren zu erfordern scheint, möchte ich hier nicht nur noch einmal die Relevanz „der (formalen) Relation zwischen Form und Inhalt" (Devereaux 1998, 245; Übers. d. Verf.)[92] hervorheben, die weit über die evaluative ästhetische Eigenschaft der „Angemessenheit der Form mit Blick auf den Inhalt" (Goldman 1990, 32; Übers. d. Verf.)[93] hinausgeht, sondern zudem mindestens anmerken, dass sich dem durch ein darstellende Funktionen erfüllendes mediales Artefakt (i. e., eine mediale Darstellung) dargestellten Inhalt wiederum eine eigene Form zuschreiben lässt (wenngleich der Fokus einer Analyse von Spielarten einer postdigitalen Ästhetik dennoch weiterhin nicht auf letzterer liegen wird).

Da es sich bei den mich primär interessierenden Trägern einer postdigitalen ästhetischen Form aber eben nicht um ästhetische Objekte im Allgemeinen, sondern um menschengemachte mediale Artefakte handelt, die zudem darstellende Funktionen erfüllen und also als mediale Darstellungen zu verstehen sind (obwohl wir ästhetischen Objekten, die keine Artefakte sind, ebenfalls eine ästhetische Form zuschreiben können), lassen sich schließlich ästhetische Praktiken als ein weiterer hier salienter Bereich der Ästhetik identifizieren, wobei dann auch die Frage nach ästhetischen Urteilen wieder relevanter werden mag, insofern ästhetische Urteile als Bestandteil bestimmter ästhetischer Praktiken in Erscheinung treten. Ich beziehe mich im Folgenden mit dem Begriff der ‚ästhetischen Praktiken' jedoch vor allem auf jene die entsprechenden medialen Artefakte hervorbringenden „lokalisierten Praktiken" (Corner 2019, 108; Übers. d. Verf.),[94] die innerhalb wie außerhalb

90 „Semi-formal properties" (Nanay 2016, 99).

91 Für einen allerersten Eindruck der Komplexität der damit aufgerufenen Diskussion, vgl. z. B. Curtin 1982 zu reinem und gemischtem Formalismus; Wollheim 2001 zu normativem, analytischem, manifestem und latentem Formalismus; Zangwill 2001 zu moderatem Formalismus; Thomson-Jones 2005 zu anspruchsvollem Formalismus; sowie Nanay 2016 zu Semi-Formalismus.

92 „[T]he (formal) relation between form and content" (Devereaux 1998, 245).

93 „[A]ptness of form to content" (Goldman 1990, 32). Vgl. hierzu z. B. auch bereits Eldridge 1985.

94 „[L]ocalized practices" (Corner 2019, 108).

des interdisziplinären Feldes der Postdigitalitätsforschung auch als „kreative Praktiken" (Andrews 2013, 256; Übers. d. Verf.),[95] „Kunst- und Designpraktiken" (Berry und Dieter 2015b, 2; Übers. d. Verf.),[96] „kulturelle und künstlerische Praktiken" (Paul und Levy 2015, 27; Übers. d. Verf.)[97] oder „Medienpraktiken" (Betancourt 2017, 49; Übers. d. Verf.)[98] beschrieben werden. Zugleich möchte ich nicht ausklammern, dass der Begriff der ‚ästhetischen Praktiken' in den hier relevanten Diskussionszusammenhängen meist in einem sowohl Produktions- als auch Rezeptionsprozesse umfassenden Sinne verwendet wird, wobei mit Blick auf letztere etwa von „der Begegnung und dem Austauschprozess zwischen Artefakt und Rezipient*in" (Nielsen 2005, 63; Übers. d. Verf.)[99] oder von „Praktiken selbstreferentieller Wahrnehmung" (Reckwitz 2016, 63; Übers. d. Verf.)[100] *sensu* Seel (1993b; 1997; 2003) die Rede ist.[101] Doch ebenso, wie ästhetische Produktionsprozesse regelmäßig ästhetische Wahrnehmungsprozesse einschließen werden, lassen sich ästhetische Rezeptionsprozesse kaum auf ästhetische Wahrnehmung oder ästhetische Erfahrung reduzieren. Vielmehr schließen ästhetische Rezeptionsprozesse darüber hinaus verschiedene diskursive Praktiken ein, die dann durchaus (auch) um normative Setzungen, Fragen des Geschmacks und damit verbundene ästhetische Urteile kreisen.[102]

95 „[C]reative practices" (Andrews 2013, 256).

96 „[A]rt and design practices" (Berry und Dieter 2015b, 2).

97 „[C]ultural and artistic practice[s]" (Paul und Levy 2015, 27).

98 „[M]edia practice[s]" (Betancourt 2017, 49).

99 „The encounter and the process of exchange between artefact and recipient" (Nielsen 2005, 63).

100 „[P]ractices of self-referential perception" (Reckwitz 2016, 63).

101 Seel selbst konzeptualisiert „[d]ie ästhetische Praxis der Kunst" als „eine *lokale* Praxis" (neben anderen Varianten ästhetischer Praxis, die eben nicht unbedingt auf die Kunst bezogen sein müssen), welche „jede menschliche Tätigkeit des wahrnehmenden oder herstellenden Umgangs mit Werken der Kunst" (1993b, 31; Herv. im Original) umfasst, betont zugleich jedoch auch, „daß ästhetische Rezeption und ästhetische Produktion kategorial verschiedene Dinge sind" (1993b, 32). Vgl. z. B. auch Siegmund 2007 für einen produktionsästhetischen Entwurf zu künstlerischem Handeln.

102 Hierzu stellt Eaton nicht nur fest, dass künstlerisch tätige Personen (als jene Personen, die „sich selbst [...] als mit einer künstlerischen Tätigkeit befasst beschreiben" [„describe themselves [...] as being engaged in artistic activity" (2001, 5; Übers. d. Verf.)]) während der Hervorbringung eines ästhetischen Artefaktes „bewusst auf intrinsische Eigenschaften dieses Artefaktes achten, die ihre Kultur als wahrnehmungs- und reflexionswürdig identifiziert hat" („consciously paying attention to intrinsic properties of that artifact that their culture has identified as worthy of perception and reflection" [2001, 5; Übers. d. Verf.]), sondern betont darüber hinaus, dass sich durch diskursive Praktiken, in deren Rahmen dann „aufgrund von individuellem Genuss auch andere eingeladen werden, auf diese Eigenschaften zu achten, gemeinschaftliche Praktiken und Institutionen entwickeln, die Aufmerksamkeit erzeugen und regenerieren" („[w]hen personal pleasure leads individuals to invite others to attend to those properties, communal practices and institutions that generate and regenerate attention develop" [2001, 203; Übers. d. Verf.]).

Obwohl ich also grundsätzlich davon ausgehen würde, dass nicht nur der Begriff der ‚ästhetischen Praxis' insgesamt, sondern ebenso das Set spezifischer ästhetischer Praktiken sowohl die Hervorbringung oder Produktion als auch die Wahrnehmung oder Erfahrung von medialen Artefakten sowie das breite Spektrum des „ästhetischen Diskurses" (Sibley 1965, 136; Übers. d. Verf.)[103] im Sinne der durch diese medialen Artefakte (oder sonstige ästhetische Objekte) angestoßenen Anschlusskommunikation beinhalten (vgl. z. B. Nuernbergk 2013; Porten-Cheé 2017; Weber 2015; Ziegele 2016),[104] soll die hier angedeutete Engführung des Begriffs der ‚ästhetischen Praktiken' auf den Bereich der mediale Artefakte hervorbringenden Produktionsprozesse im Gegensatz zu den durch diese medialen Artefakte instigierten Rezeptionsprozessen insbesondere unterstreichen, dass ich es grundsätzlich für angezeigt halte, auch erstere in die Analyse unterschiedlicher Spielarten einer postdigitalen Ästhetik mit einzubeziehen. Die Hypothese, dass unser Verständnis derselben häufig vom mindestens punktuellen Einbezug einer praxeologischen Perspektive profitieren wird, legt dabei ein methodisches Vorgehen nahe, das die detaillierte Analyse der ästhetischen Form spezifischer medialer Artefakte mit einer stärker diskursanalytisch orientierten Rekonstruktion[105] von Artikulationen nicht nur ästhetischer Wahrnehmung oder ästhetischer Erfahrung, sondern eben auch ästhetischer Praktiken der Hervorbringung jener medialen Artefakte im Rahmen von häufig in großer Menge verfügbaren Paratexten verbindet.[106]

---

103 „[A]esthetic discourse" (Sibley 1965, 136). Vgl. auch De Clercq 2002, 168; Eaton 2001, 13; Goldman 1995, 25; Levinson 2001, 62; sowie stärker historisch orientiert Gerok-Reiter und Robert 2022.

104 Damit soll aber keineswegs in Abrede gestellt werden, dass die hier aufgerufenen Unterscheidungen mit Blick auf tatsächlich beobachtbare ästhetische Praktiken auch angesichts rezenterer Entwicklungen im Rahmen der sogenannten partizipativen Kultur sowie der mit diesen einhergehenden Rekonzeptualisierung von Produzent*innen- und Rezipient*innenrollen häufig schwierig zu treffen sein dürften (vgl. z. B. Bruns 2008; Jenkins 2006; Jenkins et al. 2013; Schäfer 2011).

105 Dabei geht es dann um die Rekonstruktion der produktions- und rezeptionsbezogenen Diskurse, soweit sie für ein spezifisches mediales Artefakt bzw. eine spezifische mediale Darstellung, dem bzw. der eine postdigitale Ästhetik zugeschrieben werden kann, relevant sind. Vgl. z. B. auch Fairclough 2010; Jäger 2015; Keller 2011; Wodak 1996 für weiterführende Überlegungen zum damit angerissenen theoretischen und methodologischen Rahmen der kritischen Diskursanalyse.

106 Den Begriff des ‚Paratextes' verwende ich hier in jenem umfassenden Sinne, in dem er inzwischen in weiten Teilen der Film- und Fernsehwissenschaft (vgl. z. B. Gray 2010), der Computerspielforschung (vgl. z. B. Švelch 2020) und der Medienwissenschaft insgesamt (vgl. z. B. Brookey und Gray 2017) Verbreitung gefunden hat. Die Paratexte medialer Artefakte umfassen also Trailer und andere PR-Materialien, Interviews mit oder in anderer Form dokumentierte Einlassungen der Produzent*innen, Making-of-Dokumentationen und sogenannte Postmortems, professionelle und nicht-professionelle Rezensionen, Let's Plays und andere Formen des Streamings sowie verschiedene weitere Orte, an denen sich Anschlusskommunikation ereignet, deren Analyse Einblicke in ästhetische Produktionspraktiken ebenso wie in ästhetische Rezeptionspraktiken bieten kann.

In der Hoffnung, dass damit der meinen weiteren Überlegungen zum schillernden Begriff der ‚postdigitalen Ästhetik' zu Grunde liegende Ästhetikbegriff zumindest etwas klarer konturiert ist, möchte ich jedoch auch noch einmal betonen, dass es mir im Rahmen des vorliegenden Bandes nicht nur in erster Linie um die ästhetische Form medialer Darstellungen als eines bestimmten Typs medialer Artefakte geht, sondern dass ich zudem vor allem an solchen medialen Darstellungen interessiert bin, die ihre eigene Medialität, Materialität oder eben: ästhetische Form in den Vordergrund rücken. Damit meine ich selbstredend nicht, dass mediale Darstellungen, die dies nicht in ausgeprägter Weise tun, keine ästhetische Form besäßen oder keine ästhetische Wahrnehmung instigieren könnten, aber mir scheint hier dennoch ein Zusammenhang zwischen der Selbstbezüglichkeit ästhetischer Wahrnehmung als eines „spürende[n] Sich-gegenwärtig-Sein[s]" (Seel 2003, 60) und der (formalen) Selbstreferentialität mindestens bestimmter Spielarten einer postdigitalen Ästhetik zu bestehen.[107] Mit dem Fokus auf die selbstreferentielle ästhetische Form medialer Darstellungen ist zugleich auch noch einmal eine bereits angerissene Unterscheidung aufgerufen, die in ganz verschiedenen theoretischen Kontexten auf durchaus vergleichbare Weise getroffen wird, wenn die Details der entsprechenden Begriffsbildungen auch deutlich variieren. Es geht hier, grob gesprochen, um die Form im Gegensatz zum Inhalt medialer Darstellungen,[108] um *presentation* im Gegensatz zu *representation*,[109] um das, was Roland Barthes (1970) als dritten Sinn und Kristin Thompson (1977) als Exzess konzeptualisiert hat.

---

107 Es geht mir an dieser Stelle also nicht um eine theoretische, sondern um eine pragmatische Einschränkung. Ich argumentiere keineswegs, dass wir ausschließlich solchen medialen Darstellungen (oder anderen medialen Artefakten) eine postdigitale Ästhetik zuschreiben können, die ein hohes Maß an Selbstreferentialität ausstellen. Nur scheinen mir mediale Darstellungen (als darstellende Funktionen erfüllende mediale Artefakte), die ihre eigene Medialität, Materialität und ästhetische Form in den Vordergrund rücken, in theoretischer wie analytischer Hinsicht besonders interessant zu sein. Vgl. z. B. auch Wolf 2009a; 2011a; sowie verschiedene Beiträge in Bernhart und Wolf 2010; Hauthal et al. 2007; Krampe und Thon 2025; Nöth und Bishara 2007; Wolf 2009b; 2011b zum Verhältnis der Begriffe ‚Selbstreferentialität', ‚Selbstreflexivität' und ‚Metareferentialität'.

108 Auch wenn wir, wie oben bereits erwähnt, dem durch mediale Darstellungen dargestellten Inhalt eine eigene Form zuschreiben können, liegt der Fokus des vorliegenden Bandes auf der ästhetischen Form medialer Darstellungen in Abgrenzung zum von ihnen dargestellten Inhalt.

109 Ich habe an anderer Stelle (vgl. z. B. Thon 2016; 2017; 2019b; 2019c; 2022; 2025b) wiederholt darstellungstheoretische Begriffe wie Curries „darstellerische Entsprechung" („representational correspondence" [2010, 59; Übers. d. Verf.]) oder Waltons „Prinzip des wohlwollenden Verstehens" („principle of charity" [1990, 183; Übers. d. Verf.]) zur präziseren narratologischen Theoretisierung und Analyse des Spannungsverhältnisses zwischen *presentation* und *representation* mobilisiert (deren englischsprachige Differenzierung im Deutschen keine präzise Entsprechung findet), aber damit ist durchaus ein über narrative Darstellungen hinausgehendes darstellungstheoretisches Problem adressiert (vgl. z. B. Wollheim 1998 für eine einflussreiche bildtheoretische Perspektive).

Das damit aufgerufene Verhältnis zwischen der Transparenz und der Opazität von Bildern und anderen medialen Darstellungen hat in der philosophischen Ästhetik, der Semiotik und der Medientheorie erhebliche Aufmerksamkeit erfahren. In der philosophischen Ästhetik und insbesondere in Forschungen zur Medienästhetik werden in diesem Zusammenhang auch Begriffe wie ‚Erscheinen‘ (vgl. z.B. Seel 2003), ‚Präsenz‘ (vgl. z.B. Mersch 2002) oder ‚Atmosphäre‘ (vgl. z.B. Böhme 2001) in Anschlag gebracht. Nicht weniger relevant sind jedoch die lang anhaltenden Diskussionen um die vermeintliche Transparenz fotografischer (und anderer) Bilder (vgl. z.B. Gaut 2008; Lopes 1996; Walton 1984; Wollheim 1968) sowie verschiedene Versuche, Opazität als salienten Aspekt einer Ästhetik der Oberfläche zu konzeptualisieren (vgl. z.B. Bruno 2014; Rathe 2020; Shusterman 2002; Wesselkämper 2024; sowie die Beiträge in Rautzenberg und Wolfsteiner 2010; von Aarburg et al. 2008).[110] In diesem Zusammenhang wäre dann zudem noch einmal anzumerken, dass sich die Diskussion um Varianten des Formalismus in der philosophischen Ästhetik zwar vor allem auf Bilder im Allgemeinen und die (modernistische) Malerei im Besonderen konzentriert hat (vgl. noch einmal Nanay 2016; sowie die verschiedenen Begriffsprägungen in Curtin 1982; Thomson-Jones 2005; Wollheim 2001; Zangwill 2001), dass es aber durchaus auch einen umfassenderen formalistischen Diskurs in der Literatur-, Kultur- und Medienwissenschaft gibt, der sich häufig primär an den Theoriebeständen des sogenannten russischen Formalismus abarbeitet.[111]

---

110 Hier ist insbesondere Rathes weitläufiger Entwurf einer „*Philosophie* der Oberfläche“ (2020, 14; Herv. im Original) hervorzuheben, in dessen Rahmen dieser zunächst (allerdings gänzlich ohne Bezug auf Bolter und Grusin 1996; 1999) vorschlägt, „materielle Opazität und semiotische Transparenz sowie Sinnlichkeit und Sinn – kurzum: *aisthesis* und *semiosis* – nicht als gegensätzliche, sondern als wechselseitig verwobene Phänomene zu begreifen, die medial vermittelt sind“ (Rathe 2020, 71), um anschließend (unter wiederholtem Bezug auf Seel 2003) die „ästhetische[] Wahrnehmung der Oberfläche“ unter Einschluss von „Akte[n] der Imagination“ (Rathe 2020, 117) ausführlich zu diskutieren. Vgl. zur Ästhetik der Oberfläche auch bereits Nanays semi-formalistische Gleichsetzung der „formalen Eigenschaften von Bildern“ („formal properties of pictures“ [2016, 100; Übers. d. Verf.]) mit ihren „Oberflächeneigenschaften“ („surface properties“ [2016, 100; Übers. d. Verf.]).

111 Als einflussreich hat sich hier vor allem Šklovskijs (1917) Begriff der *ostranenie* erwiesen, der im Englischen als *making strange* oder *defamiliarization*, im Deutschen häufig als ‚Verfremdung‘ über- und zudem mit Brechts (1936; 1940) Überlegungen zum sogenannten Verfremdungseffekt in Beziehung gesetzt wird (vgl. z.B. Günther 2001; Lachmann 1970). Zu betonen ist zudem, dass der Begriff der *ostranenie* mit Blick auf die (neo-)formalistische Analyse eben nicht nur von Literatur und Film (vgl. z.B. Kessler 1996; Thompson 1995), sondern etwa auch von Medienkunst (vgl. Benthien et al. 2019) und Computerspielen (vgl. Mitchell und van Vught 2023) produktiv gemacht wurde (Benthien et al. [2019, 39–41] verknüpfen den Begriff der *ostranenie* unter anderem mit Bolter und Grusins [1996; 1999] im Folgenden noch ausführlicher zu diskutierendem Begriff der *hypermediacy* sowie mit Jägers [2004] Begriff der ‚Störung‘, der wiederum auch jenseits von Cascones [2000] Ästhetik der Störung anschlussfähig bleibt [vgl. hierzu auch das folgende Kapitel]).

Wie zuvor schon mehrfach angedeutet, scheint mir mit Blick auf das Erkenntnisinteresse des vorliegenden Bandes allerdings die theoretisch vielleicht weniger komplexe, deshalb jedoch sicherlich nicht weniger einflussreiche Formulierung der damit mindestens angerissenen Differenz bei Jay David Bolter und Richard Grusin (1996; 1999) zunächst hinreichend zu sein, die bekanntlich nicht nur im Anschluss an Marshall McLuhan (1964)[112] davon ausgehen, dass sogenannte neue Medien den Inhalt und die Form etablierter(er) Medien remediatisieren, sondern die zudem eine „doppelte Logik der Remediatisierung" (Bolter und Grusin 1999, 31; Übers. d. Verf.)[113] postulieren, die nicht zuletzt eine Verortung konkreter medialer Darstellungen zwischen den Polen der transparenten *immediacy* und der opaken *hypermediacy* ermöglicht. Während der am ehesten als ‚Unmittelbarkeit' zu übersetzende Begriff der *immediacy* grob gesprochen im Sinne der Metapher eines transparenten Fensters das Zurücktreten der Form einer medialen Darstellung vor ihrem Inhalt und also solche medialen Darstellungen meint, die „den Akt der Darstellung auslöschen oder automatisieren" (Bolter und Grusin 1999, 33; Übers. d. Verf.),[114] bezieht sich der nicht ohne Weiteres zu übersetzende Begriff der *hypermediacy* auf mediale Darstellungen, die „multiple Akte der Darstellung sichtbar machen", indem sie „Markierungen der medialen Vermittlung vervielfältigen" (Bolter und Grusin 1999, 33–34; Übers. d. Verf.)[115] und so unsere Aufmerksamkeit auf ihre Medialität, Materialität und ästhetische Form lenken. Dabei lässt sich in ganz unterschiedlichen medialen Darstellungen grundsätzlich ein Zusammenspiel von transparenter *immediacy* und opaker *hypermediacy* beobachten, aber mir scheinen für die hier zentrale Frage nach der postdigitalen Ästhetik solche medialen Darstellungen besonders interessant zu sein, die die Logik der *hypermediacy* stärker betonen als die Logik der *immediacy* – und die damit nicht nur eine „wahrnehmbare mediale Differenz" (Rajewsky 2005, 62; Übers. d. Verf.)[116] zwischen der remediatisierenden und der remediatisierten Medienform herstellen, sondern vielleicht auch dazu tendieren, im Rezeptionsprozess ästhetische im Gegensatz zu pragmatischer, funktionaler oder eben: nicht-ästhetischer Wahrnehmung zu privilegieren.

---

112 Beiträge zum Forschungsfeld der Medienästhetik beziehen sich insgesamt wohl häufiger auf McLuhan 1964 als auf Bolter und Grusin 1999, wobei es hier dann in der Regel auch und gerade um McLuhans weitreichende Thesen zu einer global zu denkenden Veränderung (der Lenkung) menschlicher Wahrnehmung durch Medientechnologie (in einem wiederum sehr weiten Sinne) geht (vgl. z. B. Holl 2020; Mitchell 2013 für programmatische Anmerkungen).

113 „[D]ouble logic of remediation" (Bolter und Grusin 1999, 31).

114 „[T]o erase or to render automatic the act of representation" (Bolter und Grusin 1999, 33).

115 „[A]cknowledges multiple acts of representation and makes them visible. [...] The logic of hypermediacy multiplies the signs of mediation" (Bolter und Grusin 1999, 33–34).

116 „[P]erceptible medial difference" (Rajewsky 2005, 62). Vgl. auch Rajewsky 2008.

In der Zusammenführung der im Vorangegangenen notwendig knapp skizzierten Konturierung der schillernden Begriffe des ‚Postdigitalen' und der ‚Ästhetik' möchte ich schließlich in eher programmatischer Absicht eine umfassende Konzeptualisierung von postdigitaler Ästhetik vorschlagen, die sich in vier mindestens heuristisch voneinander unterscheidbaren Bereichen des Postdigitalen beobachten lässt (vgl. hierzu auch noch einmal Jordan 2020). Erstens kann sich der Begriff der ‚postdigitalen Ästhetik' auf eine ästhetische Intensivierung des Digitalen beziehen, die bereits im Zentrum von Cascones (2000) Überlegungen zu einer Ästhetik der Störung in der elektronischen Musik steht, aber deutlich über den Bereich primär auditiver Medienformen hinausweist (vgl. z.B. Betancourt 2017; Kane 2019; Menkman 2011 für weitere Beobachtungen zur sogenannten Glitch-Ästhetik; sowie Beil 2011 zur Pixel-Ästhetik in Filmen und Computerspielen; Lund 2015 zu Strategien der Hyperdigitalisierung in Musikvideos). Zweitens kann sich der Begriff der ‚postdigitalen Ästhetik' auf eine ästhetische Transferbewegung vom Digitalen ins Nicht-Digitale beziehen, die häufig unter Verweis auf den von James Bridle (o.D.; 2012; 2013) geprägten Begriff einer ‚neuen Ästhetik' (*new aesthetic*) diskutiert wird und dabei insbesondere die Remediatisierung von konventionell als digital erkennbaren Mustern, Designs und Oberflächen in (vermeintlich) nicht-digitalen Kontexten beinhaltet (vgl. z.B. diverse Beiträge in Berry und Dieter 2015a; sowie Contreras-Koterbay und Mirocha 2016; Hodgson 2019). Drittens kann sich der Begriff der ‚postdigitalen Ästhetik' auf eine ästhetische Intensivierung des Nicht-Digitalen beziehen, die insbesondere die (bewusste) Priorisierung nicht-digitaler Technologien, Praktiken und Artefakte in Kontexten einschließt, in denen digitale Technologien, Praktiken und Artefakte einfacher verfügbar bzw. naheliegender gewesen wären (vgl. z.B. Cramer 2013; 2015; wiederum Lund 2015 zur Re-Analogisierung; sowie zuletzt auch ausführlich Ferreira 2024). Und viertens schließlich kann sich der Begriff der ‚postdigitalen Ästhetik' auf eine ästhetische Transferbewegung vom Nicht-Digitalen ins Digitale beziehen, innerhalb derer digitale mediale Darstellungen der Logik der *hypermediacy* folgend die Medialität und Materialität nicht-digitaler Medienformen remediatisieren (vgl. noch einmal Bolter und Grusin 1996; 1999 zu den Begriffen der ‚Remediatisierung' und der *hypermediacy*; sowie Schröter 2013; 2024 zum Begriff der ‚Transmaterialisierung'). In den folgenden beiden Kapiteln möchte ich nun diese vier Spielarten einer postdigitalen Ästhetik an einer Reihe einschlägiger populärer Beispiele genauer konturieren, analysieren und illustrieren, wobei ich zwar schon allein aus theoretisch-systematischen Gründen die ästhetische Transferbewegung vom Digitalen ins Nicht-Digitale sowie die ästhetische Intensivierung des Nicht-Digitalen in meine Überlegungen einbeziehen werde, der Fokus meines Interesses letztlich aber doch auf der ästhetischen Intensivierung des Digitalen sowie auf der ästhetischen Transferbewegung vom Nicht-Digitalen ins Digitale liegt.

3 Postdigitale Ästhetik als neue Ästhetik

Als Ausgangspunkt auch rezenterer Konzeptualisierungen von postdigitaler Ästhetik fungiert, wie im vorangegangenen Kapitel ausführlich dargestellt wurde, nach wie vor häufig Kim Cascones Aufsatz zu einer Ästhetik der Störung in elektronischer Musik aus dem Jahre 2000, demzufolge die Störungen digitaler Technologie als Sichtbarmachungen der Materialität unsichtbar gewordener Infrastruktur einen Fokus postdigitaler ästhetischer Praktiken bilden. Sowohl die von Cascone beschriebene postdigitale Ästhetik der Störung im Bereich der elektronischen Musik als auch der im Anschluss an diesen häufig ebenfalls mit dem Begriff des ‚Postdigitalen' in Verbindung gebrachte Bereich der visuellen oder audiovisuellen Glitch-Kunst (*glitch art*) erscheinen also als durch ästhetische Praktiken geprägt, die Glitches bzw. nach Glitches klingende oder aussehende ästhetische Formen bewusst generieren und damit auf die Materialität der zugrunde liegenden Technologie verweisen. Innerhalb jener Spielart einer postdigitalen Ästhetik, die ich als ästhetische Intensivierung des Digitalen beschreiben würde, kann sich der Begriff des ‚Glitches' zunächst auf jede „(tatsächliche und/oder simulierte) Abweichung von einem erwarteten oder konventionellen Fluss von Information oder Bedeutung innerhalb (digitaler) Kommunikationssysteme" beziehen, „die in einem wahrgenommenen Zufall oder Fehler resultiert" (Menkman 2011, 9; Übers. d. Verf.).[117] Gerade für die Frage nach einer postdigitalen Ästhetik ist aber auch noch einmal zu unterstreichen, dass es sich hier nicht um tatsächliche Störungen handeln muss, sondern dass die Bandbreite dessen, was wir als Glitches bezeichnen können, „von vollständiger maschineller ‚Spontaneität' in Form von Zufällen über kontrolliertes, korrigierbares oder konzeptionelles Glitchen bis hin zu einem stärker konventionellen Bereich von Glitch-Design und -Ästhetik" (Menkman 2011, 65; Übers. d. Verf.)[118] reicht, wobei die im Folgenden zu fokussierenden eher populären Varianten der ästhetischen Intensivierung des Digitalen primär in letzterem zu verorten sein werden.

117 „([A]ctual and/or simulated) break from an expected or conventional flow of information or meaning within (digital) communication systems that results in a perceived accident or error" (Menkman 2011, 9). Vgl. z. B. auch Cubitt 2017; Emerson 2014; Goriunova und Shulgin 2008.

118 „[F]rom complete machine ‚spontaneity' in the accident form, to controlled, debuggable or conceptual glitching; to a more conventional realm of glitch design and aesthetics" (Menkman 2011, 65). Ich habe hier nicht nur *debuggable* etwas ungenau als ‚korrigierbar' (im Sinne der Möglichkeit der Korrektur von Fehlern oder *bugs*), sondern zudem *conceptual* als ‚konzeptionell' übersetzt, da Menkmann damit eben das vorab geplante Herbeiführen von Glitches beschreibt. Eine Übersetzung als ‚konzeptuell' wäre aber ebenso möglich, zumal mindestens einige der von Menkman diskutierten Glitch-Praktiken durchaus auch als (Post-)Konzeptkunst verstanden werden können.

https://doi.org/10.1515/9783111638669-003

Zugleich ist der Glitch als vielleicht am stärksten konventionalisierte oder „gentrifizierte“ (Menkman 2011, 66; Übers. d. Verf.)[119] Markierung einer transmedial konturierten Ästhetik der Störung durchaus nicht auf digitale Medienformen beschränkt. So stellen etwa Christiane Paul und Malcolm Levy fest, dass „die Begriffe ‚Glitch‘ und ‚Datenkorruptionsartefakte‘ im weitesten Sinne auf Bilder und Objekte verweisen, die manipuliert wurden“ (2015, 31; Übers. d. Verf.),[120] und schließen dabei den Bereich einer nicht-digitalen „elektronischen Ästhetik“ (2015, 31; Übers. d. Verf.)[121] mindestens implizit ein. Michael Betancourt interessiert sich zwar ebenfalls in erster Linie für „das Ergebnis von nicht regelhaften und [also] als ‚anormal‘ erscheinenden digitalen Bildsyntheseprozessen“ (2017, 3; Übers. d. Verf.),[122] argumentiert aber zudem vergleichsweise umfassend, dass es sich „beim Glitch nicht unbedingt um eine neue oder spezifisch digitale Form handelt“ (2017, 21; Übers. d. Verf.),[123] sondern dass sich durchaus bereits im späten 19. und frühen 20. Jahrhundert vielfältige Vorläufer gegenwärtiger Varianten einer Glitch-Ästhetik finden.[124]

---

119 „[G]entrified“ (Menkman 2011, 66). Vgl. auch Menkman 2011, 44–45, zur Kommodifizierung.

120 „The terms ‚glitch‘ and ‚corruption artefacts‘ in the broadest sense refer to images and objects that have been tampered with“ (Paul und Levy 2015, 31). Ich habe den eher unüblichen Begriff *corruption artefacts* hier direkt als ‚Datenkorruptionsartefakte‘ übersetzt, da der Bereich der durch Daten*korruption* bedingten Artefakte mehr umfasst als die üblichere Rede von *compression artefacts* bzw. ‚Kompressionsartefakten‘, die durch Daten*kompression* verursacht werden.

121 „[E]lectronic aesthetics“ (Paul und Levy 2015, 31). Vgl. z. B. auch Demers 2010; Rudi 2015.

122 „[T]he result of aberrant and apparent [sic] ‚abnormal‘ renderings by digital technology“ (Betancourt 2017, 3). In der Tat wäre hier wohl noch einmal hervorzuheben, dass der Glitch, die Störung, der Fehler oder das Versagen relational zu denken sind und also immer erst vor dem Hintergrund bestimmter normativer Setzungen als Glitch, Störung, Fehler oder Versagen erscheinen. In ihrer Studie gegenwärtiger Diskurse des „Versagens“ betonen auch Appadurai und Alexander, dass sich letzteres nur als „Urteil, dass etwas ein Versagen ist“ („failure [...] is in fact a judgment that something is a failure“ [2019, 2; Übers. d. Verf.]) verstehen lässt, welches dann als Komponente eines je spezifisch historisch verortbaren „‚Regimes des Versagens‘“ erscheint, „innerhalb dessen durch das Zusammenspiel einer bestimmten Epistemologie, politischen Ökonomie und dominanten Technologie der Bereich denkbarer Urteile über Versagen naturalisiert und eingegrenzt wird“ („‚regime of failure,‘ in which a certain epistemology, political economy, and dominant technology come together to naturalize and limit potential judgments about failure“ [2019, 2; Übers. d. Verf.]).

123 „Glitch is not necessarily a new or specifically digital form“ (Betancourt 2017, 21).

124 Obwohl also das Prinzip der Störung (vgl. hierzu allgemeiner bereits Jäger 2004; sowie zuletzt auch Koch 2023; Koch und Nanz 2014; Koch et al. 2016; und die Beiträge in Koch et al. 2018) offenkundig deutlich über den hier fokussierten Bereich hinaus relevant ist (und sich sicher auch noch frühere Vorläufer gegenwärtiger Glitch-Ästhetik finden lassen werden), würde ich dezidierter historische Beispiele für Glitches wie intendierte Unvollkommenheiten in den Deckenfresken von Moscheen, durch Blasen in der Tinte verursachte Farbflecken im Tiefdruck oder verschiedene elektromagnetische Störungen in analogen Radio- und Videosignalen (vgl. z. B. Betancourt 2017; Cubitt 2017) per se nicht als zentrale Bestandteile einer spezifisch postdigitalen Ästhetik verstehen wollen.

Damit wird auch bereits deutlich geworden sein, dass jene Spielart einer postdigitalen Ästhetik, die ich als ästhetische Intensivierung des Digitalen beschreiben würde, keineswegs mit einer (wie auch immer konturierten) Glitch-Ästhetik gleichgesetzt werden kann. Einerseits beinhaltet nämlich die ästhetische Intensivierung des Digitalen auch ästhetische Formen, die sich als Resultat der Remediatisierung von „Retro-8-Bit-Grafik" (Paul und Levy 2015, 29; Übers. d. Verf.)[125] bzw. (vermeintlichem) „8-Bit-Ära-Sound" (Braguinski 2018, 109; Übers. d. Verf.)[126] verstehen lassen und insofern durchaus die Materialität digitaler Technologie in einer der Logik der *hypermediacy* folgenden Weise in den Vordergrund rücken,[127] dabei aber kaum mehr als Glitches zu apostrophieren sind.[128] Andererseits schließt sie jedoch Glitches aus, in deren Rahmen die Materialität nicht-digitaler Medienformen remediatisiert oder „approximativ transmaterialisiert[ ]" (Schröter 2013, 95) wird, wenn etwa digitale Filme die Darstellung von Kratzern, Staubpartikeln, Haaren oder Verfärbungen auf (vermeintlich) nicht-digitalem Filmmaterial in ihre ästhetische Form integrieren (siehe das folgende Kapitel zur damit aufgerufenen Spielart einer postdigitalen Ästhetik, die ich als ästhetische Transferbewegung vom Nicht-Digitalen ins Digitale beschreiben würde). So oder so geht es aber bei der ästhetischen Intensivierung des Digitalen nicht mehr in erster Linie um die glatte, glänzende und größtenteils in kalten Blautönen gehaltene Variante einer insbesondere in den 1990er und 2000er Jahren dominanten digitalen Ästhetik (vgl. hierzu auch noch einmal Cramer 2015; sowie bereits Bolz 1991; und die Beiträge in Rötzer 1991a).

---

125 „[R]etro 8-bit graphics" (Paul und Levy 2015, 29). Vgl. z. B. auch Beil 2011; Silber 2016.

126 „8-bit-era sound" (Braguinski 2018, 109). Vgl. z. B. auch Collins 2007; Dittbrenner 2007.

127 Hoy unterscheidet hier in auch für den vorliegenden Zusammenhang anschlussfähiger Weise zwischen einem digitalen Naturalismus und einem digitalen Formalismus als zwei entgegengesetzten Polen (post-)digitaler ästhetischer Praktiken: „Wenn jeder digitalen Grafik ein Pixel, ein Vektor, ein Raster, ein Grid und ein Bitmap zu Grunde liegt, so werden die strukturalen Prinzipien des Bildes durch den illusionistischen Impuls des digitalen Naturalismus überdeckt und verborgen. [...] Im Gegensatz zum durch digitale Naturalist*innen angestrebten Illusionismus [...] rücken digitale Formalist*innen die Werkzeuge und technischen Mittel der Produktion in den Vordergrund" („If underlying every digital graphic is a pixel, a vector, a raster, a grid, and a bitmap, the illusionistic impulse of digital naturalism covers over and disguises the structural principles of the image. [...] In contrast to the illusionism pursued by digital naturalists, [...] digital formalists [...] foreground the tools and the technical means of production" [2017, 135; Übers. d. Verf.]).

128 Freilich sind die Übergänge zwischen einer Pixel-Ästhetik im Sinne einer nicht nur im Kontext (post-)digitaler Kunst (vgl. z. B. Hoy 2017; Paul 2016; 2023; Paul und Levy 2015), sondern gerade auch in gegenwärtigen Computerspielen häufig zu findenden Remediatisierung von auf technologische Beschränkungen zurückgehenden Verpixelungen einerseits und einer Glitch-Ästhetik bzw. einer Ästhetik der Störung andererseits durchaus fließend, insofern auch als Glitches zu verstehende Kompressionsartefakte als sogenannte Blockartefakte erscheinen und also zu einer als Verpixelung wahrnehmbaren Störung digitaler Bilder (im weitesten Sinne) führen können.

Mit Blick auf das Erkenntnisinteresse des vorliegenden Bandes ist hier aber vor allem auch noch einmal zu unterstreichen, dass die für die ästhetische Intensivierung des Digitalen als spezifischer Spielart einer postdigitalen Ästhetik charakteristische Verschiebung der Aufmerksamkeit vom (dargestellten) Inhalt auf die (ästhetische) Form, die mit einer Betonung der Logik der opaken *hypermediacy* im Gegensatz zur Logik der transparenten *immediacy* einhergeht, durchaus nicht nur in den experimentell-künstlerischen Kontexten der digitalen Kunst (*new media art*), der Post-Internet-Kunst (*post-internet art*), der Glitch-Kunst (*glitch art*) oder der neuen Ästhetik (*new aesthetic*) beobachtet werden kann.[129] Zwar haben Künstler*innen wie Cory Arcangel, Michael Betancourt, James Bridle, Petra Cortright, Harun Farocki, Rosa Menkman, Takeshi Murata oder Hito Steyerl in verschiedenen auch institutionell als solche markierten Kunstkontexten maßgeblich zur theoretischen wie praktischen Konturierung der ästhetischen Intensivierung des Digitalen als spezifischer Spielart einer postdigitalen Ästhetik beigetragen,[130] aber inzwischen handelt es sich eben beim gezielten Einsatz von Rauschen, Knacken und Knistern, der Verpixelung digitaler Bilder und der auditiven, visuellen oder audiovisuellen Remediatisierung von Glitches um auch in der populären Medienkultur der Gegenwart weitgehend etablierte ästhetische Praktiken und ästhetische Formen.

---

129 In der Aneinanderreihung dieser vor allem im englischsprachigen Kontext etablierten Begriffe für verschiedene Strömungen dessen, was sich allgemein als Gegenwartskunst apostrophieren ließe, zeigt sich nicht nur die grundsätzliche Schwierigkeit der Übersetzung derselben (zumal eben auch in deutschsprachigen Kunstkontexten regelmäßig die englischsprachigen Begriffe Verwendung finden), sondern es deutet sich zudem bereits ihre gegenseitige Durchlässigkeit und Überlappung auch mit dem Begriff des ‚Postdigitalen' an. Ihrer Wirkmächtigkeit hat das freilich keinen Abbruch getan, denn diese lässt sich unabhängig davon konstatieren, „ob wir an den theoretischen und kunstgeschichtlichen Nutzen der Begriffe ‚Post-Digital', ‚Post-Internet' und ‚neue Ästhetik' glauben oder nicht" („[w]hether one believes in the theoretical and art-historical value of the post-digital, post-Internet, and New Aesthetic concepts or not" [Paul 2016, 3; Übers. d. Verf.]).

130 Neben den bereits genannten theoretischen Arbeiten zur Glitch-Kunst von Betancourt (2017; 2018; 2021; 2023) und Menkman (2011) sowie dem von Bridle (o. D.; 2012; 2013) geprägten Begriff der ‚neuen Ästhetik', auf den später hinsichtlich der ästhetischen Transferbewegung vom Digitalen ins Nicht-Digitale noch zurückzukommen sein wird, wäre hier auch der von Steyerl (2009) geprägte Begriff des ‚schlechten Bildes' (*poor image*) sowie der von Farocki (2004) geprägte Begriff des ‚operativen Bildes' hervorzuheben. Die Begriffe ‚operatives Bild' und ‚operative Bildlichkeit' lassen sich dabei sehr unterschiedlich konzeptualisieren (vgl. z. B. Distelmeyer 2022; Hinterwaldner 2013; Hoel 2018; Hoelzl und Marie 2015, 81–110; Pantenburg 2017; Parikka 2023), aber mit Blick auf das Erkenntnisinteresse des vorliegenden Bandes liegt der Fokus letztlich weniger auf operativen Bildern, „die kein Objekt darstellen, sondern vielmehr Teil einer Operation sind" („that do not represent an object, but rather are part of an operation" [Farocki 2004, 17; Übers. d. Verf.]), als auf der Remediatisierung derselben in unterschiedlichen medialen bzw. ästhetischen Kontexten, deren Ergebnisse sich dann wiederum als (piktoriale) *Darstellungen* operativer Bilder beschreiben lassen.

Ein im Kontext dieser Popularisierung aktuell besonders salienter Bereich ästhetischer Praktiken ist dabei sicherlich durch die Möglichkeit entstanden, mit KI-Bildgeneratoren wie DALL·E, Midjourney oder Stable Diffusion digitale Bilder nicht nur mit einem mehr oder weniger spezifischen Inhalt, sondern eben auch mit einer mehr oder weniger spezifischen ästhetischen Form zu erstellen, wobei letztere häufig mit dem Begriff des ‚Stils' kurzgeschlossen wird. So betont insbesondere Roland Meyer, dass die sich aus der Funktionsweise von KI-Bildgeneratoren wie DALL·E, Midjourney oder Stable Diffusion ergebende „Logik des Prompts den Begriff des Stils radikal erweitert und de-hierarchisiert" habe, insofern dieser sich inzwischen nicht mehr ausschließlich auf die „traditionelle kunsthistorische Bedeutung eines Epochenstils oder des Individualstils eines*einer kanonisierten Künstlers*Künstlerin", sondern ebenso „auf die ästhetischen Eigenschaften bestimmter Produkte der Populärkultur oder auf das mit bestimmten Genres und Medienformaten verbundene visuelle Erscheinungsbild beziehen kann" (2023b, 107; Übers. d. Verf.).[131] Zwar ziehe ich innerhalb des vorliegenden Bandes weiterhin den Begriff der ‚ästhetischen Form' jenem des ‚Stils' vor, da mir letzterer nach wie vor spezifischer als ersterer und entsprechend leichter überdehnbar zu sein scheint,[132] aber es wird jedenfalls kaum Zweifel daran geben, dass es sich bei der durch KI-Bildgeneratoren wie DALL·E, Midjourney oder Stable Diffusion ermöglichten prompt-basierten Spezifizierung der ästhetischen Form KI-generierter Bilder um eine auch für die Frage nach einer dezidiert postdigitalen Ästhetik zentrale ästhetische Praxis handelt.[133]

---

131 „[T]he logic of the prompt radically expands and de-hierarchizes the notion of style: Style can refer to the classical art historical sense of an epochal style or the individual style of a canonized artist, but it can also refer to the aesthetic qualities of certain products of popular culture or the visual appearance associated with specific genres and media formats" (Meyer 2023b, 107). Vgl. z. B. auch Buick 2025; Murray 2023; Shoemaker 2024 zum weiterhin kontrovers diskutierten Umstand, dass KI-Bildgeneratoren mit urheberrechtlich geschützten Bildern und Texten trainiert werden.

132 In diese Richtungen gehen auch Manovichs knappe Anmerkungen mit Blick auf „die Beziehung zwischen ‚Inhalt' und ‚Form' […] in der ‚generativen Kultur' der KI" („the relationship between ‚content' and ‚form' […] in AI's ‚generative culture'" [2023, 39; Übers. d. Verf.]).

133 So wird es dann auch kaum überraschen, dass sich KI-generierte Bilder als das Ergebnis von Remediatisierungsprozessen verstehen lassen: Bolter selbst beschreibt die Generierung von Bildern mit DALL·E 2 als „algorithmische […] Remediatisierung" („algorithmic […] remediation" [2023, 202; Übers. d. Verf.]); Wilde unterscheidet zwischen „auf *immediacy* bezogenen und auf *hypermediacy* bezogenen Formen von Realismen" („immediacy-oriented and hypermediacy-oriented forms of realisms" [2023, 13; Übers. d. Verf.]); und Offert theoretisiert seine Beobachtung, dass „die nahe Vergangenheit für CLIP und auf CLIP basierende generative Modelle buchstäblich Schwarz-Weiß ist und die ferne Vergangenheit aus Marmor besteht" („for CLIP and CLIP-dependent generative models, the recent past is literally black and white, and the distant past is actually made of marble" [2023, 122; Übers. d. Verf.]), als „eine technisch determinierte Form von *Remediatisierung*" („a technically determined form of *remediation*" [2023, 122; Herv. im Original; Übers. d. Verf.]).

Mit Bezug auf jene Spielart einer postdigitalen Ästhetik, die ich als ästhetische Intensivierung des Digitalen beschreiben würde, ließe sich nun zunächst durchaus argumentieren, dass bereits der Prozess der KI-basierten Generierung digitaler Bilder selbst oder auch die als schimmernd, glühend oder funkelnd apostrophierbare ästhetische Form mindestens einiger der so generierten Bilder (vgl. Meyer 2023a) in bestimmten Kontexten als deren Digitalität hervorhebend verstanden werden können. Zugleich gilt aber eben auch, dass sich mit KI-Bildgeneratoren wie DALL·E, Midjourney oder Stable Diffusion ohne allzu großen Aufwand eine der Logik der *hypermediacy* folgende Remediatisierung von Verpixelungen und Glitches realisieren lässt. Im Sinne einer ersten Illustration des dabei zu Grunde liegenden Prinzips im Rahmen dessen, was Hannes Bajohr als „Promptologie" (2023, 67; Übers. d. Verf.)[134] beschreibt, möchte ich hier auf eine Reihe von digitalen Bildern galoppierender Pferde verweisen, die ich im August 2024 die zu diesem Zeitpunkt bereits in ChatGPT 4o integrierte dritte Iteration von DALL·E habe generieren lassen (siehe Abb. 1). Dabei ist zunächst auffällig, dass ChatGPT 4o meine prompt-basierten Wünsche etwa nach verpixelten Bildern oder verpixelten Fotografien von galoppierenden Pferden recht konsistent in längere Prompts übersetzt hat, die von mir nicht vorgenommene Spezifizierungen mit Bezug auf „einen Retro-8-Bit-Stil", „eine beschränkte Farbpalette", „blockige, quadratische Pixel" oder gar „die Ästhetik früher Computerspiele" enthielten,[135] wobei die aus den so übersetzten Prompts resultierenden Bilder galoppierender Pferde in der Tat größtenteils an die häufig unter dem Begriff der ‚Pixel-Kunst' (*pixel art*) subsumierten ästhetischen Formen gegenwärtiger Retro-Computerspiele erinnern (vgl. z. B. Beil 2011; Garda 2013).

---

134 „[P]romptology" (Bajohr 2023, 67). Bajohr steht sicher nicht allein mit der These, dass die Geistes- und Kulturwissenschaften, „mit ihrem Wissen über weiche Faktoren wie Stil, Einfluss, Ikonografie, etc., […] in einer phänomenorientierten Weise arbeiten und sich den durch das Modell ausgegebenen Artefakten als Grenzobjekten zwischen Mensch und Maschine verschreiben könnten" („[w]ith their knowledge of soft factors such as style, influence, iconography, etc., […] they could work in a phenomenon-oriented way and devote themselves to the artifacts that the model outputs as boundary objects between human and machine" [2023, 67; Übers. d. Verf.]), aber ihm ist mit dem Begriff der ‚Promptologie' eine besonders anschlussfähige Verdichtung derselben gelungen.

135 Vgl. Thon 2025a für eine ausführlichere Darstellung der von mir im Rahmen dieses kleinen Experiments verwendeten englischsprachigen Prompts und der (ebenfalls englischsprachigen) Übersetzung derselben durch ChatGPT 4o sowie eine weiterführende Diskussion meines Fokus auf Bilder galoppierender Pferde und der theoretisch relevanten Beobachtung, dass DALL·E 3 mindestens im August 2024 doch noch einige Schwierigkeiten bei der Unterscheidung verschiedener Darstellungsebenen hatte. Vgl. auch Manovich und Arielli 2024, 81–82, für einige weitere Anmerkungen zum Begriff der ‚medialen Übersetzung' im Kontext von generativer KI; sowie z. B. Bajohr 2024; Bolter 2023; Ervik 2023; Salvaggio 2023 zur grundlegenden Multimodalität jener Text-Bild-Korpora, mit denen KI-Bildgeneratoren wie DALL·E 3, Midjourney oder Stable Diffusion trainiert werden.

Abb. 1: KI-generierte Bilder von digitalen, verpixelten und geglitchten Bildern und Fotografien galoppierender Pferde (erstellt mit ChatGPT 4o/DALL·E 3 im August 2024).

Der prompt-basierte Wunsch nach geglitchten Bildern oder geglitchten Fotografien von galoppierenden Pferden resultierte demgegenüber wiederum recht konsistent in KI-generierten Bildern galoppierender Pferde, die eine hohe Anzahl von horizontal orientierten, rechteckigen Glitches enthalten, welche einerseits zwar sicherlich als Remediatisierungen von sich aus beschädigten digitalen Bilddateien ergebenden Korruptionsartefakten wahrgenommen werden können, andererseits aber in ihrer spezifischen Farb- und Musterkombinationen zugleich auch auf bestimmte nicht-digitale Illustrationen und Druckverfahren oder gar auf gestörte (magnetisch aufgezeichnete) Videobilder und (analog übertragene) Fernsehbilder verweisen. Wenngleich also die Verpixelung als Störung digitaler Bilder hier stärker konventionalisiert zu sein scheint, als es das Glitchen derselben ist, lässt sich auch mit Blick auf letzteres eine hohe Gleichförmigkeit konstatieren. Vor diesem Hintergrund dürfte es dann ebenfalls plausibel sein, die von KI-Bildgeneratoren wie DALL·E, Midjourney oder Stable Diffusion generierten digitalen Bilder im Anschluss etwa an Andreas Ervik (2023) oder Erik Salvaggio (2023) als Visualisierungen des oder (metaphorische) Fenster zum kollektiven, kulturellen, soziotechnischen oder medialen Imaginären zu verstehen,[136] wobei dann auch die im August 2024 durch den inzwischen selbst historisch gewordenen diffusionsbasierten KI-Bildgenerator DALL·E 3 generierten verpixelten und geglitchten digitalen Bilder galoppierender Pferde auf prototypisch-konventionalisierte Formen von Verpixelungen und Glitches im Sinne jener Spielart einer postdigitalen Ästhetik verweisen, die ich als ästhetische Intensivierung des Digitalen beschreiben würde.[137]

136 Die Bestimmung von Begriffen wie dem des ‚sozialen Imaginären' (vgl. Castoriadis 1975) oder des ‚kulturellen Imaginären' (vgl. z. B. Frank 2017) ist uneinheitlich, aber es scheint doch hinreichend konsensfähig zu sein, dass generative KI nicht nur das kollektive Imaginäre befeuern (vgl. z. B. Romele 2024), sondern zugleich auch mindestens Ausschnitte desselben visualisieren kann.

137 Nachdem ChatGPT 4o im August 2024 zur Generierung von Bildern noch das diffusionsbasierte DALL·E 3 verwendete, wurde diese Bildgenerierungsfunktion im März 2025 auf eine native autoregressive Architektur umgestellt (vgl. z. B. OpenAI 2025a; Robison 2025) und im August 2025 wiederum stellte OpenAI mit GPT-5 eine neue Iteration des ChatGPT zu Grunde liegenden LLMs als „einen signifikanten Sprung" („a significant leap" [OpenAI 2025b, o. S.; Übers. d. Verf.]) in der KI-Entwicklung vor, wenngleich diese Einschätzung von den Nutzer*innen zunächst kaum geteilt wurde (vgl. z. B. Gupta 2025). Dass der diffusionsbasierte KI-Bildgenerator DALL·E 3 im Zeitraum zwischen meinem ChatGPT-4o-Experiment im August 2024 und den letzten Redaktionsarbeiten am vorliegenden Band selbst historisch geworden ist, verweist also auf ein grundlegendes Problem der kritischen KI-Forschung, insofern die Entwicklungszyklen generativer KI-Anwendungen kaum mit den für im Peer-Review-Verfahren qualitätsgeprüfte akademische Publikationen notwendigen Abläufen in Einklang zu bringen sind (vgl. auch Thon und Wilde 2025). Mindestens einige der hier am Beispiel von DALL·E 3 gemachten Beobachtungen werden sich aber auf von ChatGPT innerhalb der neuen autoregressiven Architektur generierte Bilder übertragen lassen (vgl. auch Thon 2025a).

In der Tat ist die durch die Verpixelung und das Glitchen von digitalen Bildern ermöglichte ästhetische Intensivierung des Digitalen inzwischen auch jenseits des Bereichs der Glitch-Kunst sehr umfassend etabliert und in Apps wie Instagram oder TikTok finden sich schon seit vielen Jahren Filter, mit denen Verpixelungs- und Glitch-Effekte auf digitale Fotografien und Videos übertragen werden können, was dann immer auch ihren medialen Status als digitale Fotografien und Videos hervorhebt.[138] An dieser Stelle möchte ich aber vor allem noch einmal betonen, dass es sich bei der ästhetischen Intensivierung des Digitalen um eine grundsätzlich transmedial zu denkende ästhetische Praxis handelt. Dies lässt sich etwa am Beispiel der multimodalen Medienform des Comics illustrieren, wobei hier zunächst festgehalten werden kann, dass sowohl die Produktion als auch die Rezeption der allermeisten Comics heute als grundlegend postdigital zu verstehen ist, insofern digitale Technologie nicht nur in allen Phasen des Produktionsprozesses zum Einsatz kommt, sondern Printcomics zudem in aller Regel digital gedruckt und meist auch zusätzlich in rein digitaler Form vertrieben werden. Von derlei (post-)digitalen Printcomics lassen sich dann Webcomics als „(in erster Linie) im Internet veröffentlichte und über das Internet vertriebene Comics" (Kukkonen 2014, 521; Übers. d. Verf.)[139] abgrenzen, wobei hier freilich wiederum gilt, dass auch (populäre) Webcomics regelmäßig zusätzlich in (digital) gedruckter Form vertrieben werden und dass zudem zwar „einige, aber längst nicht alle dieser Comics" mit Blick auf ihre ästhetische Form in hervorgehobener Weise „Gebrauch von den Affordanzen der Digitalisierung machen" (Kukkonen 2014, 521; Übers. d. Verf.).[140]

---

138 Hier geht es auch um eine Abgrenzung von einem in der digitalen Fotografie ebenso wie in KI-generierten Bildern als unmarkierter Fall vorausgesetzten (diskursiv konstruierten) Fotorealismus (vgl. z. B. Ervik 2023; Henning 2025; Meyer 2023b; Schröter 2025). Vor diesem Hintergrund ließen sich dann nicht nur Bild- und Videofilter auf Instagram und TikTok, sondern auch die Remediatisierung altermedialer Formen durch KI-Bildgeneratoren wie DALL·E, Midjourney oder Stable Diffusion als Bestandteile eines unter den Begriff des ‚Filters' zu subsumierenden allgemeineren Sets von Technologien und Praktiken verstehen (vgl. z. B. Glanz 2023; Walker Rettberg 2014, 20–32).
139 „Web comics are comics (primarily) published on and distributed through the Internet" (Kukkonen 2014, 521). Vgl. zur Abgrenzung von digitalen Comics und Webcomics z. B. auch Benatti 2024; Busi Rizzi 2023; Busi Rizzi und Di Paola 2023; Hammel 2014; 2016; Kleefeld 2020; Thon und Wilde 2016; Wilde 2015; 2025; sowie zum hier ebenfalls aufgerufenen Multimodalitätsbegriff Thon 2019b.
140 „Some, but by far not all, of these comics make use of the affordances of digitalization" (Kukkonen 2014, 521). Zwar hat sich in den letzten zehn Jahren die für Webcomics relevante digitale Infrastruktur recht grundlegend geändert (vgl. insbesondere Benatti 2024) und Plattformen wie Webtoons oder Tapas haben wiederum einen nicht zu unterschätzenden Einfluss auf die konventionalisierte ästhetische Form der dort vorgehaltenen Webcomics (vgl. z. B. Wilde 2025), aber stärker experimentelle Webcomics, deren ästhetische Form in hervorgehobener Weise die sogenannten Affordanzen der Digitalisierung reflektiert, finden sich nach wie vor vergleichsweise selten.

Obwohl sich also viele Print- und Webcomics in ihrer ästhetischen Form weitgehend ähneln (worauf im folgenden Kapitel noch zurückzukommen sein wird), lässt sich mindestens in einzelnen Webcomics wie *Bob and George* (2000–2007), *Diesel Sweeties* (2000–), *Dinosaur Comics* (2003–), *XKCD* (2005–), *Homestuck* (2009–2015) oder *erzählmirnix* (2012–) durchaus eine ästhetische Intensivierung des Digitalen beobachten. Besonders deutlich tritt diese Spielart einer postdigitalen Ästhetik wiederum in solchen Webcomics in Erscheinung, deren ästhetische Form sich als Resultat einer der Logik der *hypermediacy* folgenden Remediatisierung von Verpixelungen und weiteren Indizien der Materialität (insbesondere, aber nicht ausschließlich: veralteter) digitaler Technologie verstehen lässt, welche (insbesondere, aber nicht ausschließlich: durch die Betonung historischer Diskontinuitäten) eine „wahrnehmbare mediale Differenz" (Rajewsky 2005, 62; Übers. d. Verf.)[141] etabliert. Ein kanonisches Beispiel hierfür ist Ryan Norths seit 2003 veröffentliche Webcomicserie *Dinosaur Comics*, deren Comicstrips mit wenigen Ausnahmen[142] eine gleichbleibende Auswahl von ursprünglich 1995 veröffentlichter Clip Art mit immer neuen Texten kombinieren, um die häufig in humoristischer Weise alltagsphilosophisch orientierten Gespräche einer Gruppe anthropomorphisierter Dinosaurier darzustellen. Die Comicstrips verwenden dabei ein größtenteils identisches Layout, das aus insgesamt sechs in zwei Zeilen angeordneten Panels unterschiedlicher Breite besteht (siehe Abb. 2). Neben den anthropomorphisierten Dinosaurierfiguren T-Rex, Utahraptor und Dromiceiomimus werden im dritten Panel zudem ein Holzhaus und ein Auto sowie im vierten Panel eine menschliche Figur dargestellt, aber die übrigen Panelhintergründe bleiben meist weiß und auch das Holzhaus, das Auto und die menschliche Figur lassen sich kaum als Bestandteil einer umfassend modellierten Storyworld verstehen (vgl. Thon 2016; 2017). Die Darstellungsfunktion der Comicstrips fokussiert vielmehr auf die Gespräche zwischen T-Rex und den anderen anthropomorphisierten Dinosaurierfiguren. Zugleich hebt aber gerade die (offenkundig nicht nur in Webcomics umsetzbare) Wiederholung die ästhetische Form nicht nur der Comicstrips insgesamt, sondern auch der darin verwendeten Clip Art hervor, die bereits 2003 auf die meisten Leser*innen veraltet gewirkt haben wird, mehr als 20 Jahre später aber in noch einmal ausgeprägterer Weise als bewusste Entscheidung für jene Spielart einer postdigitalen Ästhetik erscheint, die ich als ästhetische Intensivierung des Digitalen beschreiben würde.

---

141 „[P]erceptible medial difference" (Rajewsky 2005, 62). Vgl. auch Rajewsky 2008.

142 Dies betrifft in erster Linie die regelmäßig von anderen Künstler*innen als Gast-Comics beigesteuerten Comicstrips #73–88, #157, #281, #485–491, #654–663, #993–998, #1324–1328, #1482–1486, #1767–1776, #1799–1802, #2613, #2890–2892, #3417–3418 und #3442, die aber gerade in der Variation des etablierten Templates dessen ästhetische Form hervorheben (vgl. auch Stein 2011).

Abb. 2: Clip Art in *Dinosaur Comics* #3631 (2020). © Ryan North. Mit freundlicher Genehmigung.

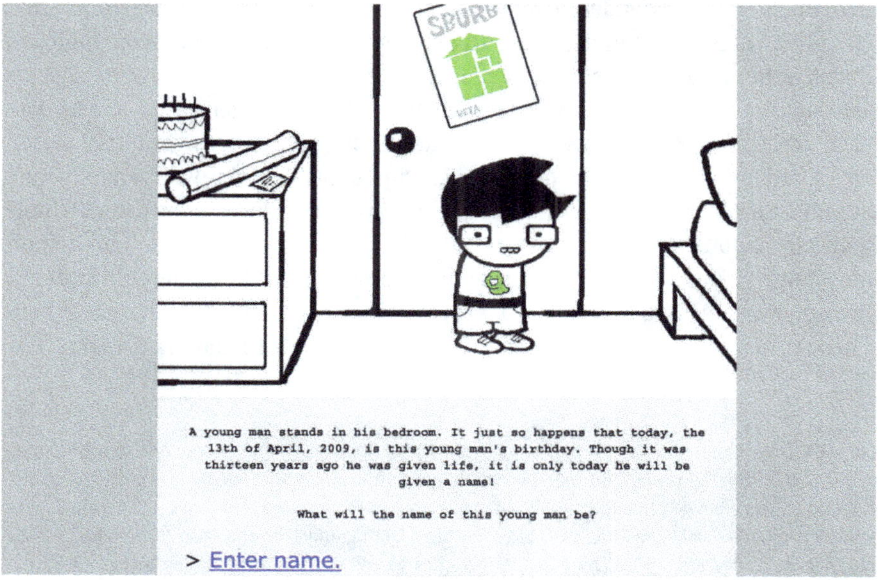

Abb. 3: John Egbert auf der ersten Seite von *Homestuck* (2009) (Standbild). © Andrew Hussie.

Komplexer stellt sich die ästhetische Form von Andrew Hussies nicht weniger kanonischem Webcomic *Homestuck* dar, das zwischen 2009 und 2016 als fortlaufende Comicserie mit mehr als 8.000 Seiten veröffentlich wurde.[143] Während sich die durch *Homestuck* dargestellte Geschichte des dreizehnjährigen John Egberts und seiner Freund*innen ebenfalls erkennbar an Fragen des Digitalen abarbeitet, ist für das Erkenntnisinteresse des vorliegenden Bandes vor allem relevant, dass *Homestuck* zur Darstellung dieser Geschichte bereits zu Beginn des Veröffentlichungszeitraums wiederum veraltet anmutende Grafiken einsetzt, deren geringe Auflösung und flache Farbschemata auf die Beschränkungen von Computertechnologie aus den 1990er Jahren verweisen, und zudem verschiedene weitere Elemente der ästhetischen Form früher Computerspiele in hervorgehobener Weise remediatisiert. Auch die in *Homestuck* zu beobachtende ästhetische Intensivierung des Digitalen mag heutigen Leser*innen auffälliger erscheinen, als es für die Leser*innen während des ursprünglichen Veröffentlichungszeitraums der Fall gewesen sein wird, aber es handelt sich hier sicher um eines der komplexesten Experimente unter den Webcomics der 2010er Jahre. Neben verpixelten Linien und in die Panels eingefügten verpixelten Bildern verwendet *Homestuck* zudem diverse an Point-and-Click-Adventures erinnernde Animationen sowie ein an das Interface früher Textadventures erinnerndes Textfeld unter den jeweiligen Panels, wenngleich computerspielspezifische Interaktivität hier zunächst nur dargestellt und noch nicht in einem umfassenderen Sinne remediatisiert wird, insofern die animierten GIFs ohne weiteres Zutun der Leser*innen abgespielt werden, die vermeintlichen Eingaben in das Textfeld ebenfalls prädeterminiert sind und die jeweils nächste Seite letztlich über bloße Hyperlinks erreicht werden kann (siehe Abb. 3).[144] Im weiteren Verlauf der Webcomicserie verwendet *Homestuck* dann nicht nur eine größere Vielfalt von auch durch die Rezipient*innen als distinkt wahrgenommenen visuellen Stilen (wie den „Hero Mode“, den „Hussnasty Mode“ oder den „Scribble Mode“ [Amadon 2021, o. S.]), sondern integriert zudem audiovisuelle und genuin interaktive Elemente wie kurze Filmsequenzen oder Minigames, die gerade durch ihre zunehmende Subversion einer als comicspezifisch wahrnehmbaren ästhetischen Form zur weiteren ästhetischen Intensivierung des Digitalen beitragen.

---

143 Hinzu kommen u. a. die Computerspiele *Hiveswap* (2017/2020) und *Hiveswap Friendship Simulator* (2018), diverse postkanonische Fortsetzungen unter mehr oder weniger intensiver Beteiligung von Hussie sowie ein substantielles Korpus an Fan-Fiction und Fan-Art. Für ausführlichere Analysen vgl. z. B. Busi Rizzi und Di Paola 2023; Glaser 2021; Lamerichs und Ossa 2023; Nakhaie 2022.

144 Während der ersten drei Akte des Webcomics wurde der Verlauf der Geschichte allerdings durch die Leser*innen über das *Homestuck*-Forum beeinflusst, was häufig als eine weitere Verbindungslinie zur Medialität von Computerspielen verstanden worden ist, sich aber vielleicht präziser als eine Form von Partizipativität beschreiben lässt (vgl. z. B. den Überblick in Thon 2025c).

Dass insbesondere mediale Produktionsprozesse heute mehrheitlich als postdigital zu verstehen sind, gilt für die Medienform des Films nicht weniger als für die Medienform des Comics, insofern nicht nur der Filmdreh selbst, sondern vor allem auch die Postproduktion seit den 1990er Jahren zunehmend digitalisiert wurde.[145] Wenngleich nun digital produzierte Filme nach wie vor häufig der Logik der *immediacy* folgend ihre eigene Medialität im Rahmen ihrer technologischen Möglichkeiten gerade nicht in den Vordergrund rücken,[146] finden sich auch in digitalen Filmen verschiedentlich Verpixelungen, Glitches und weitere Indizien der Materialität digitaler Technologie, die sich als Varianten der ästhetischen Intensivierung des Digitalen verstehen lassen. Ohne die etwa von Michael Betancourt hervorgehobene „produktive Beziehung zwischen Glitches und Avantgardefilm sowie avantgardistischer Videokunst" (2017, 9; Übers. d. Verf.)[147] in Abrede stellen zu wollen, geht es mir innerhalb des vorliegenden Bandes freilich weniger um experimentelle Arbeiten wie Takeshi Muratas *Monster Movie* (2005) und *Untitled (Silver)* (2006), Nick Briz' *Binary Quotes* (2008) und *A New Ecology for the Citizen of a Digital Age* (2009), Rosa Menkmans *Compress Process* (2009) und *Dear Mister Compression* (2010) oder Betancourts *Dancing Glitch* (2013) und *The Kodak Moment* (2013), die zwar allesamt dem Bereich der audiovisuellen Glitch-Kunst zugeordnet und als Kurzfilme verstanden werden können, dabei hinsichtlich ihrer Popularität aber kaum mit KI-Bildgeneratoren wie DALL·E bzw. ChatGPT, Apps wie Instagram und TikTok oder Webcomics wie *Dinosaur Comics* und *Homestuck* vergleichbar sind.[148]

---

145 So stellt etwa Eder fest, dass einerseits bereits „die Aufnahme von Live-Action-Filmen seit der Mitte der 1990er Jahre durch digitale Kameras und hochaufgelöstes digitales Video (DV) revolutioniert wurde" („[s]ince the mid-1990s the shooting of live-action films has been revolutionized by digital cameras and digital video (DV) in high definition" [2014, 191; Übers. d. Verf.]), dass andererseits aber „noch offensichtlichere Veränderungen in der Postproduktion stattgefunden haben" („[m]ore obvious changes have taken place in postproduction" [2014, 192; Übers. d. Verf.]). Für weiterführende Überlegungen zum digitalen Film im postkinematografischen Kontext vgl. z. B. auch Casetti 2015; Rombes 2017; sowie die Beiträge in Denson und Leyda 2016; Hagener et al. 2016.

146 Die Übergänge sind hier wiederum fließend, insofern die digitale Aufnahme und Bearbeitung von Filmbildern auch neue(re) Varianten des sogenannten Kinos der Attraktionen (vgl. Gunning 1986; sowie z. B. die Beiträge in Strauven 2006) ermöglicht, in dem gerade die (mindestens prima facie der Logik der *immediacy* folgende) fotorealistische Darstellung von fantastischen Figuren, Situationen und Ereignissen einen ausgeprägten Spektakelwert aufweist (vgl. auch Whissel 2014).

147 „[T]he productive relationship between glitches and avant-garde film and video art" (Betancourt 2017, 9). Vgl. auch Ferreira 2024 zum Begriff der ‚postdigitalen audiovisuellen Kunst'.

148 Jenseits von KI-Bildgeneratoren wie DALL·E bzw. ChatGPT, Midjourney oder Stable Diffusion lässt sich im Übrigen auch für KI-Videogeneratoren wie Luma Dream Machine, Runway oder Sora feststellen, dass deren Nutzung zwar regelmäßig eher auf die Minimierung von Glitches fokussiert sein wird, die gezielte Generierung von Verpixelungen und weiteren Glitches aber selbstredend ebenso möglich ist (vgl. z. B. auch Binns 2024; Mihailova 2024; Moskatova 2025; Wallace et al. 2024).

Die für das Erkenntnisinteresse des vorliegenden Bandes salientere Frage scheint mir vielmehr zu sein, ob und inwiefern Verpixelungen, Glitches und weitere Indizien der Materialität digitaler Technologie auch in (insbesondere als Spielfilme positionierten und rezipierten) Langfilmen der Logik der *hypermediacy* folgend remediatisiert werden.[149] Freilich ist auch diese Frage mindestens insofern zu historisieren, als die Logik der *hypermediacy* ebenso wie die Logik der *immediacy* immer vor dem Hintergrund der jeweils gültigen konventionalisierten Protokolle und (Erwartungs-)Erwartungen bezüglich der ästhetischen Form medialer Darstellungen und also grundsätzlich relational zu denken ist.[150] So hat sich etwa im Bereich der auf Smartphones aufgenommenen sogenannten Handyfilme ähnlich wie im Bereich der Webcomics die für diese Filmgattung „ikonische" (Botella Lorenzo 2012, 76; Übers. d. Verf.)[151] Verpixelung von einer durch die geringe Auflösung der in Smartphones integrierten Kameras diktierten Notwendigkeit in frühen Handyfilmen wie *Nocturnes pour le roi de Rome* (2005), *Nuovi comizi d'amore* (2006), *Waarom heeft niemand mij verteld dat het zo erg zou worden in Afghanistan* (2007) oder *SMS Sugar Man* (2008) zum Resultat einer bewussten ästhetischen Entscheidung entwickelt, wobei etwa rezentere Vertreter der Gattung wie *Tangerine* (2015), *Unsane* (2018), *Banger* (2022) oder gar *28 Years Later* (2025) kaum mehr über in hervorgehobener Weise verpixelte Bilder als Handyfilme zu erkennen sind.[152]

Zwar lässt sich mit Lev Manovich feststellen, dass digitale Filme immer schon auch als Animationsfilme verstanden werden können,[153] aber der Einsatz von Ver-

---

149 Dabei handelt es sich zwar wiederum kaum um eine durchgehend stringent zu treffende Unterscheidung (vgl. etwa die Beiträge in Leschke und Venus 2015; Müller und Segeberg 1998; sowie z. B. Mundhenke 2017 zu Hybriden aus Dokumentar- und Spielfilm; Bruckner 2015 zu Hybriden aus Animations- und Spielfilm; Hasebrink 2023 zum animierten Langfilm; Honess Roe 2013 zum animierten Dokumentarfilm), die zudem weder mit der Frage nach der Popularität von spezifischen Filmen noch mit jener nach ihren avantgardistischen oder experimentellen Qualitäten zusammenfällt (vgl. z. B. Döring et al. 2021; Hecken 2024a; sowie die Beiträge in Hecken 2024b zum hier aufgerufenen und einmal mehr außerordentlich vielgestaltigen Begriff des ‚Populären'), aber in einem heuristischen Sinne mag sie dennoch zur Orientierung der folgenden Überlegungen dienen.

150 Wie im vorangegangenen Kapitel bereits angedeutet wurde, verweisen auch Bolter und Grusin auf diese Notwendigkeit der Historisierung des Zusammenspiels von *immediacy* und *hypermediacy*, insofern „Remediatisierung immer vor dem Hintergrund der aktuellen kulturellen Annahmen über *immediacy* und *hypermediacy* operiert" („[r]emediation always operates under the current cultural assumptions about immediacy and hypermediacy" [1999, 21; Übers. d. Verf.]).

151 „[I]conic" (Botella Lorenzo 2012, 76).

152 Vgl. bereits Baker et al. 2009 zur Verpixelung als eines zentralen Aspektes der Ästhetik mobiler Medien; sowie neben der umfassenden Diskussion in Schleser 2021 z. B. auch Botella Lorenzo 2012; Engberg und Bolter 2017; Marks 2015; Odin 2016; Simons 2011 zur Ästhetik des Handyfilms.

153 Manovich hat bereits 1995 vorgeschlagen, den digitalen Film als eine Kombination aus „Live-Action-Material + Malerei + Bildverarbeitung + Compositing + 2D-Computeranimation + 3D-Compixelungen und Glitches ist nicht nur in expliziter als Computeranimationen präsentierten Kurzfilmen wie Patrick Jeans *Pixels* (2010) oder David und Henry Duttons *8-Bit Cinema*-Reihe (2013–2017) (vgl. z. B. Meikle 2016), sondern zunehmend auch in deutlich aufwendiger computeranimierten Langfilmen wie *Pixels* (2015), *Wreck-It Ralph* (2012) und *Ralph Breaks the Internet* (2018) oder der *Spider-Verse*-Reihe zu beobachten, wobei die jeweiligen Verpixelungen und Glitches hier dann in der Regel ebenso wie in zahlreichen Handyfilmen umfassend diegetisiert und also innerhalb einer Storyworld verortet werden. So realisieren etwa sowohl *Spider-Man: Into the Spider-Verse* (2018) als auch dessen Fortsetzung *Spider-Man: Across the Spider-Verse* (2023) diverse visuelle wie auditive Glitches, die auf der visuellen Ebene vielfarbige geometrische Formen mit punktueller Verpixelung verbinden und auf der auditiven Ebene unter anderem Frequenzveränderungen und statisches Rauschen einsetzen, um sich außerhalb ihres jeweiligen Heimatuniversums befindende Figuren als ontische Anomalien zu markieren (siehe Abb. 4).

Gleichsam an der Schnittstelle (früher) Handyfilme und rezenterer Computeranimationsfilme lassen sich schließlich sogenannte Desktop-Filme wie *Unfriended* (2015), *Searching* (2018), *Host* (2020), *Missing* (2023), *CTRL* (2024) oder *Bloat* (2025) verorten, deren Erzähllogik und ästhetische Form auf die Remediatisierung von Computer-Interfaces ausgerichtet ist, durch die hindurch sämtliche (oder doch mindestens ein Großteil der) Figuren, Situationen und Ereignisse der jeweiligen Geschichte dargestellt werden.[154] Während diese Remediatisierungsprozesse etwa in *Unfriended* noch exklusiv auf die grafische Benutzer*innenoberfläche eines Macbooks fokussieren, innerhalb derer die Handlung dann über (auffällig verpixelte und geglitchte) Skype-Gespräche, YouTube-Videos, Facebook-Posts und verschiedene weitere zu Beginn der 2010er Jahre verbreitete digitale Medienformen entfaltet wird (siehe Abb. 5), remediatisieren rezentere Desktop-Filme wie *Missing*, *CTRL*

puteranimation" („live action material + painting + image processing + compositing + 2-D computer animation + 3-D computer animation" [Manovich 2016, 28; Übers. d. Verf.]) zu bestimmen, aber wenngleich die allermeisten gegenwärtigen Spielfilme als digitale Animationsfilme in diesem Sinne verstanden werden können (vgl. z. B. auch Flückiger 2008; von Kapp-herr 2018 zu sogenannten visuellen Effekten in Spielfilmen), sind explizit(er) als Animationsfilme präsentierte Filme doch offenkundig nach wie vor weniger stark auf fotorealistische ästhetische Formen festgelegt, als das für Spielfilme mit ihrem Fokus auf (vermeintlichem oder tatsächlichem) Live-Action-Material gilt.

154 Vgl. zur ästhetischen Form sowie zur mit den genannten Beispielen kaum angerissenen genreübergreifenden Vielfalt rezenter Desktop-Filme neben Bekmambetov 2015 ausführlicher z. B. Catani 2021; De Rosa 2024; Distelmeyer 2019; Kee 2022; Ugenti 2021; Yang 2020; sowie z. B. Anger und Lee 2023; Bešlagić 2019; Kiss 2021; Lee und Avissar 2023 zum zwar einflussreichen, im Rahmen des vorliegenden Bandes aber nicht umfassender zu thematisierenden Desktop-Dokumentarfilm (bzw. dem mit diesem verwandten Videoessay); und Baron 2014; Heller-Nicholas 2014; Moskatova 2019; Turner 2019 zur übergeordneten Gattung des (nicht in erster Linie digitalen) Found-Footage-Films.

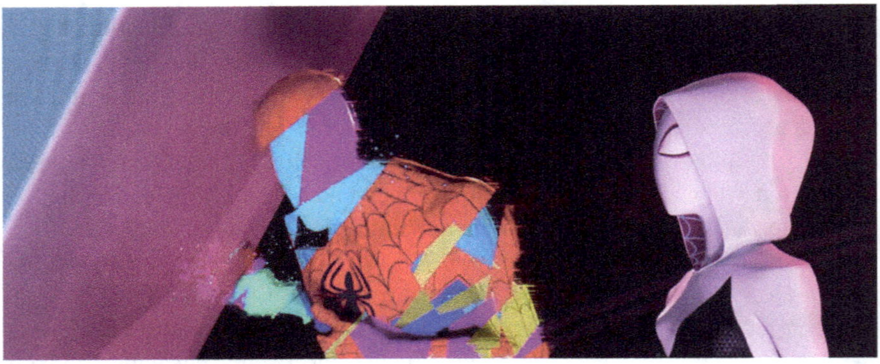

Abb. 4: Diegetisierter Glitch als Markierung einer ontischen Anomalie in *Spider-Man: Into the Spider-Verse* (2018) (Standbild). © Sony Pictures Animation.

Abb. 5: Remediatisierung eines auffällig verpixelten und geglitchten Skype-Gesprächs in *Unfriended* (2015) (Standbild). © Universal Pictures.

oder *Bloat* auch „die etwas moderneren Kachel- und App-Anordnungen von z.B. Smartphones und Tablets“ (Distelmeyer 2019, 201), aber so oder so handelt es sich hier um besonders umfassende Realisierungen jener Spielart einer postdigitalen Ästhetik, die ich als ästhetische Intensivierung des Digitalen beschreiben würde.

Noch einmal umfassender und vor allem vielfältiger lässt sich die ästhetische Intensivierung des Digitalen jedoch in sogenannten Indie Games[155] wie *Minecraft* (2011), *Terraria* (2011), *Evoland* (2013), *Undertale* (2015), *Stardew Valley* (2016), *Celeste* (2018), *ScourgeBringer* (2020) oder *Sea of Stars* (2023) beobachten, die sich trotz ihrer unterschiedlichen Entwickler*innen, Spielmechaniken und Genrezugehörigkeiten alle durch eine der Logik der *hypermediacy* folgende Remediatisierung der verpixelten Grafik und des vermeintlichen 8- oder 16-Bit-Sounds von Computerspielen der 1970er, 1980er oder 1990er Jahren auszeichnen. Maria B. Garda und Paweł Grabarczyk (2016) beschreiben mit dem Begriff des ‚Retro-Stils' (*retro style*) eine seit den 2010er Jahren zentrale Erwartung vieler Spieler*innen an Indie Games und Jesper Juul verwendet den Begriff des ‚Indie-Stils' (*independent style*) mit Bezug auf „eine Darstellung einer Darstellung", die „gegenwärtige Technologie einsetzt, um Lowtech- und normalerweise billige grafische Materialien und visuelle Stile zu emulieren" (2019, 38; Übers. d. Verf.).[156] Zwar weisen die entsprechenden Bilder und Töne kaum je tatsächlich eine niedrige Auflösung auf, aber die genannten Indie Games realisieren dennoch Aspekte einer „imaginierten [...] Computerspielästhetik" (Braguinski 2018, 106; Übers. d. Verf.),[157] insofern sie eine verpixelte Grafik und ein Sounddesign verwenden, das Merkmale etwa der „archetypischen Computerspielmusik der 8-Bit-Ära" wie „grobe Tonhöhenfestlegungen, primitive Klangsynthese, wenige Stimmen, unflexible Notenlängen, mechanische Performance und zahlreiche Wiederholungen" (Braguinski 2018, 109; Übers. d. Verf.)[158] imitiert.

---

155 In den letzten zehn Jahren hat die Computerspielforschung dem Bereich der in der Regel von vergleichsweise kleinen Teams entwickelten und unabhängig von großen Publishern vertriebenen ‚Indie Games' zunehmende Aufmerksamkeit gewidmet, wobei häufig die Vielfalt möglicher Verständnisse des Begriffs thematisiert wird (vgl. z.B. Garda und Grabarzyk 2016; Juul 2019; Styhre 2020; sowie die Beiträge in Clarke und Wang 2020; Ruffino 2021; und meine eigenen Versuche der theoretischen und methodologischen Annäherung an Indie Games und ihre vielfältige Ästhetik in Backe und Thon 2019; Bódi und Thon 2020; Krampe et al. 2022; Thon 2019a; 2020; 2023a; 2023b). Vgl. dazu sowie für ausführlichere Analysen der ästhetischen Intensivierung des Digitalen in den hier schlaglichtartig analysierten Indie Games *Proteus* (2013) und *Pony Island* (2016) auch Thon 2025e.

156 „*Independent style* is a representation of a representation. It uses contemporary technology to emulate low-tech and usually cheap graphical materials and visual styles" (Juul 2019, 38; Herv. im Original). Zwar bezieht sich Juul auch auf den Begriff der ‚Remediatisierung', betont dann aber vor allem, dass der Indie-Stil zudem „signalisier[e], dass ein Spiel mit diesem Stil unmittelbarer, authentischer und ehrlicher [sei] als Big-Budget-Titel mit hochwertiger, dreidimensionaler Grafik" („signaling that a game with this style is more immediate, authentic, and honest than are big-budget titles with high-end, three-dimensional graphics" [2019, 38; Übers. d. Verf.]; vgl. auch Juul 2014).

157 „[I]magined [...] video game aesthetics" (Braguinski 2018, 106).

158 „[A]rchetypal 8-bit-era video game music would have coarse tuning, primitive synthesis, few voices, inflexible note lengths, mechanical performance, and a lot of repetition" (Braguinski 2018, 109). Vgl. allgemeiner zur auditiven Dimension von Computerspielen z.B. auch Collins 2008; 2013.

Ein besonders einschlägiges Beispiel für die computerspielspezifische Realisierung jener Spielart einer postdigitalen Ästhetik, die ich als ästhetische Intensivierung des Digitalen beschreiben würde, ist der frühe Walking Simulator *Proteus* (2013) von Ed Key und David Kanaga, der den Wechsel der Jahreszeiten auf einer (zunächst) einsamen Insel mit auffällig verpixelter Grafik und flachen Farbschemata sowie einem dazu passenden Synthesizer-Soundtrack darstellt. Das auf friedliche Erkundung und Kontemplation ausgerichtete Spielgeschehen wird hier in genretypischer Weise aus einer First-Person-Perspektive bzw. einem subjektiven Point of View dargestellt,[159] aber die so dargestellte Insel und die auf dieser von der durch die Spieler*innen gesteuerten Figur zu findenden Pflanzen, Tiere und weiteren Objekte werden in dezidiert genre*un*typischer Weise in jedem Spieldurchgang aufs Neue prozedural generiert. Auffällig ist dabei nicht nur die farbliche Gestaltung der so generierten digitalen Bilder mit ihrem Wechsel von hellen Grün-, Gelb-, und Rosatönen im Frühling und Sommer über dunklere Orange-, Rot- und Lilatöne im Herbst zu einer weißen Schneedecke mit nur wenigen dunkel aus dieser herausragenden Baumstämmen, Steinen und Gebäuden im Winter (siehe Abb. 6), die auf einige Spieler*innen „wie Kandinskij mit einer Kopie von MS Paint" (Golding 2013, 108; Übers. d. Verf.)[160] wirken mag, aber so oder so als der Logik der *hypermediacy* folgende Remediatisierung einer Computerspielgrafik beschreibbar ist, die bereits 2013 veraltet angemutet haben wird. Vielmehr zeichnet sich die ästhetische Form von *Proteus* auch durch dessen „prozedural generierten Soundtrack" (O'Hara 2020, 37; Übers. d. Verf.)[161] aus, der in jedem Spieldurchgang aus „einem großen Vokabular von kurzen musikalischen Gesten und atmosphärischen Synthesizer-Texturen" (O'Hara 2020, 37–38; Übers. d. Verf.)[162] neu arrangiert wird, wobei die Klänge und Klangsequenzen, die die Spieler*innen beim Erkunden der Insel jeweils hören können, mehr oder weniger direkt mit den Pflanzen, Tieren und weiteren Objekten innerhalb der Spielräume verbunden sind und also recht unmittelbar durch die Interaktion der Spieler*innen mit letzteren hervorgebracht werden.

---

159 Vgl. z. B. Beil 2010; Thon 2009 zu computerspielspezifischen Varianten von Perspektive; sowie Consalvo und Paul 2019, 109–130; Juul 2019, 187–210; Kagen 2022, 1–28; Thon 2025d zu genretypischen ästhetischen Formen und den für das Genre ebenso konstitutiven ästhetischen Diskursen.

160 „[L]ike Kandinsky with a copy of MS Paint" (Golding 2013, 108). Vgl. z. B. auch Düchting 2000.

161 „[P]rocedurally generated soundtrack" (O'Hara 2020, 37). Vgl. z. B. auch Shaker et al. 2016.

162 „[A] large vocabulary of short musical gestures and atmospheric synthesizer textures" (O'Hara 2020, 37–38). Es wird dann auch wenig überraschen, dass die ungewöhnliche auditive Gestaltung von *Proteus* ebenso wie dessen nicht weniger ungewöhnliche visuelle Gestaltung nicht nur in diversen Rezensionen (vgl. z. B. Gamespot Staff 2013; Grayson 2013; Senior 2013; Stuart 2013), sondern auch in der inzwischen recht umfangreichen Forschung (vgl. z. B. Golding 2013; Montembeault und Deslongchamps-Gagnon 2019; O'Hara 2020; Zimmerman und Huberts 2019) thematisiert wird.

Abb. 6: Jahreszeiten in *Proteus* (2013) (Collage eigener Screenshots). © Ed Key und David Kanaga.

Zu betonen wäre hier freilich noch einmal, dass die Frage nach ästhetischen Praktiken und ästhetischen Formen, die der Logik der *hypermediacy* folgen, auch mit Bezug auf den Bereich der Indie Games bzw. die Medienform des Computerspiels insgesamt keineswegs in einem ahistorischen Vakuum zu beantworten sein wird.[163] So ließe sich einerseits argumentieren, dass die (vergleichsweise) niedrig aufgelöste Grafik und der (vergleichsweise) niedrig aufgelöste Sound von Computerspielen der 1970er, 1980er und 1990er Jahre in ihrem jeweiligen historischen Kontext nicht selten an der Logik der *immediacy* statt an der Logik der *hypermediacy* orientiert waren. Andererseits scheint es plausibel, dass die zunehmende Konventionalisierung der Remediatisierung von verpixelter Grafik und vermeintlichem 8- oder 16-Bit-Sound das Potential der resultierenden ästhetischen Formen zur Hervorrufung ausgeprägter Effekte von *hypermediacy* doch deutlich verringert hat. Allerdings finden sich eben nicht nur Indie Games wie *Proteus*, das mehr als ein Jahrzehnt nach seiner ersten Veröffentlichung immer noch als ein prototypisches Beispiel jener Spielart einer postdigitalen Ästhetik verstanden werden kann, die ich als ästhetische Intensivierung des Digitalen beschreiben würde, sondern auch diverse weitere Indie Games wie *Axiom Verge* (2015), *Archimedes* (2016), *Doki Doki Literature Club!* (2017), *The Hex* (2018), *Break the Game* (2019), *There Is No Game: Wrong Dimension* (2020), *Inscryption* (2021) oder *Glitched* (in Vorb.), die in jeweils recht prominenter Weise eine der Logik der opaken *hypermediacy* folgende Remediatisierung von visuellen wie auditiven Glitches realisieren, dabei häufig die entsprechenden Glitches nicht nur narrativ motivieren, sondern zudem ludisch funktionalisieren, und so immer auch ihre eigene (digitale) Medialität, Materialität und ästhetische Form als Computerspiele in den Vordergrund rücken.[164]

---

163 Vgl. auch Aarseth 2006 für frühe Überlegungen zum Konnex von Computerspielen und dem Postdigitalen; sowie Thibault 2016, der die von Juul 2019 als Indie-Stil beschriebenen ästhetischen Formen als Manifestationen einer postdigitalen Nostalgie versteht, die sich nicht zuletzt auf obsolete digitale Medienformen beziehen kann (und folgerichtig auch von Garda und Grabarczyk 2016 bzw. von Garda 2013 als zentrales Element der mit Indie Games verknüpften Erwartungen hinsichtlich eines Retro-Stils identifiziert wird). In der Tat lässt sich diese Variante des „nicht-fotorealistischen Renderings" („[n]on-photorealistic rendering" [Thibault 2016, 2; Übers. d. Verf.]) dann als „Zelebrierung der *Digitalität* des Spiels" („celebration of the *digitalness* of the game" [Thibault 2016, 7; Herv. im Original; Übers. d. Verf.]) verstehen, wenngleich ich Thibault nicht in seiner These folge, dass durch die im Bereich der Indie Games kaum weniger häufige Remediatisierung der Ästhetik nicht-digitaler Medienformen notwendigerweise die „digitale Natur des Computerspiels [...] versteckt wird" („[t]he digital nature of video games [...] is hidden" [2016, 12; Übers. d. Verf.]).

164 So darf es inzwischen als Konsens gelten, dass sich die ästhetische Form von Computerspielen nicht auf ihre audiovisuelle Dimension reduzieren lässt, sondern immer auch Elemente ihrer ludischen Dimension beinhaltet. Vgl. neben meinen eigenen Theoretisierungsversuchen in Thon 2019a; 2020; 2023a; 2023b z. B. auch die Überlegungen in Feige 2015; Kirkpatrick 2011; Sharp 2015.

Ein weiteres besonders einschlägiges Beispiel für ein neben der imaginierten Ästhetik früher Computerspiele auch eine auffällige Vielzahl visueller wie auditiver Glitches remediatisierendes Indie Game ist Daniel Mullins' metareferentielles Puzzle-Action-Adventure *Pony Island* (2016), das die Spieler*innen bzw. die durch die Spieler*innen gesteuerte Figur Theodore in einer sich nach und nach als Purgatorium zu erkennen gebenden Arcade-Spielhalle mit verschiedenen diegetischen Versionen des Computerspiels Pony Island konfrontiert. Ohne nun diese durchaus komplexe Diegetisierung ausführlicher rekonstruieren zu können,[165] sei zumindest knapp auf die Diversität der hier zu beobachtenden Remediatisierungsprozesse verwiesen, welche von Spielbeginn an durch die Kombination „des tiefen, unablässigen Brummens der Maschine mit den sanft zitternden Grafiken im Stil eines Kathodenstrahlröhrenbildschirm" (Daniel Mullins, zitiert in Ruhland 2016, o. S.; Übers. d. Verf.)[166] gerahmt, im weiteren Spielverlauf dann aber noch deutlich stärker ausdifferenziert werden. Dabei lässt sich mit Blick auf die ludische Dimension von *Pony Island* grob zwischen Hacking-Puzzle-, Pony-Sidescrolling- und Desktop-Puzzle-Segmenten unterscheiden (siehe Abb. 7). Alle drei Varianten des Spielgeschehens sind durch die intensive Remediatisierung von visuellen wie auditiven Glitches geprägt, welche größtenteils durch Theodores Versuch motiviert werden, das diegetische Pony Island zu hacken und die jeweils durch die Daemonen (nicht: Dämonen) Azazel.exe, Beelzebub.exe und Asmodeus.exe bewachten Kerndateien zu löschen. Nachdem Asmodeus.exe von den Spieler*innen bzw. von Theodore während einer eskalierenden Sequenz von Desktop-Puzzle-Segmenten gelöscht wurde, folgt schließlich ein ausgedehntes Pony-Sidescrolling-Segment, in dessen Verlauf die Spielmechanik zwar weitgehend unverändert bleibt, dafür aber eine stetig zunehmende Dichte von insbesondere mit fehlenden Texturen und Soundeffekten verbundenen Glitches auf die fortschreitende Kompromittierung der Programmdateien des diegetischen Pony Island verweist und so noch einmal die Prävalenz jener Spielart einer postdigitalen Ästhetik in *Pony Island* hervorgehoben wird, die ich als ästhetische Intensivierung des Digitalen beschreiben würde.

---

165 Vgl. neben den ausführlicheren Analysen in Krampe et al. 2022; Thon 2025e z. B. auch Barkman 2021; Edrei 2018; Schlarb 2019; Schoppmeier 2018 für weiterer Analysen von *Pony Island*.

166 „[T]he low, relentless humming of the machine with the gently shaking CRT-style graphics" (Daniel Mullins, zitiert in Ruhland 2016, o. S.). Diese (postdigitale) mediale Differenz zwischen *Pony Island* und den diegetischen Versionen von Pony Island wird auch durch diverse Rezensionen hervorgehoben (vgl. z. B. Coleman 2016; Morrison 2016; Shea 2016; Walker 2016), wobei im weiteren Spielverlauf dann nicht nur die Arcade-Maschine wechselt, auf der die diegetischen Versionen von Pony Island laufen, sondern letztere auch eine größere ästhetische Diversität präsentieren, die u. a. die ästhetischen Formen eines Textadventures (in PI_Text_Based.exe) und eines frühen 3D-Computerspiels mit einem subjektiven Point of View (in Pony_Island_3D.exe) remediatisieren.

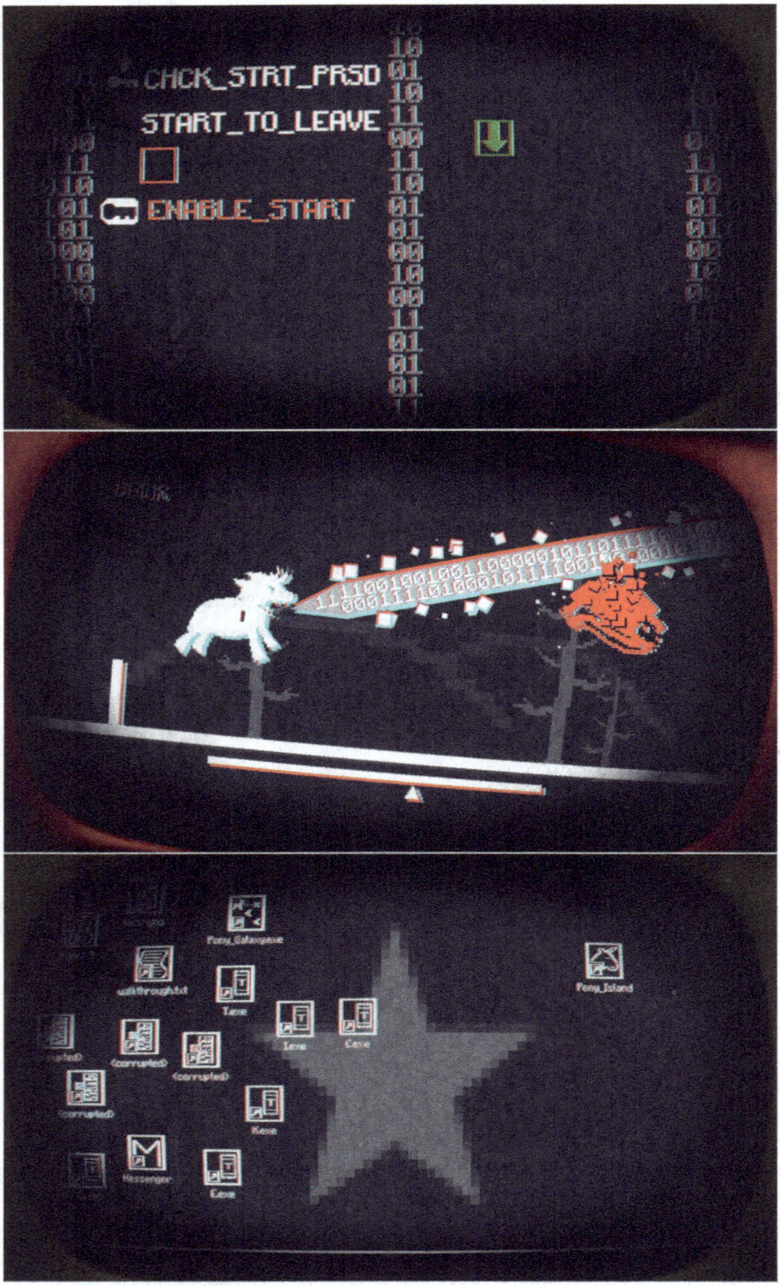

Abb. 7: Spielgeschehen in *Pony Island* (2016) (Collage eigener Screenshots). © Daniel Mullins Games.

Obwohl mein Interesse an den Spielarten einer postdigitalen Ästhetik insgesamt stärker auf digitalen als auf nicht-digitalen medialen Darstellungen liegt, möchte ich abschließend aber auch noch einmal hervorheben, dass der Einsatz von Verpixelungen, Glitches und anderen ästhetischen Formen, die die Materialität digitaler Technologie in den Vordergrund rücken, durchaus nicht auf den Bereich digitaler medialer Darstellungen beschränkt ist, sondern darüber hinaus im Rahmen jener Spielart einer postdigitalen Ästhetik beobachtet werden kann, die ich als ästhetische Transferbewegung vom Digitalen ins Nicht-Digitale beschreiben würde. Bereits im Kontext von Diskussionen um den Begriff der ‚neuen Ästhetik', der neben diversen Varianten der ästhetischen Intensivierung des Digitalen auch und gerade „Eruptionen des Digitalen in die physische Welt" (Kwastek 2015, 74; Übers. d. Verf.)[167] umfasst, wird dabei deutlich, dass sich diese Spielart einer postdigitalen Ästhetik vom zunehmend popularisierten Einsatz von Pixel-Mustern in Design und Architektur[168] über verschiedene ästhetische Praktiken der Remediatisierung von Verpixelungen, Glitches und weiteren Indizien der Materialität digitaler Technologie in nicht-digitalen Bildern[169] bis hin zu den Pixel- und Glitch-Skulpturen

167 „[E]ruptions of the digital into the physical world" (Kwastek 2015, 74). Hier wäre freilich auch noch einmal hervorzuheben, dass Bridles (o. D.; 2012; 2013) Bestimmungen des Begriffs der ‚neuen Ästhetik' in durchaus programmatischer Weise vage bleiben und dass der diskursive Erfolg des letzteren an der Schnittstelle von Theorie und Praxis mindestens teilweise auf eben diese Vagheit zurückzuführen sein dürfte. Zudem geht die Verbindung zwischen dem Begriff der ‚neuen Ästhetik' und jenem der ‚postdigitalen Ästhetik' wohl vor allem auf Berry und Dieters Sammelband *Postdigital Aesthetics* (vgl. Berry und Dieter 2015a) zurück, der nicht nur verschiedene Beiträge enthält, die sich offenkundig eher für die neue Ästhetik als für eine dezidiert postdigitale Ästhetik interessieren (vgl. z. B. Kwastek 2015; Paul und Levy 2015), sondern der zudem ursprünglich unter dem Titel *New Aesthetics/Digital Aesthetics* veröffentlicht werden sollte (vgl. Kwastek 2015, 82n1).

168 So verweisen etwa Contreras-Koterbay und Mirocha auf die vielfältige Präsenz einer „neuen verpixelten Ästhetik in Mode, Militär, Architektur, Design und anderen in der physischen Welt tatsächlich präsenten Objekten" („new pixelated aesthetics in fashion, military, architecture, design and other actual objects present in the physical world" [2016, 87; Übers. d. Verf.]; vgl. z. B. auch Openshaw 2015). Daudrich bietet eine ausführlichere Diskussion der von Contreras-Koterbay und Mirocha nur angerissenen „Ästhetik der Verpixelung" („aesthetic of pixelization" [Daudrich 2015, 215; Übers. d. Verf.]) im Bereich der Architektur und erwähnt u. a. Santiago Calatravas Bodegas Ysios, das N Building des Architekturbüros Terada Design, Zaha Hadids Cairo Expo City und das Code Unique Hotel des Architekturbüros Söhne und Partner, wobei hier doch auffällig ist, dass auch ein gutes Jahrzehnt später nur die ersten beiden der genannten Projekte realisiert wurden.

169 Neben den auch institutionell als Kunst markierten Gemälden professioneller Künstler*innen wie Alexis Mata (vgl. z. B. Berkessel 2025) oder Nils Pooker (vgl. z. B. Pooker o. D.) sind damit auch eine Vielzahl von größtenteils wohl eher in einem Hobby-Kontext zu verortenden „laien- und amateurhaften" (Hecken 2024a, 297) ästhetischen Praktiken aufgerufen, wie sie etwa im r/glitch_art-Subreddit und auf diversen weiteren Social-Media-Plattformen ausführlich dokumentiert werden.

von Künstler*innen wie Ferruccio Laviani, Kohei Nawa und Shawn Smith erstreckt, die gleichermaßen als Resultat von der Logik der *hypermediacy* folgenden Prozessen der Remediatisierung als digital wahrnehmbarer ästhetischer Formen in nicht- oder nicht-primär-digitalen medialen Kontexten verstanden werden können.

So ist etwa die ästhetische Form von Lavianis Eichenschrank *Good Vibrations* (2013/2014) durch auffällige horizontale Verzerrungen geprägt, die häufig als digitale Glitches gelesen werden (siehe Abb. 8),[170] und verschiedene Skulpturen in Nawas *Trans*-Reihe (2011–) kombinieren 3D-gescannte figurale Formen mit teilweise dezidiert digital anmutenden Oberflächentexturen, was dann unter anderem in blockartig verpixelten Skulpturen menschlicher Figuren und glitchartig verdoppelten Skulpturen diverser Geweihträger resultiert, deren eine Hälfte jeweils in weitgehend naturalistischem Detail dargestellt wird, während ihre andere Hälfte eine recht offenkundig an die Polygone einer bestimmten Form von Computergrafik angelehnte Verfremdung ihrer Oberfläche aufweist.[171] Smiths teils sehr großformatige Skulpturen verschiedener Tiere remediatisieren demgegenüber vergleichsweise konsistent vor allem eine deutliche Verpixelung, die aber beispielsweise in der größtenteils aus von Hand bearbeiteten sowie einzeln mit Tinte und Acrylfarbe eingefärbten Sperrholzwürfeln bestehenden, ein galoppierendes Zebra darstellenden Skulptur *Fissure* (2019) durch die Remediatisierung weiterer horizontaler Glitches ergänzt wird (siehe Abb. 9).[172] Es dürfte vor diesem Hintergrund kaum überraschen, dass jene Spielart einer postdigitalen Ästhetik, die ich als ästhetische Transferbewegung vom Digitalen ins Nicht-Digitale beschreiben würde, nicht nur die (ohnehin kaum klar zu ziehende) Grenze zwischen Design, Architektur und Kunst überschreitet, sondern zudem wiederum als eine grundsätzlich transmedial zu denkende ästhetische Praxis erscheint, die sich dann eben sowohl in Bildern und Skulpturen als auch in komplexer multimodal konfigurierten Medienformen findet.

---

170 Vgl. z. B. Contreras-Koterbay und Mirocha 2016, 128–129, für eine bemüht kritische Würdigung von Lavianis Arbeiten. Nicht weniger überzeugend ließe sich freilich argumentieren, dass die in *Good Vibrations* zu beobachtenden horizontalen Verzerrungen eher auf durch abgenutzte VHS-Bänder hervorgerufene nicht-digitale Störungen verweisen (vgl. z. B. Khemsurov 2014).

171 Vgl. zu Nawas Einsatz von 3D-Scans und dem Mapping von Texturen z. B. Moon 2012; sowie auch Contreras-Koterbay und Mirocha 2016, 124–126, für eine knappe Einordnung einer glitchartig verdoppelten Geweihträger-Skulptur aus Nawas *Trans*-Reihe in den Kontext der neuen Ästhetik.

172 Vgl. Smith 2025. Der resultierende Eindruck „niedrig aufgelöster Bilder" („low resolution images" [Daudrich 2015, 216; Übers. d. Verf.]) soll dabei Smith zufolge vor allem thematisieren, „wie wir Natur durch Technologie erfahren" („how we experience nature through technology" [o. D., o. S.; Übers. d. Verf.]), insofern Smith seine (teilweise sehr großformatigen und auch unter Einsatz von 3D-Druck gefertigten) Skulpturen explizit als „dreidimensionale skulpturale Darstellungen dieser zweidimensionalen Bildern" („three-dimensional sculptural representations of these two-dimensional images" [o. D., o. S.; Übers. d. Verf.]) versteht, die er im Internet sucht und findet.

Abb. 8: Ferruccio Lavianis *Good Vibrations* (2013/2014) in der Cité de l'architecture et du patrimoine, Paris (2019). Fotografie © Gaston Bergeret. Mit freundlicher Genehmigung von Fratelli Boffi.

Abb. 9: Shawn Smiths *Fissure* (2019). Fotografie © Ann Berman. Mit freundlicher Genehmigung von Shawn Smith.

Freilich verschwimmen nun in der gegenwärtigen Medienkultur mindestens hinsichtlich der entsprechenden Produktionsprozesse auch die Grenzen zwischen nicht-digitalen und digitalen Comics, Filmen und Spielen, insofern ‚nicht-digitale' Comics, Filme und Spiele in aller Regel (auch) digital produziert, vertrieben und rezipiert werden.[173] Wie bereits erwähnt findet sich der entgegengesetzte Remediatisierungsprozess besonders ausgeprägt im Bereich des Comics, insofern populäre Webcomics regelmäßig zusätzlich in (digital) gedruckter Form vertrieben und rezipiert werden. Zwar ließe sich mindestens potentiell durchaus argumentieren, dass es sich bereits in all diesen Fällen um ästhetische Transferbewegungen vom Digitalen ins Nicht-Digitale in einem sehr weiten Sinne handelt, aber für das Erkenntnisinteresse des vorliegenden Bandes erscheinen hier dann doch solche Comics relevanter, die als Printcomics positioniert und rezipiert werden, dabei aber dennoch Verpixelungen, Glitches oder weitere Indizien der Materialität digitaler Technologie in einer der Logik der *hypermediacy* folgenden Weise remediatisieren.

Ein rezentes Beispiel für einen Printcomic, in dem eine solche ästhetische Transferbewegung vom Digitalen ins Nicht-Digitale in besonders prägnanter Form realisiert wird, ist Ilan Manouachs 2021 erschienener ‚synthetischer Comic' *Fastwalkers*, der auf knapp 500 Seiten mit auffällig vielfältigen Seitenlayouts, Panelformen, Erzählboxen und Sprechblasen prima facie eine Comicerzählung zu präsentieren scheint (vgl. z. B. Packard et al. 2019, 73–112; Thon 2021), die sich auf den zweiten Blick aber als weitgehend inkohärente (wenngleich keineswegs zufällige[174]) Aneinanderreihung von KI-generierten Bildern und Worten herausstellt, die die ästhetische Form einer Comicerzählung nurmehr in einem oberflächlichen Sinne nachahmt. Neben auffällig pornografischen Tendenzen finden sich in den stilistisch durchaus abwechslungsreich gestalteten Bildern des Comics zudem zahlreiche Glitches, wobei insbesondere die Körper und Gesichter der dargestellten Figuren recht durchgängig verformt und vervielfältigt werden, was noch deutlicher auf ihre (KI-generierte) Medialität, Materialität und ästhetische Form verweist.

---

173 Dies gilt freilich nicht weniger für die genannten Skulpturen von Laviani, Nawa und Smith, die ja ebenfalls nicht nur unter umfassendem Einsatz von digitaler Technologie produziert, sondern deren nicht-digitale Formen zudem vielfach digital fotografiert und auf diesem Wege einem breiteren (Online-)Publikum zugänglich gemacht wurden und werden (wobei freilich Lavianis *Good Vibrations* inzwischen in die Sammlung des Louvre aufgenommen wurde und auch Nawas sowie Smiths Arbeiten regelmäßig in verschiedenen Galerien und Museen ausgestellt werden).

174 Manouach selbst hat wiederholt betont, dass zur Generierung der Bilder und Worte zwar verschiedene mit dem Datensatz Danbooru2020 trainierte KI-Modelle verwendet wurden, dass aber sowohl das Training derselben als auch die Auswahl und Anordnung der so generierten Bilder und Worte menschliche Entscheidungen erforderten, weshalb er den Begriff des ‚synthetischen Comics' jenem des ‚KI-Comics' vorzieht (vgl. z. B. Manouach 2025; Postema und Manouach 2024).

Ein auch narrativ etwas komplexeres Beispiel für die Realisierung der ästhetischen Transferbewegung vom Digitalen ins Nicht-Digitale bietet George Wylesols *Internet Crusader* von 2019, der zwar regelmäßig als Printcomic positioniert und rezipiert wird,[175] zur Darstellung seiner dezidiert apokalyptischen Geschichte über den in letzter Sekunde durch eine jugendliche Hackerin vereitelten Versuch des Teufels, die Kontrolle über das Diesseits zu übernehmen, aber kaum comicspezifische semiotische Ressourcen wie Panelsequenzen oder Sprechblasen einsetzt. Vergleichbar mit Desktop-Filmen wie *Unfriended* besteht *Internet Crusader* vielmehr fast vollständig aus sehr aufwendig und vielfältig gestalteten Buchseiten, die die Bildschirminhalte eines fiktiven diegetischen Computers in großem Detail remediatisieren (siehe Abb. 10). So finden sich gezeichnete Bilder der erkennbar an Windows-Versionen aus den späten 1990er Jahren angelehnten grafischen Benutzer*innenoberfläche des Betriebssystems PrizmOS© mit diversen sich mehr oder weniger selbsterklärenden Desktopsymbolen, zahlreicher Fenster des Internetbrowsers Voyager Online, des Direct-Messenger-Programms Voyager Chat, des Webmail-Clients Voyager Webmail, des (wenig effektiven) Kindersicherungs-Programms ParentLock© Plus©, eines Media Players, der Musik von Korn und Slipknot spielt, des Zeichenprogramms Artist's Palette, diverser JPGs, BMPs, TXTs und PDFs, verschiedener browserbasierter Computerspiele sowie ausführlich dargestellter Sequenzen des First-Person-Action-Rollenspiels Portal2Hell, bei dem es sich wohl (innerhalb der Storyworld) um ein genuines Portal zur Hölle handelt. Auffällig ist dabei nicht nur die Präzision der Bezüge auf digitale ästhetische Formen und ästhetische Praktiken der späten 1990er Jahre, sondern auch der Umstand, dass sich *Internet Crusader* in seiner der Logik der *hypermediacy* folgenden Remediatisierung letzterer zugleich von diesen distanziert. Diese Distanzierung hängt auch mit dem dezidiert postdigitalen Produktionsprozess zusammen, insofern Wylesol zwar alle Buchseiten zunächst (digital) in Adobe Illustrator erstellt und dabei mindestens teilweise von Hand über ein Trackpad mit dem Bleistift-Werkzeug gezeichnet (vgl. z.B. Lune 2019), die so zunächst digital hervorgebrachten Seiten danach jedoch auf einem Farbtintenstrahldrucker für den Heimgebrauch ausgedruckt, die ausgedruckten Seiten gescannt und die Kontraste der Scans wiederum in Photoshop angepasst hat, was in der charakteristischen „unscharfen [...] Textur“ (George Wylesol, zitiert in Milner 2019, o.S.; Übers. d. Verf.)[176] der finalen Bilder resultierte.

---

175 Anders als Manouachs *Fastwalkers*, der gegenwärtig nur in gedruckter Form (legal) erhältlich ist, wird Wylesols *Internet Crusader* auch in digitaler Form vertrieben, was aber kaum etwas daran ändert, dass letzterer ebenfalls als Printcomic (oder mindestens als nicht-digitales Buch) positioniert und rezipiert wird (vgl. neben Lune 2019; Milner 2019 z.B. auch Haynes 2020; Hunter 2019).

176 „[F]uzzy [...] texture“ (George Wylesol, zitiert in Milner 2019, o.S.).

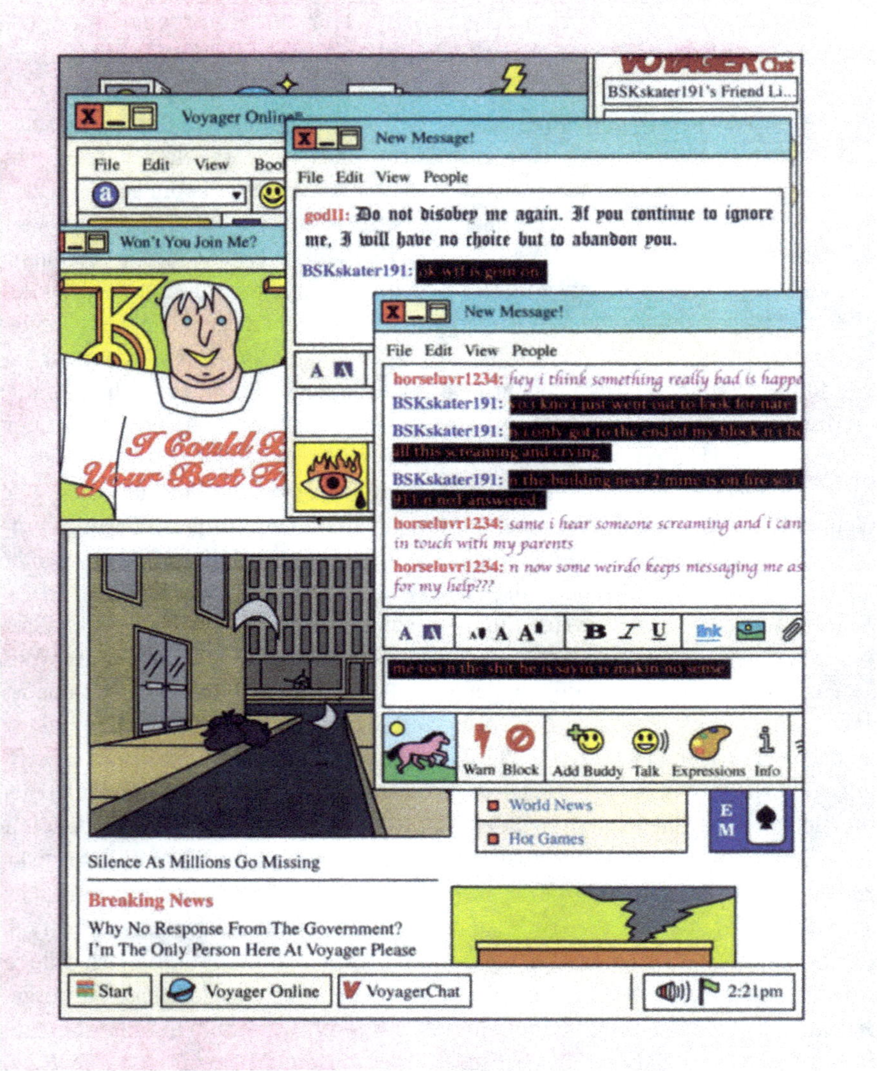

Abb. 10: Remediatisierung einer grafischen Benutzer*innenoberfläche aus den 1990er Jahren auf einer unpaginierten Seite aus George Wylesols *Internet Crusader* (2019). © George Wylesol.

So unterschiedlich nun *Fastwalkers* und *Internet Crusader* ohne Frage sind, so klar dürfte doch auch bereits geworden sein, dass beide hier nurmehr stellvertretend für eine deutlich größere Vielfalt möglicher Realisierungen jener Spielart einer postdigitalen Ästhetik stehen, die ich als ästhetische Transferbewegung vom Digitalen ins Nicht-Digitale beschreiben würde.[177] Vergleichbare filmische Praktiken und Formen sind demgegenüber mindestens im Bereich der populären Medienkultur der Gegenwart auffällig rar gesät. Als frühes Beispiel mag vor diesem Hintergrund das – allerdings auch als Reaktion auf die damalige Ressourcenintensität der 3D-Computeranimation zu verstehende – Animationsverfahren dienen, mit dem der Großteil der im Inneren des Computers spielenden Sequenzen in *Tron* (1982) gestaltet wurde. Im Rahmen dieser ‚von hinten beleuchteten Animation' (*backlit animation*) wurde zunächst in Schwarz-Weiß (nicht-digital) gefilmtes Live-Action-Material in einem äußerst aufwendigen (nicht-digitalen) Rotoskopieverfahren nachbearbeitet, was in der ‚leuchtenden' Qualität der nicht-digital animierten Segmente resultierte, die in *Tron* mit kürzeren computeranimierten Segmenten kombiniert wurden.[178] Während dieses sehr arbeitsintensive nicht-digitale Animationsverfahren wohl auch aufgrund von *Trons* ausbleibendem kommerziellen Erfolg keine weitere Verbreitung gefunden hat, mag es aber doch mindestens als Ausgangspunkt für die Feststellung dienen, dass der Langfilm für die ästhetische Transferbewegung vom Digitalen ins Nicht-Digitale kaum einschlägig ist.

Auch experimentelle(re) und insbesondere kürzere Animationsfilme, die sich als Beispiele dieser Spielart einer postdigitalen Ästhetik verstehen lassen, sind freilich ohne Weiteres vorstellbar und würden dann neben dem sogenannten kameralosen Film (vgl. z. B. Moskatova 2019) etwa Animationsverfahren wie Zeichen-, Puppen-, Knetfiguren- oder Legetrick umfassen (vgl. z. B. Reinerth 2013), sofern in deren Rahmen mit nicht-digitalen Materialien ‚vor der Kamera' gestaltete und nicht digital gefilmte Bilder als der Logik der *hypermediacy* folgende Remediatisierungen

---

177 Weitere unmittelbar relevante Beispiele finden sich bereits in Manouachs und Wylesols jeweiligen Œuvres: Manouachs *The Cubicle Island* (2020) etwa präsentiert eine wenig subtile Kritik (post-)digitaler Mikroarbeit als eines „Sprungbrettes zur exponentiellen technologischen Beschleunigung durch künstliche allgemeine Intelligenz" („a stepping stone to Artificial General Intelligence's exponential acceleration of technology" [Manouach 2021b, o. S.; Übers. d. Verf.; vgl. z. B. auch Crucifix 2024; Worden 2024]), während Wylesols *2120* (2022) von ihm selbst einerseits als „interaktive Graphic Novel" („interactive graphic novel" [George Wylesol, zitiert in Oliver 2021, o. S.; Übers. d. Verf.]) beschrieben wird, die andererseits aber „wie ein Retro-Point-and-Click-Computerspiel formatiert" („formatted like a retro point-and-click video game" [George Wylesol, zitiert in Oliver 2021, o. S.; Übers. d. Verf.]) ist (vgl. z. B. auch Bachmann 2024; Wake 2016 zu sogenannten Spielbüchern).

178 Vgl. neben Sørensen 1982 z. B. auch Alter 2014, 38–46; Flückiger 2008, 216–217; Mattis 2025, 35–42; Quiroga Rodríguez 2025; Tischer 2019 zum in *Tron* verwendeten Animationsverfahren. Hier wäre freilich grundsätzlich anzumerken, dass nicht-digitale Filme für die digitale Projektion digitalisiert sowie digitale Filme für die nicht-digitale Projektion etwa auf nicht-digitales 35mm-Filmmaterial gedruckt werden können und dass zudem (etwa im Rahmen der *A Wall Is a Screen*-Reihe) die nicht-digitale Materialität der Projektionswand in den Vordergrund gerückt werden kann.

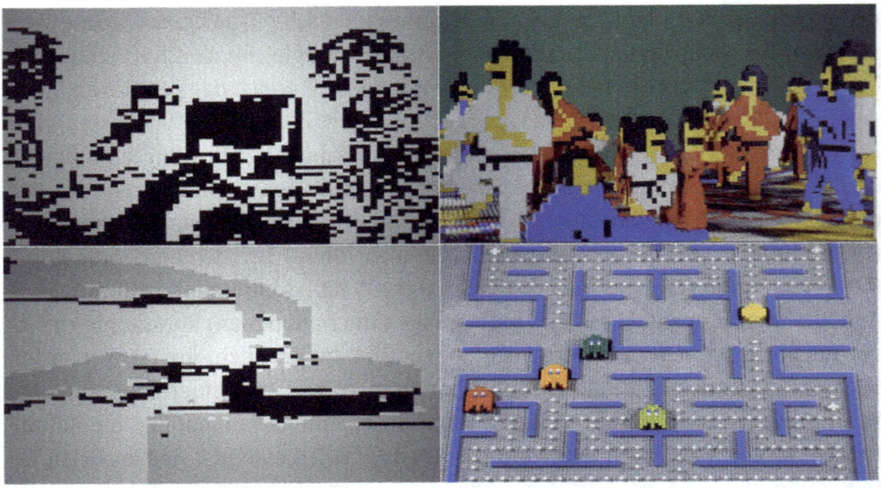

Abb. 11: Remediatisierung der verpixelten Grafik früher Computerspiele durch digitale Stop-Motion-Animation mit Lego-Steinen in *8-Bit Trip* (2009) (Collage ausgewählter Standbilder). © Rymdreglage.

von Verpixelungen, Glitches usw. erkennbar wären. Konkrete (oder gar populäre) Beispiele dafür sind in dieser platonischen Reinheit zwar wiederum kaum zu finden, aber ersatzweise lassen sich hier neben stärker in auch institutionell als solche markierten Kunstkontexten verorteten Kurzfilmen wie Max Hattlers *AANAATT* (2008) oder Victor Orozco Ramirez' *32-Rbit* (2018) mit *8-Bit Trip* (2009) und *8-Bit Trip 2* (2021) zwei vergleichsweise populäre sogenannte Brickfilme[179] der schwedischen Band Rymdreglage anführen, die zwar digital fotografiert, editiert und distribuiert wurden, zugleich aber nicht-digitale Lego-Steine und wenige weitere erkennbar nicht-digitale Materialien zur Gestaltung der Bilder ‚vor der Kamera' einsetzen und dabei durchgängig auf eine der Logik der *hypermediacy* folgende Remediatisierung der verpixelten Grafik früher Computerspiele fokussieren (siehe Abb. 11).[180]

179 Vgl. z. B. Brownlee 2016; Einwächter und Simon 2017 zum Brickfilm als einer spezifischen Gattung des Stop-Motion-Animationsfilms; sowie die Überlegungen zur Remediatisierung der ästhetischen Form des Brickfilms in der *The Lego Movie*-Filmreihe (2014–2019) im folgenden Kapitel.

180 Während Rymdreglage selbst *8-Bit Trip* und *8-Bit Trip 2* (sowie verschiedene weitere hier relevante Stop-Motion-Animationsfilme wie *Insert Coin* [2010] und *Raise Your Little Hand* [2011]) als Musikvideos beschreibt (vgl. z. B. auch Botz 2011; Lange 2024 zu den damit ebenfalls anzitierten ästhetischen Praktiken innerhalb der sogenannten Demoszene), hat die Band allem Anschein nach mehr Zeit und Energie in die Stop-Motion-Animation (und die Konstruktion eines komplexen 3D-Kransystems zur Steuerung der digitalen Kamera während der Produktion von *8-Bit Trip 2*) als in die Komposition der beide Brickfilme begleitenden Chiptune-Musik investiert (vgl. z. B. Fahey 2021).

Schließlich wäre es zwar offenkundig kaum plausibel, von nicht-digitalen *Computer*spielen zu sprechen, aber im nicht weniger vielfältigen Bereich nicht-digitaler *Spiele*[181] lässt sich – in Erweiterung der eingangs bereits thematisierten „neuen verpixelten Ästhetik" (Contreras-Koterbay und Mirocha 2016, 87; Übers. d. Verf.)[182] im Design von Alltagsgegenständen – demgegenüber durchaus häufiger die der Logik der *hypermediacy* folgende Remediatisierung der verpixelten Grafik sowie verschiedener weiterer Elemente der ästhetischen Form früher Computerspiele beobachten. Neben eher einfachen Brettspielen wie *Pixel* (2007) oder *Pix* (2012) wären hier vor allem verschiedene Kartenspiele wie *Pixel Lincoln: A Side-Scrolling Adventure Card Game* (2008) und *Pixel Lincoln: The Deckbuilding Game* (2013), *Pixel Glory* (2014) und *Pixel Glory: Light and Shadow* (2018), *To the Death!* (2019) sowie die diversen Iterationen der *Pixel Tactics*-Reihe (2012–2020) zu nennen.[183] In letzteren findet sich dann etwa auf einer Vielzahl unterschiedlicher Karten und aus stabilerer Pappe gestanzter Plättchen eine Kombination von auffällig verpixelten Figurendarstellungen und Symbolen (auf den Spielkarten ebenso wie auf den als Marker für verschiedene dynamische Werte fungierenden Pappplättchen) sowie einzelnen Schriftelementen (die insbesondere für die Namen der Figuren und Figurentypen sowie für deren basale Angriffs- und Verteidigungswerte eingesetzt werden) mit nicht weniger umfangreichen Bild- und Schriftelementen, die zwar ebenfalls durch ihr sprachliches Register und die in diesem vermittelten Spielmechaniken auf die ludische Ästhetik früher Computerspiele verweisen, dabei aber nicht in hervorgehobener Weise verpixelt sind (siehe Abb. 12). Obwohl also die *Pixel Tactics*-Reihe ebenso wie die weiteren zuvor genannten Kartenspiele sicherlich nicht auf eine vollumfängliche Remediatisierung der ästhetischen Form früher Computerspiele zielt, handelt es sich hier doch noch einmal um einschlägige und vergleichsweise populäre Beispiele für jene Spielart einer postdigitalen Ästhetik, die ich als ästhetische Transferbewegung vom Digitalen ins Nicht-Digitale beschreiben würde.

---

181 Die damit mindestens angerissene terminologische Frage ist insofern komplex, als Begriffe wie ‚Computerspiel', ‚digitales Spiel', ‚Videospiel' oder einfach nur ‚Spiel' (bzw. ihre englischsprachigen Äquivalente) im Bereich der *game studies* (der eben nicht nur die Computerspielforschung, sondern auch die Forschung zu nicht-digitalen bzw. analogen Spielen umfasst [vgl. z. B. Deterding und Zagal 2018; Trammell et al. 2014; Wake und Germaine 2023]) weitgehend austauschbar verwendet werden (vgl. für eine Übersicht z. B. Arjoranta 2019). So oder so gilt aber wiederum, dass nicht-digitale Spiele heute in der Regel ebenfalls (auch) digital produziert und vertrieben werden.

182 „[N]ew pixelated aesthetics" (Contreras-Koterbay und Mirocha 2016, 87).

183 Während *Pixel Tactics* (2012), *Pixel Tactics 2* (2013), *Pixel Tactics 3* (2014), *Pixel Tactics 4* (2015), *Pixel Tactics 5* (2015), *Pixel Tactics Deluxe* (2015) und *Pixel Tactics Legends* (2020) modular konzipiert sind und sich hier also mit Blick auf ihre (visuelle wie ludische) ästhetische Form kaum größere Unterschiede finden, verweist offenkundig schon die Vielzahl der Iterationen auf ihre Popularität.

Abb. 12: Remediatisierung der verpixelten Grafik sowie weiterer Elemente der ästhetischen Form früher Computerspiele in *Pixel Tactics: Legends* (2020) (eigene Fotografie). © Level 99 Games.

4 Postdigitale Ästhetik als alte Ästhetik

Neben der ästhetischen Intensivierung des Digitalen und der ästhetischen Transferbewegung vom Digitalen ins Nicht-Digitale, die im vorangegangenen Kapitel betrachtet wurden, lassen sich in der gegenwärtigen Medienkultur auch zahlreiche mehr oder weniger populäre Beispiele für jene Spielarten postdigitaler Ästhetik finden, die ich als ästhetische Intensivierung des Nicht-Digitalen und als ästhetische Transferbewegung vom Nicht-Digitalen ins Digitale beschreiben würde. Die ästhetische Intensivierung des Nicht-Digitalen lässt sich dabei zunächst als Abkehr vom Digitalen unter postdigitalen Bedingungen und also als Priorisierung nicht-digitaler Technologien, Praktiken und Artefakte in Kontexten verstehen, in denen digitale Technologien, Praktiken und Artefakte naheliegender gewesen wären. So betont etwa Florian Cramer, dass „zeitgenössische junge Künstler*innen und Designer*innen eindeutig die Arbeit mit nicht-elektronischen Medien bevorzugen“ (2015, 14; Übers. d. Verf.)[184] und dass sich vor diesem Hintergrund eine ganze Reihe von anachronistisch erscheinenden ästhetischen Praktiken „wie die Gestaltung von Zines“, „experimentelle analoge Filmproduktion“ oder das Komponieren und Darbieten von „Musik mit analogen modularen Synthesizern“ (Cramer und Jandrić 2021, 976; Übers. d. Verf.)[185] in den Bereich des „neo-analogen“ (Barry und Dieter 2015b, 5; Cramer 2015, 14; Ferreira 2024, 55; Übers. d. Verf.)[186] Postdigitalen einordnen lässt.

184 „[C]ontemporary young artists and designers clearly prefer working with non-electronic media“ (Cramer 2015, 14). Vgl. hierzu z. B. auch bereits Bishop, die betont, dass „die plötzliche Anziehungskraft, die ‚alte Medien‘ in den späten 1990er Jahren auf Gegenwartskünstler*innen ausgeübt haben, mit dem Aufstieg der ‚neuen Medien‘ zusammenfiel“ („[t]he sudden attraction of ‚old media‘ for contemporary artists in the late 1990s coincided with the rise of ‚new media‘“ [2012, 436; Übers. d. Verf.]), sowie zuletzt Ferreira zu einer „Ästhetik der Wiederverwendung“ („aesthetics of repurposing“ [2024, 76; Übers. d. Verf.]) obsoleter Technologie (vgl. auch die Beiträge in Wolf 2019).

185 „[S]uch as zine making […], experimental analog film-making […], music with analog modular synthesizers“ (Cramer und Jandrić 2021, 976). Wenngleich eine detaillierte Diskussion von Spielarten einer postdigitalen Ästhetik im Bereich der Musik den Rahmen des vorliegenden Bandes sprengen würde, ist es vor dem Hintergrund einer solchen „Neo-Analogizität als Anti-Digitalität“ (Lund 2015, 3) dann doch mindestens auch bemerkenswert, dass Cascone selbst inzwischen auf den Einsatz digitaler Technologie in der Musikproduktion verzichtet und stattdessen „zu den einfacheren Technologien der Magneten, Vakuumröhren und E-Gitarre zurückgekehrt ist“ („have gone back to simpler technologies of magnets, vacuum tubes and the electric guitar“ [Cascone und Jandrić 2021, 568; Übers. d. Verf.]), wobei er davon ausgeht, dass „die einzig jetzt noch mögliche Kritik […] ein ‚in den Hintergrund rücken‘ digitaler Technologie ist“ („[t]he only critique possible now […] is a ‚backgrounding‘ of digital technology“ [Cascone und Jandrić 2021, 568; Übers. d. Verf.]).

186 „[N]eo-analogue“ (Berry und Dieter 2015b, 5; Cramer 2015, 14; Ferreira 2024, 55).

https://doi.org/10.1515/9783111638669-004

Während also all diese und verschiedene weitere ästhetische Praktiken das Digitale zu Gunsten des Nicht-Digitalen in den Hintergrund rücken, finden sich in der gegenwärtigen Medienkultur aber häufig auch dezidiert digitale mediale Darstellungen, die in mehr oder weniger umfassender Weise die Medialität und Materialität nicht-digitaler Medienformen der Logik der *hypermediacy* folgend remediatisieren. Jens Schröter identifiziert diesen von ihm als *„Transmaterialisierung"* beschriebenen Prozess gar als zentralen Aspekt der Ästhetik digitaler Medien insgesamt, wobei „transmaterielle Formen" dann eben anders als „transmediale Formen [...] dezidiert auf die je ‚spezifische' Materialität [...] eines Mediums" verweisen, dies *„aber in einem anderen medialen Zusammenhang"* (2013, 94; Herv. im Original) tun. Einerseits wird im Rahmen jener Spielart einer postdigitalen Ästhetik, die ich als ästhetische Transferbewegung vom Nicht-Digitalen ins Digitale beschreiben würde, also die Medialität und Materialität nicht-digitaler Medienformen remediatisiert, dabei im Rahmen dieser Remediatisierungsprozesse andererseits aber mindestens potentiell auch die Medialität, Materialität und ästhetische Form der remediatisierenden digitalen medialen Darstellung hervorgehoben, insofern es hier eben häufig auch um „die reflexive Ausstellung der Potenz digitaler Simulation" geht, „die Materialität analoger Medien selber in transmaterielle Formen transformieren zu können" (Schröter 2013, 94), die dann zwar nicht-digitale in digitale ästhetische Formen integrieren, dabei aber zugleich eine „wahrnehmbare mediale Differenz" (Rajewsky 2005, 62; Übers. d. Verf.)[187] zwischen ersteren und letzteren etablieren. Die Bandbreite der damit aufgerufenen ästhetischen Praktiken und ästhetischen Formen ist einmal mehr recht groß und weist deutlich über auch institutionell als solche markierte Kunstkontexte hinaus, wobei sich einerseits etwa in Apps wie Instagram und TikTok wiederum seit vielen Jahren populäre Filter finden lassen, die hervorgehobene Markierungen der Medialität und Materialität nicht-digitaler Fotografien und Filme in die ästhetische Form digitaler Fotografien und Videos übertragen,[188] während andererseits komplexere Varianten jener Spielart einer postdigitalen Ästhetik, die ich als ästhetische Transferbewegung vom Nicht-Digitalen ins Digitale beschreiben würde, aber auch in KI-generierten Bildern, Webcomics, (Animations-)Filmen und Computerspielen zu beobachten sind.

---

187 „[P]erceptible medial difference" (Rajewsky 2005, 62). Vgl. auch Rajewsky 2008.

188 Bishop 2012 etwa ist hier noch erkennbar auf Distinktion bedacht, aber diese populä(re)ren Varianten der der Logik der *hypermediacy* folgenden Remediatisierung der Medialität, Materialität und ästhetischen Form nicht-digitaler Fotografien und Filme haben durchaus auch akademische Aufmerksamkeit auf sich gezogen, wobei die Forschung (vgl. z. B. Baschiera und Caoduro 2015; Caoduro 2014; Schrey 2015; 2017) die entsprechenden ästhetischen Praktiken dann häufig mit dem Begriff der ‚Mediennostalgie' adressiert (vgl. z. B. auch Boym 2001; und die Beiträge in Niemeyer 2014; sowie noch einmal Glanz 2023; Walker Rettberg 2014, 20–32, zum Begriff des ‚Filters').

Wie im vorangegangenen Kapitel bereits angerissen wurde, kommt es inzwischen nun aber sowohl in institutionell als solche markierten Kunstkontexten als auch in stärker auf Popularität ausgerichteten Bereichen der gegenwärtigen Medienkultur nur mehr sehr selten vor, dass digitale Technologie weder in der Produktion noch in der Distribution einer medialen Darstellung (oder eines anderen medialen Artefaktes oder ästhetischen Objektes) eingesetzt wird, und entsprechend liegt auch jene Spielart einer postdigitalen Ästhetik, die ich als ästhetische Intensivierung des Nicht-Digitalen beschreiben würde, regelmäßig nicht in vollkommener platonischer Reinheit vor.[189] Von der ästhetischen Intensivierung des Nicht-Digitalen ließe sich daher vergleichsweise permissiv in all jenen Fällen sprechen, in denen sowohl die ästhetische Form einer medialen Darstellung als auch die ästhetischen Praktiken, die sie hervorgebracht haben, die Materialität nicht-digitaler Technologie in den Vordergrund rücken, ohne dass digitale Technologie zur salienten Transformation der ästhetischen Form der entsprechenden medialen Darstellung eingesetzt wurde. Die ästhetische Transferbewegung vom Nicht-Digitalen ins Digitale würde demgegenüber dann all jene Fälle umfassen, in denen die Medialität und Materialität nicht-digitaler Medienformen bzw. nicht-digitaler medialer Darstellungen nicht bloß digitalisiert, sondern im Rahmen dieser Digitalisierungsprozesse in salienter Weise transformiert wird. Die Übergänge zwischen den beiden hier unterschiedenen Spielarten einer postdigitalen Ästhetik bleiben offenkundig fließend und insbesondere die Frage, was in diesem Zusammenhang als (hinreichend) saliente Transformation gelten soll, wird sich in je unterschiedlichen Kontexten unterschiedlich beantworten lassen, aber auf der Grundlage der hier skizzierten Überlegungen sollte mindestens die Etablierung einer heuristischen Differenz jenseits der Extreme des (vermeintlich) vollständigen Verzichts auf digitale Technologie einerseits und der (vermeintlich) vollständigen Simulation nicht-digitaler Medialität und Materialität andererseits möglich sein.[190]

---

189 Gerade in stärker auf Popularität ausgerichteten Bereichen der gegenwärtigen Medienkultur lässt sich dabei häufig eher von „Hybride[n]“ sprechen, „die ‚handmade-digital‘ gefertigt sind“ und in deren Produktion also „digitale Technik mehr oder minder offen […], primär jedoch zur Unterstützung des Interesses […] an menschlichen Vorgängen und deren erkennbar menschlicher, oftmals händischer Bearbeitung“ (Lund 2015, 3) eingesetzt wird (vgl. auch Ferreira zu „analog-digitalen medialen Hybriden“ [„analogue-digital media hybrids“ (2024, 56; Übers. d. Verf.)]).

190 ‚Vermeintlich‘ insofern, als einerseits auch nicht-digitale Materialien wie Blei-, Wachsmal- und Pinselstifte, Aquarell-, Acryl- und Ölfarben, Papier, Pappe, und Sperrholz oder Zelluloidfilm, Fotoplatten und die in Fotoemulsion enthaltenen Chemikalien heute mit Hilfe digitaler Technologie produziert werden, so dass ein vollständiger Verzicht auf letztere wenn überhaupt nur in einem sehr engen Rahmen möglich ist, während andererseits auch Schröters „Simulationsmodelle analoger Medien“ (2013, 94) letztlich als Resultat von Digitalisierungsprozessen zu verstehen sind.

Jenseits der zahlreichen Zeichnungen, Gemälde und Skulpturen, die nach wie vor sowohl von professionellen Künstler*innen als auch von „Lai[*inn]en (die keine künstlerische Ausbildung genossen haben) und Amateur[*inn]en (die keinem künstlerischen Beruf oder zumindest Nebenberuf nachgehen)" (Hecken 2024a, 294) im Rahmen vielfältiger nicht-digitaler ästhetischer Praktiken angefertigt werden, bietet sich mit Blick auf komplexer multimodal konfigurierte Medienformen wiederum der Bereich des Comics und spezifischer jener des sogenannten Mini-Comics zur weiterführenden Analyse an, zumal es sich bei letzteren um eine Variante der auch bereits von Cramer (2015) als Resultat postdigitaler ästhetischer Praktiken erwähnten Zines handelt. Mini-Comics lassen sich dabei zunächst als „handgemachte und im Eigenverlag veröffentlichte Comics" (Dowers 2013a, 8; Übers. d. Verf.)[191] verstehen, die sich seit den 1960er Jahren als Teil der Comic-Subkultur etabliert haben und in unterschiedlichen Formaten realisiert werden können. Entsprechend zeichnen sich auch rezentere Mini-Comics wie Evie Fridels autobiografische Arbeiten *Worrier: Small Anxieties in London* (2017) und *Single: How to Be on Your Own* (2023), Jake Wilsons vierteilige Horror-Serie *Setersom* (2021) oder David Maklers sechsteilige Science-Fiction-Serie *Timeforce* (2020–2024) dadurch aus, dass sie von Hand auf Papier gezeichnet und zudem häufig weiterhin mit Hilfe eines (nicht-digitalen oder digitalen) „Fotokopierers oder unter Verwendung eines in ähnlicher Weise handbetriebenen Druckprozesses" (Spurgeon 2004, o. S.; Übers. d. Verf.)[192] und in entsprechend kleiner Auflage vervielfältigt sowie (inzwischen aber nicht mehr nur über ausgesuchte Comicläden und auf Comicmessen, sondern zunehmend auch auf E-Commerce-Plattformen wie Etsy) durch die Autor*innen selbst vertrieben werden.

Während die Popularität von Mini-Comics wie *Worrier: Small Anxieties in London*, *Single: How to Be on Your Own*, *Setersom* oder *Timeforce* nun schon allein durch ihre vergleichsweise geringen Auflagen beschränkt bleiben muss, ließe sich im Sinne der Eingangs skizzierten permissiven Konzeptualisierung jener Spielart

---

191 „[S]elf-published handmade comics" (Dowers 2013a, 8). Vgl. auch Dowers 2013b; 2014 für eine sorgfältig kuratierte Auswahl vielfältiger Mini-Comics von den 1960er bis zu den 2010er Jahren.

192 „[O]n a Xerox machine or using a similar hand-operated printing process" (Spurgeon 2004, o. S.). Vgl. auch Todd und Watson 2006 für eine ausführlichere Diskussion der hier nach wie vor relevanten nicht-digitalen Produktions-, Vervielfältigungs- und Distributionsprozesse. Die spezifischen ästhetischen Praktiken variieren dabei von Mini-Comic zu Mini-Comic, wobei etwa Makler seine *Timeforce*-Mini-Comics mit Bleistiften, Finelinern und Pinselstiften auf Papier gezeichnet und beschriftet, doppelseitig kopiert und von Hand zusammengetackert hat (vgl. Makler 2025), während Fridel ihre autobiografischen Mini-Comics ebenfalls von Hand auf Papier zeichnet und beschriftet, aber die gescannten Dateien regelmäßig vor dem digitalen Druck mindestens punktuell in InDesign nachbearbeitet (vgl. Fridel 2025), und Wilson die handgezeichneten Bilder seiner *Setersom*-Mini-Comics noch einmal umfassender digital koloriert und beschriftet hat (vgl. Wilson 2025).

einer postdigitalen Ästhetik, die ich als ästhetische Intensivierung des Nicht-Digitalen beschreiben würde, aber ebenso argumentieren, dass selbige auch in Webcomics realisiert werden kann. In der Tat finden sich durchaus zahlreiche Beispiele für Webcomics, die in hervorgehobener Weise nicht-digitale Comics remediatisieren,[193] ohne dabei digitale Technologie zur salienten Transformation ihrer jeweiligen ästhetischen Form einzusetzen. Dies gilt etwa für Kate Beatons *Hark! A Vagrant* (2007–2018) und Fran Krauses *Deep Dark Fears* (2012–), deren individuelle Comicstrips jeweils aufwendig von Hand auf Papier gezeichnet und erst zur digitalen Distribution (auf Beatons eigener Webseite bzw. auf Krauses Tumblr) gescannt wurden.[194] Während *Hark! A Vagrant* unterschiedliche Seitenlayouts und Panelformen einsetzt sowie eher skizzenhafte mit aufwendiger ausgearbeiteten Comicstrips kombiniert (siehe Abb. 13), ist die ästhetische Form der quadratischen 4-Panel-Comicstrips mit ihren ausgeprägten Papiertexturen und zurückhaltend eingesetzten Aquarellfarben im Fall von *Deep Dark Fears* seit 2012 weitgehend konstant geblieben (siehe Abb. 14). So oder so lässt sich aber feststellen, dass die bloße Digitalisierung von nicht-digital gestalteten Comicstrips die ästhetische Form derselben kaum in salienter Weise transformiert, so dass *Hark! A Vagrant*, *Deep Dark Fears* und verschiedene weitere vergleichbare Webcomics wie Danny Nobles *Monday Morning* (2010–2014) oder Alex Krokus' *Loud and Smart* (2016–) eher als Beispiele für die ästhetische Intensivierung des Nicht-Digitalen denn als Beispiele für die ästhetische Transferbewegung vom Nicht-Digitalen ins Digitale zu verstehen sein dürften.

---

193 Ich würde hier insofern weiterhin von Remediatisierung sprechen, als sich die ästhetische Intensivierung des Nicht-Digitalen auf ästhetische Praktiken bezieht, die nicht-digitale Technologien, Praktiken und Artefakte in Kontexten priorisieren, in denen digitale Technologien, Praktiken und Artefakte naheliegender gewesen wären. Bei einer solchen ‚Remediatisierung-als-Rekontextualisierung' mag es sich zwar um eine recht weite Konzeptualisierung des Begriffs handeln, aber bereits Bolter und Grusin betonen nicht nur, dass es bei Remediatisierungsprozessen im Rahmen von „Collage und Fotomontage" („collage and photomontage" [1999, 39; Übers. d. Verf.]) um das „Zusammenspiel von Formen" geht, „die von ihrem ursprünglichen Kontext entkoppelt und dann neu kombiniert wurden" („interplay of forms that have been detached from their original context and then recombined" [1999, 39; Übers. d. Verf.]), sondern auch, dass die „Umgestaltung innerhalb des Mediums" („[r]efashioning within the medium" [1999, 49; Übers. d. Verf.]) als „Spezialfall der Remediatisierung" („special case of remediation" [1999, 49; Übers. d. Verf.]) verstanden werden kann.

194 Sowohl *Hark! A Vagrant* als auch *Deep Dark Fears* bestehen größtenteils aus mit Tinte auf Papier handgezeichneten, mit Aquarellfarben kolorierten und anschließend gescannten Comicstrips, wobei Beaton ihre Comicstrips mit Bleistift skizziert, mit Pinselstiften finalisiert sowie mit Aquarellfarben meist in Grautönen schattiert hat (vgl. Beaton o. D.), während Krause seine Comicstrips direkt mit einem Pinselstift in ein Skizzenbuch zeichnet und die Zeichnungen daran anschließend mit einer kleinen Auswahl von Aquarellfarben coloriert (vgl. Krause 2025). Sowohl Beaton als auch Krause haben zudem verschiedene gedruckte Ausgaben ihrer Webcomics veröffentlicht, die dann (mit einer Ausnahme) wiederum auch als E-Books vertrieben werden.

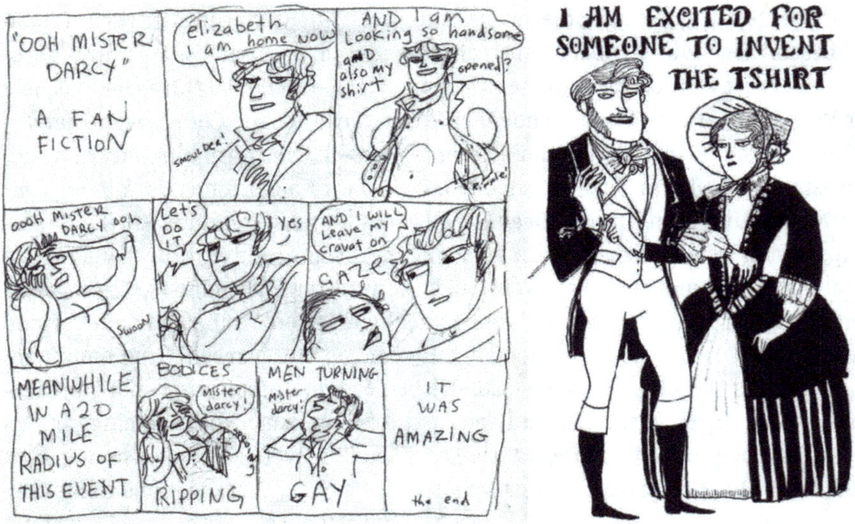

Abb. 13: Skizzenhafter und aufwendiger ausgearbeiteter Comicstrip #120 und #160 aus Kate Beatons *Hark! A Vagrant* (undatiert) (eigene Collage). © Kate Beaton. Mit freundlicher Genehmigung.

Abb. 14: Konstant gebliebene ästhetische Form zweier 4-Panel-Comicstrips aus Fran Krauses *Deep Dark Fears* von 2012 und 2023 (eigene Collage). © Fran Krause. Mit freundlicher Genehmigung.

Wenngleich sich nun die Digitalisierung von Produktions-, Distributions- und Rezeptionsprozessen für den Bereich des Films wohl noch einmal umfassender als für den Bereich des Comics konstatieren lässt (und Betancourts These, dass „kommerzielle Filmproduktionen die physischen Elemente des Kinos minimieren" und dabei Markierungen der Materialität nicht-digitalen Filmmaterials wie „Filmkorn, Schmutz, Kratzer etc." im Sinne der Logik der *immediacy* „direkt ablehnen" [2017, 53; Übers. d. Verf.],[195] hier etwas über das Ziel hinausschießt), finden sich weiterhin zahlreiche experimentelle filmische Praktiken, welche sich jener Spielart einer postdigitalen Ästhetik zuordnen lassen, die ich als ästhetische Intensivierung des Nicht-Digitalen beschreiben würde. Jenseits von „durch Künstler*innen betriebenen Filmlaboren" (Ferreira 2024, 76; Übers. d. Verf.)[196] und einschlägigen Vertretern des sogenannten Found-Footage-Films wie *Lyrisch nitraat* (1990), *Decasia* (2002) oder *Landfill 16* (2011), deren ästhetische Form die Materialität nicht-digitalen Filmmaterials in verschiedenen Stadien des Verfalls hervorhebt,[197] wäre hier aber durchaus auch zu konstatieren, dass nach wie vor zahlreiche prominente (Hollywood-)Regisseur*innen wie Wes Anderson, Christopher Nolan oder Quentin Tarantino regelmäßig nicht-digitale Kameras und nicht-digitales Filmmaterial verwenden, obwohl digitale Kameras die Produktionsabläufe sicherlich vereinfachen würden. Die Postproduktion und Distribution von auf nicht-digitalem 8mm-, 16mm-, 35mm- und 65mm-Film aufgenommenen Spielfilmen wie *Django Unchained* (2012), *Dunkirk* (2017), *Once Upon a Time… in Hollywood* (2019), *The French Dispatch* (2021), *Oppenheimer* (2023) oder *The Phoenician Scheme* (2025) ist dann freilich wiederum größtenteils digital erfolgt (vgl. hierzu auch das vorangegangene Kapitel).

Das damit angerissene Spannungsverhältnis zwischen experimentellen ästhetischen Praktiken, die soweit wie möglich auf den Einsatz digitaler Technologie verzichten, und populä(re)ren ästhetischen Praktiken, die mit Blick auf die Gestaltung der ästhetischen Form der jeweiligen medialen Darstellung zwar ebenfalls den Einsatz nicht-digitaler Technologie betonen, dabei aber in unterschiedlichem Ausmaß auch digitale Technologie verwenden, lässt sich in vergleichbarer Weise für den Bereich des Animationsfilms konstatieren. So stellt etwa Birgitta Hosea fest, dass „die Mainstream-Animations-Industrie" (2019, 17; Übers. d. Verf.)[198] inzwischen zwar

195 „Commercial production minimizes the physical elements of cinema; it directly rejects the grain, dirt, scratches, etc." (Betancourt 2017, 53). Vgl. differenzierter z. B. Flückiger 2008.
196 „[A]rtist-run film labs" (Ferreira 2024, 76). Vgl. z. B. auch Catanese und Parikka 2018.
197 Vgl. neben Betancourt 2017; Ferreira 2024 z. B. auch noch einmal Baron 2014; Heller-Nicholas 2014; Moskatova 2019; Turner 2019 zum Found-Footage-Film und zum kameralosen Film. Hier wäre freilich wiederum hinzuzufügen, dass *Lyrisch nitraat, Decasia, Landfill 16* und zahlreiche weitere experimentelle nicht-digitale Filme selbstredend *auch* in digitalisierter Form vorliegen.
198 „[T]he mainstream animation industry" (Hosea 2019, 17).

größtenteils auf digitale Animationsverfahren setzt, dass zugleich aber „die Anziehungskraft von arbeitsintensiven händischen Animationsverfahren im Indie-Bereich ungebrochen bleibt" (2019, 17; Übers. d. Verf.).[199] Mit Blick auf das Erkenntnisinteresse des vorliegenden Bandes ist freilich bemerkenswert, dass sich die damit aufgerufenen ästhetischen Distinktionsstrategien auch in eher auf Popularität ausgerichteten und vergleichsweise hochbudgetierten Animationsfilmen – von Richard Linklaters Rotoskopie-Filmen *Waking Life* (2001) und *A Scanner Darkly* (2006) über die unter dem allgemeineren Begriff des ‚Stop-Motion-Films' vermarkteten Puppentrickfilme *Isle of Dogs* (2018) und *Guillermo del Toro's Pinocchio* (2022) bis hin zu den aufwendig produzierten Zeichentrickfilmen *Wolfwalkers* (2020) und *Kimitachi wa Dō Ikiru ka* (*Der Junge und der Reiher*) (2023) – beobachten lassen.

Einmal mehr ist jedoch ein Fokus der entsprechenden ästhetischen Praktiken und der diese umgebenden ästhetischen Diskurse auf (vermeintliche oder tatsächliche) Handgemachtheit keineswegs mit dem Verzicht auf digitale Technologie gleichzusetzen, wobei bereits für *Waking Life* und *A Scanner Darkly* digitale Fotografien der Schauspieler*innen und ihrer Umgebungen mit Hilfe der Spezialsoftware *Rotoshop* halbautomatisiert digital übermalt wurden, in der Produktion von *Isle of Dogs* und *Guillermo del Toro's Pinocchio* neben digitalen Kameras auch digitale Compositing-Verfahren und weitere digitale Nachbearbeitung zum Einsatz kamen, *Wolfwalkers*' beeindruckende Bilder zwar weitgehend von Hand, aber (von den digitale 3D-Animationen nicht-digital remediatisierenden Bildern der Wolfsicht-Sequenzen abgesehen) doch größtenteils digital mit Hilfe der Spezialsoftware *TVPaint* gestaltet und animiert wurden, und selbst das für seine primär nicht-digitale Animation bekannte Studio Ghibli auch während der Produktion von *Kimitachi wa Dō Ikiru ka* nicht vollständig auf digitale Technologie verzichten mochte.[200] Der Einsatz digitaler Technologie trägt hier also zu einer salient(er)en Transformation der ästhetischen Form der entsprechenden Animationsfilme bei, so dass diese sich letztlich kaum mehr jener Spielart einer postdigitalen Ästhetik zuordnen lassen, die ich als ästhetische Intensivierung des Nicht-Digitalen beschreiben würde.

---

199 „[T]he attraction of laborious hand-made methods for making animation persists in the independent sector" (Hosea 2019, 17). Ähnlich wie Cramer (2015) betont Hosea zudem, dass viele ihrer Studierenden sich digitalen Animationsverfahren mehr oder weniger konsequent verweigern und stattdessen „analoge Techniken verwenden wollen, um ihren eigenen individuellen, charakteristischen Stil zu entwickeln" („want to use analogue techniques to create their own individual, signature style" [2019, 18; Übers. d. Verf.]). Vgl. auch die weiteren Beiträge in Ruddell und Ward 2019.

200 Vgl. z. B. Ruddell 2012; Ward 2005; 2012 zu *Waking Life* und *A Scanner Darkly*; Desowitz 2018; Failes 2019 zu *Isle of Dogs*; Failes 2023; Hogg 2023 zu *Guillermo del Toro's Pinocchio*; McNamara 2021; Zahed 2020 zu *Wolfwalkers*; und Friedberg 2023; Schindel 2023 zu *Kimitachi wa Dō Ikiru ka*; sowie zu diesen Animationsverfahren neben Furniss 2007 z. B. auch Rall 2023; Reinerth 2013.

Und schließlich gilt ebenso für den Bereich der nicht-digitalen Spiele, dass hier zwar wiederum (mindestens auch) digitale Produktions- und Distributionsprozesse dominieren (vgl. z. B. Trammell 2019), dass sich aber dennoch in der Folge der sogenannten „Brettspiel-Renaissance" (Booth 2015, 1; 2021, 5; Übers. d. Verf.)[201] des vergangenen Jahrzehnts zahlreiche Varianten jener Spielart einer postdigitalen Ästhetik finden lassen, die ich als ästhetische Intensivierung des Nicht-Digitalen beschreiben würde. Dabei ist zunächst freilich ohnehin zu konstatieren, dass Brettspiele (im weitesten Sinne) „größtenteils aus Pappe, Papier und Plastik bestehen" (Booth 2021, 13; Übers. d. Verf.)[202] und dass viele ihrer Spieler*innen diese Spiele spielen, „um ‚dem Digitalen zu entkommen'" (Booth 2021, 135; Übers. d. Verf.),[203] oder doch mindestens „das Physische stärker als das Digitale [...] genießen" (Booth 2021, 198; Übers. d. Verf.).[204] Während also die Frage, in welchen Fällen vor diesem Hintergrund von einer Hervorhebung nicht-digitaler Medialität und Materialität im Sinne der ästhetischen Intensivierung des Nicht-Digitalen die Rede sein kann, wiederum unterschiedlich beantwortet werden mag, wären hier neben unabhängig entwickelten Brettspielen wie *Pax Pamir: Second Edition* (2019) oder *SHŌBU* (2019), die aufwendig gestaltete Spielmaterialien nicht nur aus Papier, Pappe, Holz und Kunstharz, sondern auch aus Metall, Stein, Glas und Textilien verwenden (siehe Abb. 15), zudem die vielfältigen ästhetischen Praktiken in den Blick zu nehmen, die sich im Kontext von Tischrollenspielen wie *Dungeons and Dragons* (1974–) und *Das Schwarze Auge* (1984–) oder Miniaturenspielen wie *Warhammer* (1983–) und *Warhammer 40.000* (1987–) beobachten lassen und dort neben dem Bemalen von Miniaturfiguren etwa auch die aufwendige Gestaltung von Geländemodellen und sonstigen nicht-digitalen Spielmaterialien umfassen, wenngleich die entsprechenden Produktionsprozesse nicht selten wiederum auch digitale Technologie und insbesondere 3D-Druckverfahren einsetzen (vgl. z. B. Bienia 2016; Meriläinen et al. 2023).

201 „[B]oard game renaissance" (Booth 2015, 1; 2021, 5). Hier wäre einmal mehr auch auf die mit diesem Bereich verbundene terminologische Komplexität hinzuweisen, die nicht nur die bereits im vorangegangenen Kapitel adressierte Unterscheidung zwischen digitalen und nicht-digitalen Spielen, sondern eben auch jene zwischen Begriffen wie ‚Brettspiel' (*board game*) oder ‚Kartenspiel' (*card game*), ‚Tischrollenspiel' (*tabletop role-playing game*) oder ‚Pen-and-Paper-Rollenspiel' (*pen-and-paper role-playing game*) und ‚Tischspiel' (*tabletop game*) oder ‚Miniaturenspiel' (*miniature game* bzw. *miniature wargame*) betrifft, von denen einige primär im englischsprachigen Raum verwendet werden, während andere auch im deutschsprachigen Raum verbreitet sind.

202 „[L]argely made up of cardboard, wood, and plastic" (Booth 2021, 13). Wenngleich es sich dabei nicht um den primären Fokus des vorliegenden Bandes handelt, sei hier zumindest auch darauf verwiesen, dass es sich Booth zufolge bei Brettspielen deswegen „nicht um ein ökologisch nachhaltiges Produkt" („not an ecologically sustainable product" [2021, 13; Übers. d. Verf.]) handele.

203 „[T]o ‚get away from the digital'" (Booth 2021, 135).

204 „[E]njoy [...] the physical more than the digital" (Booth 2021, 198).

Abb. 15: Aufwendig gestaltete Spielmaterialien aus Holz, Kunstharz und Textilien in *Pax Pamir: Second Edition* (2019). Fotografie © Ross Connell. Mit freundlicher Genehmigung von Wehrlegig Games.

Abb. 16: Bausätze aus Pappe sowie verschiedene Arbeitsschritte und Integration der Switch-Konsole in die Pappkonstruktionen des *Nintendo Labo Multi-Sets* (2018) in häuslicher Umgebung (eigene Collage). Fotografien © Hanns Christian Schmidt. Mit freundlicher Genehmigung.

Zugleich demonstriert der damit mindestens angerissene Bereich der nicht-digitalen Spiele aber auch noch einmal deutlich, dass die Übergänge zwischen den im Rahmen des vorliegenden Bandes unterschiedenen Spielarten einer postdigitalen Ästhetik fließend sind und sich immer auch ästhetische Praktiken finden lassen, die nicht ohne Weiteres (nur) einer dieser Spielarten zugeordnet werden können. Jenseits der für Brett-, Karten-, Tischrollen- und Miniaturenspiele in den allermeisten Fällen ohnehin vorauszusetzenden digitalen Produktions- und Distributionsprozesse, die nicht zuletzt auch verschiedene populäre Webserien wie *TableTop* (2012–2017) oder *Critical Role* (2015–) umfassen (vgl. z.B. Taylor 2018; sowie die Beiträge in Jones 2021), lassen sich dabei auch vielfältige Beispiele für die physische Integration digitaler und nicht-digitaler Technologie in sogenannten hybriden Spielen finden. Neben einer großen Bandbreite an Brettspielen von *Alchemists* (2014) und *XCOM: The Board Game* (2014) bis zu *Light Speed: Arena* (2025) und *The Dark Quarter* (2025), die auf mobilen Geräten zu installierende Apps und weitere digitale Technologie mit physischen Spielmaterialien wie Spielbrettern, -karten und -figuren kombinieren (vgl. z.B. Kankainen et al. 2017), dürften hier häufig auch sogenannte Alternate Reality Games wie *The Maester's Path* (2011) oder *Cipher Hunt* (2016) relevant sein, die im Rahmen von teilweise recht komplexen Schnitzeljagden digitale und nicht-digitale Rätsel, Hinweise und weitere Spielmaterialien aufeinander beziehen (vgl. z.B. Janes 2020). Im Bereich der Computerspiele sind zudem neben verschiedenen Augmented-Reality-Kartenspielen von *The Eye of Judgment* (2007) bis zu *Genesis Augmented Reality* (2023) sowie der durch Computerspielserien wie *Skylanders* (2011–2016), *Disney Infinity* (2013–2015) und *Lego Dimensions* (2015–2017) oder Plattformen wie *Amiibo* (2014–) ermöglichten Integration von physischen Spielfiguren in digitale Spielräume (vgl. z.B. Nansen et al. 2019) insbesondere die verschiedenen Bausätze der *Nintendo Labo*-Reihe (2018–) zu nennen (siehe Abb. 16), insofern die Spieler*innen es hier „mit einer Ansammlung von mehreren überdimensionalen Bastelbögen zu tun" bekommen, die von ihnen „ausgestanzt, gefalzt und ineinandergesteckt werden wollen", bevor „die Switch und ihre Peripheriegeräte in die Konstruktion aus Pappe gesteckt" werden, „um das Modell gewissermaßen zum Leben zu erwecken" (Schmidt 2020, 162).[205] In all diesen Fällen ist also kaum von einer umfassenden Abkehr vom Digitalen, aber wohl dennoch mindestens punktuell von einer vergleichsweise ausgeprägten Tendenz zur Priorisierung nicht-digitaler Technologien, Praktiken und Artefakte zu sprechen.

---

205 Schmidt bezieht die durch *Nintendo Labo* ermöglichten ästhetischen Praktiken dabei nicht nur auf die ältere Bauhaus-Tradition (vgl. z.B. Droste 2015; Friedewald 2016), sondern auch auf die sogenannte Maker-Bewegung (vgl. z.B. Anderson 2012; Hatch 2014). Vgl. aber z.B. auch Cano und Chow 2024; Thibault 2018 zu den durch *Nintendo Labo* ermöglichten ästhetischen Erfahrungen.

So oder so lässt sich nun aber die ausgeprägte Prävalenz jener Spielart einer postdigitalen Ästhetik, die ich als ästhetische Transferbewegung vom Nicht-Digitalen ins Digitale beschreiben würde, wiederum bereits an den vielfältigen Möglichkeiten ablesen, die diffusionsbasierte KI-Bildgeneratoren wie DALL·E, Midjourney und Stable Diffusion ihren Nutzer*innen zur Generierung von digitalen Bildern bieten, deren Bildinhalte nicht-digitale Bilder und andere nicht-digitale mediale Darstellungen sind.[206] Wie bereits im vorangegangenen Kapitel möchte ich auch hier zur Illustration der entsprechenden Remediatisierungsprozesse zunächst auf eine Reihe von digitalen Bildern galoppierender Pferde verweisen, die ich im August 2024 die zu diesem Zeitpunkt noch in ChatGPT 4o integrierte dritte Iteration von DALL·E habe generieren lassen (bevor ChatGPT 4o im März 2025 von DALL·E zu einer nativen autoregressiven Architektur wechselte [vgl. z. B. OpenAI 2025a; Robison 2025]). Auch hier haben meine prompt-basierten Wünsche nach Zeichnungen, Wachsmalstiftbildern, Aquarellen, Ölgemälden, Buntglasfenstern und Wandteppichen galoppierender Pferde zunächst zur Generierung digitaler Bilder mit unschwer als Zeichnungen, Wachsmalstiftbildern, Aquarellen, Ölgemälden, Buntglasfenstern und Wandteppichen galoppierender Pferde erkennbaren Bildinhalten geführt, wobei mindestens in den ersten vier dieser Fälle die jeweiligen KI-generierten Bilder auf eine Weise gestaltet sind, die die Darstellungsebene des remediatisierenden digitalen Bildes der Darstellungsebene des remediatisierten nicht-digitalen Bildes weitgehend annähert, und selbst jene KI-generierten Bilder, die Buntglasfenster und Wandteppiche remediatisieren, die Dreidimensionalität letzterer nicht in hervorgehobener Weise darstellen (siehe Abb. 17). Zugleich lässt sich aber konstatieren, dass meine prompt-basierten Wünsche nach Ölgemälden galoppierender Pferde häufig zur Generierung von digitalen Bildern geführt haben, die mit einer Impasto-Technik gemalte Ölgemälde galoppierender Pferde und also auch die dreidimensionale Materialität der in dicken Schichten aufgetragenen Ölfarbe remediatisieren. Nicht weniger interessant erscheint in diesem Zusammenhang schließlich, dass meine prompt-basierten Wünsche nach Wachsmalstiftbildern galoppierender Pferde zumindest in einigen Fällen zur Generierung digitaler Bilder geführt haben, die jeweils nicht nur ein zweidimensionales Wachsmalstiftbild eines galoppierenden Pferdes, sondern zudem verschiedene auf letzterem liegende dreidimensionale Wachsmalstifte darstellen, was dann noch einmal deutlicher die Differenz zwischen der remediatisierenden Darstellungsebene des digitalen Bildes und der remediatisierten Darstellungsebene des Wachsmalstiftbildes hervorhebt.

206 Auch die hier vorgestellten Überlegungen zu den durch meine prompt-basierten Wünsche im August 2024 durch ChatGPT 4o/DALL·E 3 generierten digitalen Bildern von verschiedenen nicht-digitalen Darstellungen galoppierender Pferde finden sich in ausführlicherer Form in Thon 2025a.

Abb. 17: KI-generierte Bilder von größtenteils zweidimensionalen nicht-digitalen Darstellungen galoppierender Pferde (erstellt mit ChatGPT 4o/DALL·E 3 im August 2024).

Während nun die KI-generierten Bilder von auf zweidimensionalen Wachsmalstiftbildern liegenden dreidimensionalen Wachsmalstiften eher unerwartet gewesen sein mögen,[207] befand sich die Generierung digitaler Bilder von dreidimensionalen medialen Artefakten oder anderen ästhetischen Objekten auch im August 2024 zweifellos bereits im erwartbaren Bereich der Funktionalität von ChatGPT 4o/DALL·E 3. Meine vor diesem Hintergrund artikulierten prompt-basierten Wünsche nach Bronze-, Holz-, Papier-, Eis- und Wolkenskulpturen von galoppierenden Pferden haben dann auch wiederum zur Generierung von digitalen Bildern geführt, die unschwer als solche erkennbare Bronze-, Holz-, Papier-, Eis- und Wolkenskulpturen von galoppierenden Pferden darstellen (siehe Abb. 18). Wenngleich die ästhetische Form einiger der so dargestellten Skulpturen bei genauerer Betrachtung etwa der Maserung des Holzes und weiterer Materialdetails nur bedingt realistisch wirkt, illustrieren diese KI-generierten Bilder dennoch ein mindestens für ChatGPT 4o/DALL·E 3 durchaus zentrales Grundprinzip,[208] das sich als die vermeintlich fotorealistische Darstellung altermedialer ästhetischer Formen beschreiben lässt und das prima facie die Differenz zwischen der Medialität, Materialität und ästhetischen Form der remediatisierten nicht-digitalen medialen Darstellung und jener des remediatisierenden digitalen Bildes betont, wobei erstere in der Darstellung des jeweiligen galoppierenden Pferdes der Logik der opaken *hypermediacy* folgt, während letzteres in der Darstellung der das jeweilige galoppierende Pferd darstellenden Darstellung der Logik der transparenten *immediacy* folgt.[209]

Wie im vorangegangenen Kapitel bereits angesprochen wurde, muss nun freilich der ohnehin voraussetzungsreiche Begriff des ‚Fotorealismus' im Kontext von KI-generierten Bildern noch einmal prekärer erscheinen, insofern es sich bei letzteren ja gerade nicht um (digitale oder nicht-digitale) Fotografien handelt und fotorealistische Qualitäten bzw. gar gleich „das ‚Fotografische'" insgesamt für KI-

207 Zumal sich an letzteren auch die Ambiguität des von mir genutzten englischsprachigen Begriffs des *crayon drawings* zeigt, der sich nicht nur als ‚Wachsmalstiftbild', sondern auch als ‚Buntstiftbild' übersetzen lässt, insofern mindestens einige der hier dargestellten dreidimensionalen Stifte prototypische Merkmale von Wachsmalstiften und Buntstiften kombinieren (siehe Abb. 18).
208 Während die ausnehmend hohe Geschwindigkeit der Entwicklungszyklen generativer KI-Anwendungen nach wie vor als eine zentrale Herausforderung für die kritische KI-Forschung gelten darf und nicht zuletzt mit Blick auf den Bereich der KI-Bildgeneratoren eine substantielle synchrone wie diachrone Variabilität zu konstatieren ist (vgl. auch noch einmal Thon und Wilde 2025), würde ich wie bereits im vorangegangenen Kapitel angedeutet dennoch davon ausgehen, dass mindestens einige der hier am Beispiel von ChatGPT 4o/DALL·E 3 im August 2024 gemachten Beobachtungen sich durchaus auf andere KI-Bildgeneratoren wie Midjourney, Stable Diffusion oder rezentere Versionen von ChatGPT (die Bilder nicht mehr mit DALL·E 3 generieren) übertragen lassen.
209 Vgl. auch noch einmal Ervik 2023; Salvaggio 2023 zu KI-generierten Bildern als Visualisierungen von im kulturellen Imaginären prototypisch-konventionalisierten ästhetischen Formen.

Abb. 18: KI-generierte Bilder von größtenteils dreidimensionalen nicht-digitalen Darstellungen galoppierender Pferde (erstellt mit ChatGPT 4o/DALL·E 3 im August 2024).

Bildgeneratoren und die von ihnen generierten digitalen Bilder „nicht mehr als ein weiterer ‚Stil', eine Ästhetik, ein bestimmtes ‚Aussehen' zu sein scheint" (Meyer 2023b, 108; Übers. d. Verf.),[210] was ja im Übrigen auch bereits Schröter im Rahmen seiner früheren Überlegungen zur Computersimulation und also mit Blick auf noch nicht von generativer KI computergenerierte Bilder konstatiert, wenn er feststellt, dass „Fotorealismus [...] Simulation [ist], weil die Eigenschaften (bestimmter Ausprägungen) fotografischer Medien vermessen und diese Daten den Rechnermodellen zugrundegelegt werden" (2013, 92).[211] Zumindest mit Blick auf die bislang diskutierten KI-generierten Bilder von nicht-digitalen Bildern und Skulpturen galoppierender Pferde lässt sich aber dennoch feststellen, dass sich darin kaum hervorgehobene Markierungen fotografischer Medialität und Materialität finden, welche den Fokus der ästhetischen Form der entsprechenden KI-generierten Bilder von einer Logik der *immediacy* zu einer Logik der *hypermediacy* verlagern würden.

Allerdings befand sich die Generierung digitaler Bilder von nicht-digitalen Bildern mit eben solchen hervorgehobenen Markierungen fotografischer Medialität und Materialität wiederum auch bereits im August 2024 im erwartbaren Bereich der Funktionalität von ChatGPT 4o/DALL·E 3. Entsprechend führten meine promptbasierten Wünsche nach alten Fotografien von Zeichnungen, Wachsmalstiftbildern, Aquarellen, Ölgemälden, Buntglasfenstern und Wandteppichen von galoppierenden Pferden wiederum durchgängig zur Generierung von digitalen Bildern, die derartige Markierungen fotografischer Medialität und Materialität enthalten (siehe Abb. 19). Bemerkenswert ist hier dann freilich, dass die resultierende Remediatisierung ausgeprägter Vignettierungen, groben Filmkorns, verschiedener Flecken und Verfärbungen sowie diverser Risse, Falten und sonstiger Indizien beschädigten (fotografischen) Papiers mit einer auffälligen Verwischung der Grenzen zwischen den vermeintlich distinkten Darstellungsebenen einherging. Zwar hatte ich zunächst erwartet, dass ChatGPT 4o/DALL·E 3 ohne allzu großen Aufwand nicht nur transparente (der Logik der *immediacy* folgend gestaltete) digitale Bilder von opaken (der Logik der *hypermediacy* folgend gestalteten) nicht-digitalen Bildern von galoppierenden Pferden, sondern mindestens auch transparente digitale Bilder von opa-

---

210 „[T]he ‚photographic' seems to be just another ‚style', an aesthetic, a certain ‚look'" (Meyer 2023b, 108). Vgl. neben Schröter 2013 z. B. auch Ervik 2023; Henning 2025; Schröter 2025 für weitere Überlegungen zum Begriff des ‚Fotorealismus' im Kontext KI-generierter Bilder.

211 Wenn Meyer weiter davon spricht, dass in KI-generierten Bildern der „‚fotorealistische Stil' [...] *visuelle* anstelle von *optischen* Aspekten des Fotografischen simuliert" („‚photorealistic style' [...] simulates *visual* rather than *optical* aspects of the photographic" [2023b, 108; Herv. im Original; Übers. d. Verf.]), so wiederholt er im Wesentlichen, was Schröter bereits für die Remediatisierung von „fotografischer Materialität" (2013, 94) in noch nicht von generativer KI computergenerierten Bildern mit dem Transmaterialisierungsbegriff beschreibt (vgl. auch Schröter 2009, 276–284).

Abb. 19: KI-generierte Bilder von alten Fotografien von größtenteils zweidimensionalen nicht-digitalen Darstellungen galoppierender Pferde (erstellt mit ChatGPT 4o/DALL·E 3 im August 2024).

ken nicht-digitalen Bildern *von opaken nicht-digitalen Bildern* von galoppierenden Pferden generieren können würde. Tatsächlich aber verlagern zahlreiche der so generierten digitalen Bilder die mit der Materialität alter nicht-digitaler Fotografien verbundenen Markierungen von der Darstellungsebene zweiter Ordnung der durch die transparenten digitalen Bilder remediatisierten opaken nicht-digitalen Fotografien auf die Darstellungsebene dritter Ordnung der durch die opaken nicht-digitalen Fotografien remediatisierten opaken nicht-digitalen Zeichnungen, Wachsmalstiftbilder, Aquarelle, Ölgemälde, Buntglasfenster und Wandteppiche. Dabei ist zudem auffällig, dass die entsprechenden nicht-digitalen Bilder galoppierender Pferde häufig auf alten Oberflächen positioniert sind, und dass insbesondere jene KI-generierten Bilder, die alte Fotografien von Wachsmalstiftbildern galoppierender Pferde darstellen sollen, eher als transparente Darstellungen von farbigen Wachsmalstiftbildern auf altem Papier erscheinen.[212]

Während bereits die hier remediatisierten Wandteppiche häufig auffällig faltig dargestellt werden, führten meine prompt-basierten Wünsche nach KI-generierten Bildern von alten Fotografien von Bronze-, Holz-, Papier-, Eis- und Wolkenskulpturen von galoppierenden Pferden zur noch einmal vielfältigeren Verwischung der Grenzen zwischen der Darstellungsebene erster Ordnung (des zweidimensionalen digitalen Bildes), der Darstellungsebene zweiter Ordnung (der alten Fotografie als eines zweidimensionalen nicht-digitalen Bildes) und der Darstellungsebene dritter Ordnung (der jeweiligen dreidimensionalen nicht-digitalen Skulptur), wenn etwa der prompt-basierte Wunsch nach einer alten Fotografie einer Bronzeskulptur eines galoppierenden Pferdes zur Generierung eines digitalen Bildes einer alten Fotografie *einer alten Fotografie* einer Bronzeskulptur eines galoppierenden Pferdes führte oder der prompt-basierte Wunsch nach einer alten Fotografie einer Papierskulptur eines galoppierenden Pferdes in einem KI-generierten Bild einer vor einem fleckigen Blatt Papier aufgestellten sepiafarbenen Papierskulptur eines galoppierenden Pferdes resultierte (siehe Abb. 20). Trotz der Schwierigkeiten, die ChatGPT 4o/DALL·E 3 mindestens noch im August 2024 mit der konsequenten Unterscheidung von Darstellungsebenen hatte, sollten diese schlaglichtartigen Beobachtungen aber doch bereits plausibel gemacht haben, dass jene Spielart einer postdigitalen Ästhetik, die ich als ästhetische Transferbewegung vom Nicht-Digitalen ins Digitale beschreiben würde, ein salienter Aspekt der von KI-Bildgeneratoren wie DALL·E, Midjourney oder Stable Diffusion generierten digitalen Bilder sein kann.

212 Vgl. auch noch einmal Thon 2025a zu den mit Blick auf die hier zu beobachtende Verwischung der Grenzen zwischen den Darstellungsebenen nicht weniger interessanten digitalen Bildern, die durch meine prompt-basierten Wünsche nach verpixelten und geglitchten Bildern und Fotografien von nicht-digitalen Bildern und Skulpturen galoppierender Pferde generiert wurden.

Abb. 20: KI-generierte Bilder von alten Fotografien von größtenteils dreidimensionalen nicht-digitalen Darstellungen galoppierender Pferde (erstellt mit ChatGPT 4o/DALL·E 3 im August 2024).

Wie bereits erwähnt lässt sich aber auch die damit beispielhaft umrissene ästhetische Transferbewegung vom Nicht-Digitalen ins Digitale als eine grundlegend transmedial zu denkende ästhetische Praxis verstehen. Entsprechend finden sich etwa auch zahlreiche multimodale Webcomics, welche sich in diese Spielart einer postdigitalen Ästhetik einordnen lassen. Zugleich ist hier freilich noch einmal zu betonen, dass letztere nicht nur eine saliente Transformation der ästhetischen Form der jeweils remediatisierten nicht-digitalen medialen Darstellungen jenseits der in Webcomics wie *Hark! A Vagrant* oder *Deep Dark Fears* zu beobachtenden bloßen Digitalisierung nicht-digital gestalteter Comics, sondern auch eine ausgeprägte Orientierung an der Logik der *hypermediacy* voraussetzt. Vor diesem Hintergrund lässt sich zwar von vielen der Webcomics, die auf Plattformen wie Tapas oder Webtoons vertrieben werden, durchaus sagen, dass sie „Affordanzen der Digitalisierung" (Kukkonen 2014, 521; Übers. d. Verf.)[213] wie das häufig mit dem Begriff der ‚unendlichen Leinwand' (*infinite canvas*) beschriebene Webbrowser-basierte Scrollen durch vertikal angeordnete Panels mit einer mindestens handgezeichnet anmutenden ästhetischen Form eben jener Panels verbinden, aber es handelt sich in vielen dieser Fälle dennoch nicht um im engeren Sinne repräsentative Beispiele für die ästhetische Transferbewegung vom Nicht-Digitalen ins Digitale.

Anders stellt sich die Situation in nicht-digitales Material stärker bearbeitenden und rekonfigurierenden Webcomics wie David Malkis *Wondermark* (2003–) dar, der in seinen digital arrangierten Collagen vor allem digitalisierte viktorianische Druckgrafiken als Rohmaterial verwendet (vgl. Malki! o. D.). Nach der Auswahl und (insbesondere zu Beginn des Veröffentlichungszeitraums) ggf. noch notwendigen Digitalisierung der Druckgrafiken, die als Rohmaterial für einen spezifischen Comicstrip fungieren sollen, nimmt Malki dann regelmäßig eine umfassende digitale Bearbeitung derselben vor, während der er Bildelemente in den Panels des Comics rekonfiguriert und zumindest einige neue Bildelemente insbesondere von spezifischen Gesichtsausdrücken digital hinzufügt, zugleich aber häufig dieselben Bildelemente zur Darstellung sowohl der Figuren als auch der Umgebungen in mehreren Panels wiederverwendet (siehe Abb. 21). Parallel zur Anordnung der digital bearbeiteten Bilder innerhalb der Panels fügt Malki zudem Sprechblasen mit geschriebener Sprache und sonstige sprachliche Elemente hinzu (vgl. z. B. Malki! 2024 für eine von zahlreichen auf Malkis YouTube-Kanal verfügbaren Zeitraffer-Dokumentation dieser Arbeitsschritte). Auch hier handelt es sich also um einen zunächst auf der Digitalisierung nicht-digitaler Druckgrafiken basierenden Produk-

213 „[A]ffordances of digitalization" (Kukkonen 2014, 521). Vgl. z. B. auch noch einmal Benatti 2024; Lamerichs 2020; Wilde 2025 zu Webcomic-Plattformen wie Tapas oder Webtoons; und McCloud 2000; sowie z. B. Goodbrey 2013; Shivener 2019 zum Begriff der ‚unendlichen Leinwand'.

Abb. 21: Digital gestaltete Collagen nicht-digitaler viktorianischer Druckgrafiken in David Malkis *Wondermark* #1548 (2024) (Ausschnitt). © David Malki!. Mit freundlicher Genehmigung.

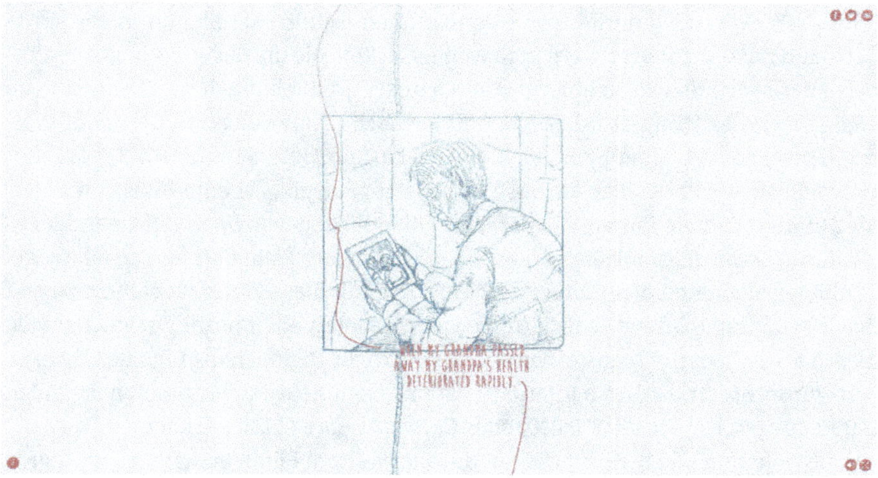

Abb. 22: Remediatisierung nicht-digitaler Comics auf einer postdigitalen unendlichen Leinwand in Stuart Campbells *These Memories Won't Last* (2015) (Standbild). © Stuart Campbell.

tionsprozess, aber anders als im Fall von bloß digitalisierten Webcomics wie *Hark! A Vagrant* oder *Deep Dark Fears* lässt sich dabei angesichts der aufwendigen digitalen Bearbeitung des nicht-digitalen Rohmaterials von einer der Logik der *hypermediacy* folgenden Remediatisierung viktorianischer Druckgrafiken sprechen, welche die ästhetische Form derselben in salienter(er) Weise transformiert.

Während *Wondermark* (ebenso wie *Hark! A Vagrant* und *Deep Dark Fears*) das Format des einzelnen Comicstrips verwendet, finden sich auch zahlreiche Beispiele für Webcomics, die ihren Leser*innen das Webbrowser-basierte Scrollen durch vertikal angeordnete Panels ermöglichen. Ein verhältnismäßig frühes Beispiel für einen Webcomic, der eine komplexe Variante der unendlichen Leinwand einsetzt, ist Stuart Campbells *These Memories Won't Last* (2015). Die von dezenter Musik untermalten Bild- und Schriftelemente dieses aufwendig digital gestalteten Webcomics (vgl. z. B. Thomas o. D.) remediatisieren dabei zwar die handgezeichnete ästhetische Form nicht-digitaler Comics, transformieren selbige aber in salienter Weise. So kombiniert *These Memories Won't Last* zwei distinkte Bildebenen, wobei sich die türkisfarbenen Zeichnungen der die Haupthandlung darstellenden Panels auf der ersten Bildebene beim Scrollen von oben nach unten bewegen, während sich ein diese überlagernder roter Faden, der verschiedene Segmente der dem (autobiografisch) erzählenden Ich zuzuschreibenden narratorialen Darstellung miteinander verbindet, auf der zweiten Bildebene von unten nach oben bewegt (siehe Abb. 22). Diese Multiplikation der Bildebenen ermöglicht auch eine Reihe weniger auffälliger Effekte wie innerhalb von Panelrahmen seitlich scrollende Bilder sowie nach und nach sichtbarer werdende weiße Flecken, die die darunter liegenden Panels überlagern und so zu einer metaphorischen Darstellung der im Zentrum von *These Memories Won't Last* liegenden Frage nach Erinnerung und Gedächtnisverlust beitragen (vgl. hierzu z. B. auch Krüger-Fürhoff 2022; Sandford 2022). So oder so handelt es sich hier aber um ein einschlägiges Beispiel für einen Webcomic, der die dezidiert digitale ästhetische Form der unendlichen Leinwand mit einer der Logik der *hypermediacy* folgenden Remediatisierung der ästhetischen Form handgezeichneter nicht-digitaler Comics verbindet und auf diese Weise wohl nicht zuletzt den Weg für komplexere Realisierungen jener Spielart einer postdigitalen Ästhetik, die ich als ästhetische Transferbewegung vom Nicht-Digitalen ins Digitale beschreiben würde, in stärker durch Interaktivität und Nonlinearität bestimmten medialen Darstellungen wie *Stilstand* (2020) oder *Cut to the Core* (2022) geebnet hat.[214]

Obwohl nun wie bereits erwähnt die allermeisten Filme inzwischen als digital zu verstehen sind, insofern sie zwar vielleicht nicht immer digital gefilmt, aber doch mindestens digital geplant und digital nachbearbeitet sowie regelmäßig digital vertrieben und digital rezipiert werden, finden sich wiederum auch zahlreiche Beispiele für digitale Filme, die gerade durch die Remediatisierung nicht-digitaler

214 Vgl. zu den damit ebenfalls aufgerufenen Überschneidungen zwischen den Medienformen des Comics und des Computerspiels z. B. Backe 2021; Busi Rizzi 2025; Goodbrey 2021; Brown 2025; sowie zur theoretischen wie analytischen Relevanz des Begriffs der ‚Verspieltheit' (*playfulness*) mit Blick auf digitale wie nicht-digitale Comics Brown 2026; und die Beiträge in Brown und Thon 2026.

ästhetischer Formen ihre Medialität und Materialität als digitale Filme in den Vordergrund rücken. Die entsprechenden Remediatisierungsprozesse lassen sich dabei in eine bereits seit den 1990er Jahren (etwa in *Jurassic Park* [1993], *Forrest Gump* [1994] und *Saving Private Ryan* [1998]) zu beobachtende umfassendere Tendenz des digitalen Films einordnen, „fotografische Artefakte in computergenerierte Bilder hineinzurechnen" (Flückiger 2008, 334). Dabei ist zunächst festzuhalten, dass die Remediatisierung etwa von „Bewegungsunschärfe (*motion blur*) oder Verzerrungen, die durch das Objektiv entstehen (*lens distortion*)", häufig durchaus der Logik der *immediacy* statt der Logik der *hypermediacy* folgt, wenn es dabei nämlich primär um die Erzeugung eines „fotorealistische[n] Eindruck[s]" (Flückiger 2008, 334) geht. Insbesondere „das gerechnete Korn sowie die Nachahmung anderer filmspezifischer Materialeigenschaften – beispielsweise Kratzer, eine beschränkte Auflösung oder das Kontrastverhalten einer älteren 16-mm-Schwarz-Weiß-Emulsion" (Flückiger 2008, 335) können aber auch in stärker hervorgehobener Weise bis hin zur der Logik der *hypermediacy* folgenden Evokation eines „postmodern überzogenen ‚historischen Stil[s]'" (Flückiger 2008, 336) etwa in *Moulin Rouge!* (2001), *Sky Captain and the World of Tomorrow* (2004) oder *300* (2006) eingesetzt werden.

Jenseits der verschiedenen bereits von Barbara Flückiger (2008) angeführten Beispiele lässt sich die der Logik der *hypermediacy* folgende Remediatisierung der Medialität und Materialität nicht-digitalen Films als Variante jener Spielart einer postdigitalen Ästhetik, die ich als ästhetische Transferbewegung vom Nicht-Digitalen ins Digitale beschreiben würde, besonders mustergültig in Robert Rodriguez' durchaus auf ein Mainstream-Publikum ausgerichtetem Spielfilm *Planet Terror* beobachten, der gemeinsam mit Quentin Tarantinos *Death Proof* am 6. April 2007 als *Grindhouse* in die US-amerikanischen Kinos kam.[215] *Planet Terror* wurde zwar ausschließlich digital gefilmt, aber die Bilder und der Soundtrack des Films wurden in der Postproduktion dann so bearbeitet, dass sie über digital hinzugefügte Kratzer, Staubpartikel, Haare, Verfärbungen und Störungen des vermeintlich optisch am Rand des Filmstreifens aufgezeichneten Tons den Eindruck von stark beschädigtem nicht-digitalem Zelluloidfilm hervorrufen (siehe Abb. 23). Die remediatisierte Auf-

---

215 Vgl. z. B. Benson-Allott 2008. Im Gegensatz zu *Planet Terror* ließe sich *Death Proof* eher als Beispiel der ästhetischen Intensivierung des Nicht-Digitalen verstehen, insofern Tarantino „zumindest überwiegend mit Originalbauteilen" arbeitet und „[s]elbst die Kratzer auf dem Filmmaterial [...] durch tatsächliches Zerkratzen und Zerschneiden des Filmnegativs erzeugt" (Schrey 2010, 189) wurden (vgl. auch Schrey 2017, 329–340). So oder so wurden in der Folge auch verschiedene separate Langfassungen von *Planet Terror* veröffentlicht, wobei nur die (gekürzte) *Grindhouse*-Kinoversion (wohl im Sine der Kohäsion mit *Death Proof*) ein 2,35:1-Seitenverhältnis verwendet (vgl. z. B. Jacobson 2021), während die internationale Kino-Langversion und die DVD- und Blu-ray-Langversionen das 1,78:1-Seitenverhältnis verwenden, in dem der Film auch gefilmt wurde (siehe Abb. 23).

lösung des nicht-digitalen Filmmaterials spiegelt dabei die durch die biochemische Waffe DC2 bedingte Auflösung der filmisch dargestellten Körper innerhalb der Storyworld von *Planet Terror,* was wiederum auch den umfassenden Anspruch der filmhistorischen Verortung hervorhebt, insofern es sich bei den entsprechenden Spezialeffekten (im Sinne von praktischen oder physischen Effekten) um ein konventionalisiertes Merkmal des nicht-digitalen Horrorfilms handelt.[216]

Wie im vorangegangenen Kapitel ausführlicher diskutiert, lässt sich nun zwar auch ein umfangreich digital nachbearbeiteter Film wie *Planet Terror* grundsätzlich als Animationsfilm verstehen, aber gerade in expliziter als Animationsfilme positionierten und rezipierten Produktionen finden sich noch deutlich vielfältigere und komplexere Beispiele für die hier relevanten Remediatisierungsprozesse. Jenseits der bereits erwähnten digitalen Rotoskopie-Filme *Waking Life* und *A Scanner Darkly*, der digitalen Puppentrick-Filme *Isle of Dogs* und *Guillermo del Toro's Pinocchio* oder der digitalen Zeichentrickfilme *Wolfwalkers* und *Kimitachi wa Dō Ikiru ka*, die allesamt bereits bestenfalls im Graubereich zwischen der ästhetischen Intensivierung des Digitalen und der ästhetischen Transferbewegung vom Nicht-Digitalen ins Digitale zu verorten wären, lässt sich letztere entsprechend noch deutlicher in 3D-Computeranimationsfilmen beobachten, die trotz ihres umfassenden Einsatzes digitaler 3D-Animationsverfahren die Medialität und Materialität nicht-digitaler Medienformen der Logik der *hypermediacy* folgend remediatisieren.[217]

---

216 Vgl. z. B. Roche 2014. Die damit angerissene filmhistorische Verortung von *Planet Terrors* postdigitaler Ästhetik wird auch durch insgesamt fünf Trailer für fiktive Filme hervorgehoben, die Rodriguez und verschiedene andere Regisseure als Bestandteil des *Grindhouse*-Double-Features produziert haben und die überwiegend ebenfalls die Materialität von beschädigtem nicht-digitalem Filmmaterial remediatisieren. Dabei ist freilich nicht nur bemerkenswert, dass drei dieser fiktiven fiktionalen Trailer einige Jahre später dann zu nicht-fiktiven Filmen erweitert wurden, sondern auch, dass die ästhetische Form der realen fiktionalen Filme *Machete* (2010), *Hobo with a Shotgun* (2011) und *Thanksgiving* (2023) – anders als die im Rahmen von *Grindhouse* präsentierten Trailer – nicht mehr durch die für *Planet Terror* charakteristische Remediatisierung von Kratzern, Staubpartikeln, Haaren, Verfärbungen, Tonstörungen oder anderen Indizien für beschädigtes nicht-digitales Filmmaterial bestimmt ist. Von Interesse ist hier auch Churchs ausführlichere film- und kulturgeschichtliche Rekonstruktion der „Domestizierung des Grindhouse-Kinos als eines umstrittenen Erinnerungsortes" („the domestication of the grind house as a contested *lieu de mémoire*" [2015, 104; Übers. d. Verf.]), als dessen Höhepunkt er das *Grindhouse*-Double-Feature identifiziert.

217 Dass die zuvor angerissene Unterscheidung zwischen (a) nicht-digitalen Animationsfilmen, (b) ‚vor der Kamera' nicht digital gestalteten, aber digital fotografierten bzw. gefilmten, editierten und distribuierten Animationsfilmen sowie (c) digitalen Animationsfilmen hier nur bedingt weiterführt, ließe sich etwa auch an *Sin City* (2005), *Waltz with Bashir* (2008), *Loving Vincent* (2017) oder *Apollo 10 ½: A Space Age Childhood* (2022) zeigen, die zwar jeweils die ästhetische Form der Rotoskopie digital remediatisieren, aber aus verschiedenen Gründen (und in unterschiedlicher Deutlichkeit) kaum als Rotoskopie-Filme im ursprünglichen Sinne verstanden werden können.

Abb. 23: Digitale Remediatisierung beschädigten nicht-digitalen Filmmaterials in der internationalen Fassung von *Planet Terror* (2007) (Collage ausgewählter Standbilder). © The Weinstein Company.

Mit Blick auf das Stop-Motion-Animationsverfahren wären hier etwa die erkennbar auf breite Popularität ausgerichteten 3D-Computeranimationsfilme *The Lego Movie* (2014), *The Lego Batman Movie* (2017), *The Lego Ninjago Movie* (2017) und *The Lego Movie 2: The Second Part* (2019) sowie Pharrell Williams rezentere Filmbiografie *Piece by Piece* (2024) zu erwähnen, die jeweils in salienter Weise die

Medialität und Materialität sogenannter Brickfilme remediatisieren.[218] Noch einmal vielfältigere (und sicherlich nicht weniger einflussreiche) Beispiele für die Remediatisierung der Medialität und Materialität nicht-digitaler Medienformen aber bieten der 3D-Computeranimationsfilm *Spider-Man: Into the Spider-Verse* (2018) und seine Fortsetzung *Spider-Man: Across the Spider-Verse* (2023). Bereits *Spider-Man: Into the Spider-Verse* entspricht dabei ohne Frage dem State-of-the-Art der digitalen 3D-Animation,[219] remediatisiert aber zudem die Panel-Strukturen, Sound-Wörter, Erzählboxen, handgezeichneten Linien sowie die sich aus dem Vierfarb-Druckverfahren früher Comics ergebenden sogenannten Ben-Day-Dots in einer recht offenkundig der Logik der *hypermediacy* folgenden Weise (siehe Abb. 24).[220] Mit Blick auf die hier eingesetzten Animationsverfahren ist zudem bemerkenswert, dass die Figuren über weite Teile des Films nur *on twos* animiert sind (was etwa auch für den zuvor erwähnten digitalen Puppentrickfilm *Isle of Dogs* gilt) und sich also nur in jedem zweiten Filmbild bewegen, während die Umgebungen *on ones* animiert sind und sich also in jedem Filmbild bewegen, was die ästhetische Form mindestens bestimmter nicht-digitaler Zeichentrickfilme evoziert. Schließlich spielen durchaus auch Sound und insbesondere Musik eine wichtige Rolle für die ästhetische Form von *Spider-Man: Into the Spider-Verse* und es lassen sich wiederholt

---

218 Müller unterscheidet in seiner rezenten Studie zur Hybridästhetik des Computeranimationsfilms den für Pixar-Filme wie *Soul* (2020) charakteristischen „Hyperrealismus" sowohl vom in *The Lego Movie, The Lego Batman Movie, The Lego Ninjago Movie* und *The Lego Movie 2: The Second Part* zu beobachtenden „Hypermaterialismus" als auch vom in *Spider Man: Into the Spider-Verse* (2018) und *Spider-Man: Across the Spider-Verse* (2023) umgesetzten „Hyperstilismus" (2025, 14). Vgl. z. B. auch Herhuth 2017; Holliday 2018, 63–84; Meinel 2016 zur ästhetischen Form von Pixar Filmen; Hunter 2018; Lee 2019; Varul 2019; Wilde 2019 zu den *The Lego Movie*-Filmen; Lee 2020 und die Beiträge in Wolf 2014 zur Transmedialität von Lego; sowie neben Hunter 2018 auch Brownlee 2016 zum Brickfilm als einer spezifischen Gattung des Stop-Motion-Animationsfilms. *Piece by Piece* ist auch aufgrund seiner referentiellen Multimodalität interessant (vgl. Thon 2019b) und grenzt sich deutlich etwa von Robbie Williams 3D-computeranimierter Filmbiografie *Better Man* (2024) ab.

219 Allerdings hat der hier betriebene Aufwand zu schwierigen Arbeitsbedingungen der Animationskünstler*innen geführt (vgl. z. B. Pulliam-Moore 2023) und wohl dazu beigetragen, dass die zunächst für März 2024 angekündigte Veröffentlichung des dritten Teils der Filmreihe, *Spider-Man: Beyond the Spider-Verse*, wiederholt verschoben wurde (vgl. z. B. Ayala 2025; Schonig 2025).

220 Während vor allem die Remediatisierung der ästhetischen Form nicht-digitaler Comics hier besonders auffällig ist und sowohl in diversen Paratexten (vgl. z. B. Bramesco 2019; Chevat 2018; Morales 2019; Robertson 2018; Seymour 2018; Summers 2019) als auch in der inzwischen ebenfalls recht umfangreichen Forschung (vgl. neben Müller 2025 z. B. Barbour 2021; FitzWhittemore 2025; Jeffries 2022; Michael 2025; Molina-Guzmán 2021; Schonig 2025) regelmäßig betont wird, finden sich auch bereits in *Spider-Man: Into the Spider-Verse* einige Sequenzen, welche in mehr oder weniger hervorgehobener Weise die ästhetische Form nicht-digitaler Malerei remediatisieren (was dann in *Spider-Man: Across the Spider-Verse* freilich noch einmal deutlich stärker ausdifferenziert wird).

Abb. 24: Remediatisierung der Panels, Sound-Wörter, Erzählboxen, handgezeichneten Linien sowie sich aus dem Vierfarb-Druckverfahren früher Comics ergebenden sogenannten Ben-Day-Dots in *Spider-Man: Into the Spider-Verse* (2018) (Collage ausgewählter Standbilder). © Sony Pictures Animation.

dezidiert auditive Aspekte der ästhetischen Transferbewegung vom Nicht-Digitalen ins Digitale heraushören, die jedoch insgesamt weniger hervorgehoben sind, als das für die visuellen Aspekte derselben konstatiert werden kann.

Im Übrigen erscheint aber – durchaus im Sinne der etwa auch für die *The Lego Movie*-Filme zu konstatierenden Eskalationslogik „serieller Überbietung" (Jahn-Sudmann und Kelleter 2012, 205) in der populären Medienkultur der Gegenwart – nicht nur die Diversität der dargestellten Figuren, sondern auch die Vielfalt der sich in ihrer Darstellung manifestierenden ästhetischen Formen im zweiten Teil der *Spider-Verse*-Filmreihe noch einmal deutlich ausgeprägter. Zwar folgt *Spider-Man: Across the Spider-Verse* zunächst inhaltlich und ästhetisch dem ersten Teil, aber Miles Morales trifft darin nicht nur auf eine deutlich größere Anzahl unterschiedlicher arachnohumanoider Figuren (vgl. grundlegend Thon 2019c; 2022; sowie z. B. D'Amato und Diani 2024; FitzWhittemore 2025), sondern mindestens einige dieser Figuren werden zudem in erkennbar distinkten Darstellungsmodi präsentiert (siehe Abb. 25). Besonders eindrücklich lässt sich das etwa beobachten, wenn Miles Morales und Gwen Stacy auf Pavitr Prabhakar (den Spider-Man des fiktiven Mumbattan) treffen und nicht nur die Umgebung sondern auch die darin handelnden Figuren recht unvermittelt in einem von den vorherigen Sequenzen abgegrenzten Modus dargestellt werden, der sich durch flächigere, zweidimensionalere Formen, skizzenartig vervielfältigte Linienführung sowie intensive, überlappende Farben auszeichnet, was die ästhetische Form indischer Indrajal-Comics aus den 1970er Jahren remediatisieren soll (vgl. z. B. Giardina 2024; Hart 2023). Während Gwen Stacy in ihren Interaktionen mit Miles Morales und Pavitr Prabhakar auf die bereits in *Spider-Man: Into the Spider-Verse* etablierte Weise dargestellt wird, wechselt die Darstellung während eines kurzen Besuchs in ihrem Heimatuniversum und einer ebenso kurzen Interaktion mit ihrem Vater in einen wiederum erkennbar distinkten Darstellungsmodus, der die ästhetische Form nicht-digitaler Aquarellgemälde remediatisiert (vgl. z. B. Desowitz 2023; Tyrrell 2023). Einer ähnlichen Logik folgt schließlich auch die Darstellung des Spider-Punks Hobie Brown, wobei hier unter Einsatz abweichender (geringerer) Animationsgeschwindigkeiten Papiercollagen und verschiedene weitere Aspekte der Do-It-Yourself-Ästhetik insbesondere britischer Punk-Kultur remediatisiert werden (vgl. z. B. Radulovic 2023; Zuckerman 2023). Auffällig ist dabei nicht zuletzt, dass dieser erkennbar distinkte Modus nicht nur – wie auch schon bei Pavitr Prabhakar und Gwen Stacy – zur Darstellung von Spider-Punks Heimatuniversum eingesetzt wird, sondern das Hobie Brown auch während seiner sonstigen Interaktionen mit anderen arachnohumanoiden Figuren in anderen Universen im ihm zugeordneten distinkten Darstellungsmodus dargestellt wird, was nicht nur vielfältige ästhetische und diegetische Brüche erzeugt, sondern über Spider-Punks hier sichtbar gemachte Verweigerung der Anpassung an andere Universen innerhalb des titelgebenden Spider-Verse durchaus auch die (keineswegs eindimensionalen) politischen Implikationen postdigitaler Ästhetik in den *Spider-Verse*-Filmen hervorhebt (vgl. z. B. auch Artan 2023; De Salle 2023).

Abb. 25: Remediatisierung der ästhetischen Form von indischen Indrajal-Comics der 1970er Jahre, Aquarellgemälden und für die britische Punk-Kultur charakteristischen Papiercollagen in *Spider-Man: Across the Spider-Verse* (2023) (Collage ausgewählter Standbilder). © Sony Pictures Animation.

Während sich also bereits in populären Computeranimationsfilmen wie jenen der *Spider-Verse*-Reihe eine durchaus bemerkenswerte ästhetische Diversität beobachten lässt, finden sich im Bereich sogenannter Indie Games einmal mehr noch vielfältigere Beispiele für jene Spielart einer postdigitalen Ästhetik, die ich als ästhetische Transferbewegung vom Nicht-Digitalen ins Digitale beschreiben würde und die hier wiederum als ein salienter Bestandteil des von Jesper Juul (2019) mit dem Begriff des ‚Indie-Stils' (*independent style*) adressierten Sets von Gestaltungskonventionen weitgehend konventionalisiert ist (vgl. auch die ausführlichere Diskussion im vorangegangenen Kapitel). Die Bandbreite ästhetischer Praktiken reicht dabei von der Remediatisierung von Wachsmalstiftbildern und Bleistift- bzw. Federzeichnungen in Indie Games wie *Crayon Physics Deluxe* (2009), *Neverending Nightmares* (2014), *Crayon Chronicles* (2015) und *Slay the Princess* (2023) über die Remediatisierung von Aquarellen und Ölgemälden in Indie Games wie *Braid* (2008), *Gris* (2018), *Disco Elysium* (2019) und *Dordogne* (2023) bis hin zur Remediatisierung von Collagen und Skulpturen aus Papier und Pappe in Indie Games wie *And Yet It Moves* (2009), *Lumino City* (2013), *Wildermyth* (2019) und *Papetura* (2021).

Ein vergleichsweise populäres Beispiel für die damit mindestens angerissenen ästhetischen Praktiken und ästhetischen Formen ist StudioMDHRs 2017 veröffentlichtes 2D-Run-and-Gun-Computerspiel *Cuphead*, das umfassende Aufmerksamkeit nicht nur für seinen ausnehmend hohen Schwierigkeitsgrad, sondern auch für die auf zahlreichen von Hand auf Papier gezeichneten und erst im Anschluss digital kolorierten und animierten Bildern basierende Darstellung seines Spielgeschehens erhalten hat (vgl. z. B. GameSpot 2017; Peckham 2016), die recht offenkundig die ästhetische Form nicht-digitaler Zeichentrickfilme der 1930er Jahre (vgl. z. B. Arnold 2017, 33–50; Ohmer 2019) in einer der Logik der *hypermediacy* folgenden Weise remediatisiert, was im Zusammenspiel mit dem ebenfalls aufwendig produzierten Silly-Symphony-Soundtrack zur verbreiteten Wahrnehmung des Indie Games als „eines visuellen und auditiven Meisterwerkes" (Jung 2017, o. S.; Übers. d. Verf.)[221] beigetragen hat (siehe Abb. 26). *Cuphead* beginnt mit einem minimal animierten Bild des durch die Spieler*innen gesteuerten Cupheads und seines Bruders Mugman, die sich im Takt der Musik bewegen, während der Gesang eines Barbershop-Quartetts die Hintergrundgeschichte des Spielgeschehens zunächst grob skizziert. Jeder Spieldurchgang wird zudem durch zwei umfangreichere filmische Cut-Scenes gerahmt, die jeweils den Beginn und das Ende eines Bilderbuchs darstellen, das wiederum den Beginn und das Ende von Cupheads und Mugmans Pakt und ihrem darauffolgenden Kampf mit dem Teufel darstellt. Die das sonstige Spielgeschehen dominierende Remediatisierung der ästhetischen Form früher nicht-digitaler Animationsfilme wie *Swing You Sinners!* (1930), *King Neptune* (1932), *Poor Cinderella*

221 „[A] visual and auditory masterpiece" (Jung 2017, o. S.). Vgl. z. B. auch Parkin 2017; Pedroza 2017; Sullivan 2017 für weitere frühe Rezensionen; sowie neben Thon 2025e z. B. auch Blamey 2021; Makai 2018; McGowan 2019; Scoggin 2023; Thibault 2016 für eine Auswahl relevanter Forschung.

Abb. 26: Die Remediatisierung nicht-digitaler Zeichentrickfilme der 1930er Jahre in *Cuphead* (2017) (Collage eigener Screenshots). © StudioMDHR.

(1934), *A Picnic Panic* (1935), *Popeye the Sailor Meets Sindbad the Sailor* (1936) und *The Fresh Vegetable Mystery* (1939) wird zudem durch diverse cartoonartige Soundeffekte und einen aufwendig produzierten Soundtrack begleitet, „der so gestaltet ist, dass er wie typische Musik dieser Zeit klingt, wobei er sich auf verschiedene Formen von damals zeitgenössischem Jazz konzentriert“ (Scoggin 2023, 62; Übers. d. Verf.).[222] Schließlich setzt *Cuphead* durchgehend einen visuellen Filter ein, der in einer kontinuierlich geloopten Abfolge von über die animierten Bilder des Spielgeschehens gelegten Darstellungen von Kratzern, Staubpartikeln, Haaren und Verfärbungen die Materialität von beschädigtem nicht-digitalem Filmmaterial remediatisiert (vgl. auch McGowan 2019 zur zusätzlichen Remediatisierung der Materialität alter VHS-Kassetten) und mindestens in einigen Segmenten des Spielgeschehens zudem durch einen auditiven Filter ergänzt wird, welcher dem Soundtrack ein für frühe Schellackplatten charakteristisches Knacken und Knistern hinzufügt.

Obwohl die Darstellung des Spielgeschehens in *Cuphead* also vor allem die ästhetische Form nicht-digitaler Animationsverfahren aus den 1930er Jahren remediatisiert, lässt sich jene Spielart einer postdigitalen Ästhetik, die ich als ästhetische Transferbewegung vom Nicht-Digitalen ins Digitale beschreiben würde, im Bereich der Indie Games häufig auch anhand von mehr oder weniger umfassend diegetisierten nicht-digitalen Objekten beobachten.[223] Während Indie-Games wie *Scrolls* (2014), *Armello* (2015), *Inscryption* (2021) und *Trials of Fire* (2021) sich auf die Remediatisierung von nicht-digitalen ludischen Objekten wie Spielbrettern, Karten und Würfeln konzentrieren (und so die ästhetische Transferbewegung vom Nicht-Digitalen ins Digitale in erster Linie mit der [immer auch digital verfassten] ludischen Ästhetik der jeweiligen Indie Games verbinden), remediatisieren Indie-Games wie *Gone Home* (2013), *Pyre* (2017), *Pentiment* (2022) und *The Plucky Squire* (2024) auch verschiedene nicht-digitale narrative Objekte, die oft (wenngleich nicht immer) als Bücher in Erscheinung treten (und die ästhetische Transferbewegung vom Nicht-Digitalen ins Digitale dann in erster Linie mit der [immer auch digital verfassten] narrativen Ästhetik der jeweiligen Indie Games verbinden).[224]

---

222 „[D]esigned to sound like music typical of the period, focusing on various forms of then-contemporary jazz“ (Scoggin 2023, 62). Vgl. z. B. auch die Anmerkungen in Ivănescu 2019, 148–149, die *Cuphead* ebenfalls als Bestandteil eines umfassenderen Trends zur Mediennostalgie diskutiert.

223 Beispiele dafür finden sich auch in *Cuphead*, wobei hier nicht nur die rahmenden Cut-Scenes ein Bilderbuch darstellen, sondern z. B. auch Cupheads Fähigkeiten über verschiedene (vermeintlich) aus Pappe gefertigte Sammelkarten konfiguriert und die verschiedenen Level zudem durch für die Medienform des (frühen) Films charakteristische Titel-Texttafeln eingeleitet werden.

224 Vgl. auch noch einmal Thon 2019a; 2020; 2023a; 2023b für weiterführende Überlegungen zur damit aufgerufenen (heuristischen bzw. analyseleitenden) Unterscheidung einer audiovisuellen, ludischen und narrativen Dimension der ästhetischen Form gegenwärtiger Indie Games.

Abb. 27: Die Remediatisierung nicht-digitaler Karten-, Brett- und Tischrollenspiele in *Card Hunter* (2015) (Collage eigener Screenshots). © Blue Manchu/The Knights of Unity.

Ein Indie Game, dass seine brett-, karten- und würfelbasierten Spielmechaniken[225] in besonders umfassender Weise mit einer der Logik der *hypermediacy* folgenden Remediatisierung der ästhetischen Form nicht-digitaler Spiele verbindet, ist das rundenbasierte taktische Rollenspiel *Card Hunter* von 2015.[226] Während des gesamten taktischen Spielgeschehens werden sowohl die von den Spieler*innen gesteuerten Einheiten als auch ihre diversen Gegner*innen als bedruckte Pappfiguren dargestellt, die von einer unsichtbaren Hand über ebenfalls als aus bedruckter Pappe bestehend dargestellte Spielbretter bewegt werden (siehe Abb. 27). Darüber hinaus finden sich verschiedene (wiederum als aus bedruckter Pappe bestehend dargestellte) Spielkarten, die an von den jeweiligen Einheiten verwendete Gegenstände wie Rüstungen oder Waffen gebunden sind und es den Spieler*innen ermöglichen, einen bestimmten Satz von (einmal mehr als aus bedruckter Pappe bestehend dargestellten) Fähigkeitskarten zu spielen. Die verschiedenen Spielbretter, Spielfiguren und Spielkarten werden darüber hinaus auf einem Tisch mit fotorealistisch dargestellten Süßigkeiten, Würfeln und anderen Rollenspiel-Paraphernalien positioniert. *Card Hunter* remediatisiert zudem nicht nur die Materialität, sondern auch die Modularität vieler Karten-, Brett-, und Tischrollenspiele, die hier mit den drei das taktische Spielgeschehen narrativ rahmenden Figuren des Spielleiters Gary, seines älteren Bruders Melvin sowie eines unbenannten Alter Egos der Spieler*innen verbunden ist, was eine sowohl ludische als auch narrative Kontinuität über die teilweise recht umfangreichen taktischen Scharmützel innerhalb verschiedener sogenannter Abenteuermodule hinweg etabliert. Die modulare Anlage von *Card Hunter* erlaubt zudem die detaillierte Remediatisierung der nicht-digitalen Materialität verschiedener Booklets, Boxen und anderer Elemente der jeweiligen Abenteuermodule, unter denen sich beispielsweise eine recht öffentlichkeitswirksame Kooperation mit Penny Arcade findet (vgl. Card Hunter 2016). Während sich im Rahmen der hier zu beobachtenden ästhetischen Transferbewegung vom Nicht-Digitalen ins Digitale also die ludische Dimension von *Card Hunter* kaum unabhängig von dessen audiovisueller und narrativer Dimension betrachten lässt, ist aber dennoch zu konstatieren, dass erstere in besonders ausgeprägter Weise in den Vordergrund gerückt wird, während letztere eher eine Nebenrolle spielen.

---

225 Vgl. z. B. auch Clüver 2020; Raczkowski 2020 zu den Begriffen ‚Spielform' und ‚Spielmittel'.

226 Zwar wurde *Card Hunter* zunächst als browserbasiertes Flash-Spiel entwickelt (vgl. z. B. Meer 2011a; 2011b) und 2013 veröffentlicht, aber 2015 ist dann ein eigenständiger Client erschienen, der derzeit auch über Steam erhältlich ist und auf den ich mich im Folgenden beziehe. Eine Genrezuordnung ist dabei kaum unproblematisch möglich (vgl. z. B. auch Beil 2015), insofern sich *Card Hunters* Spielmechanik am ehesten als genreübergreifende „Kombination aus Deckbau, Tischrollenspiel und rundenbasierter taktischer Großartigkeit" („[p]art deck-builder, part tabletop RPG and part turn-based tactical brilliance" [Smith 2013, o. S.; Übers. d. Verf.]) beschreiben lässt.

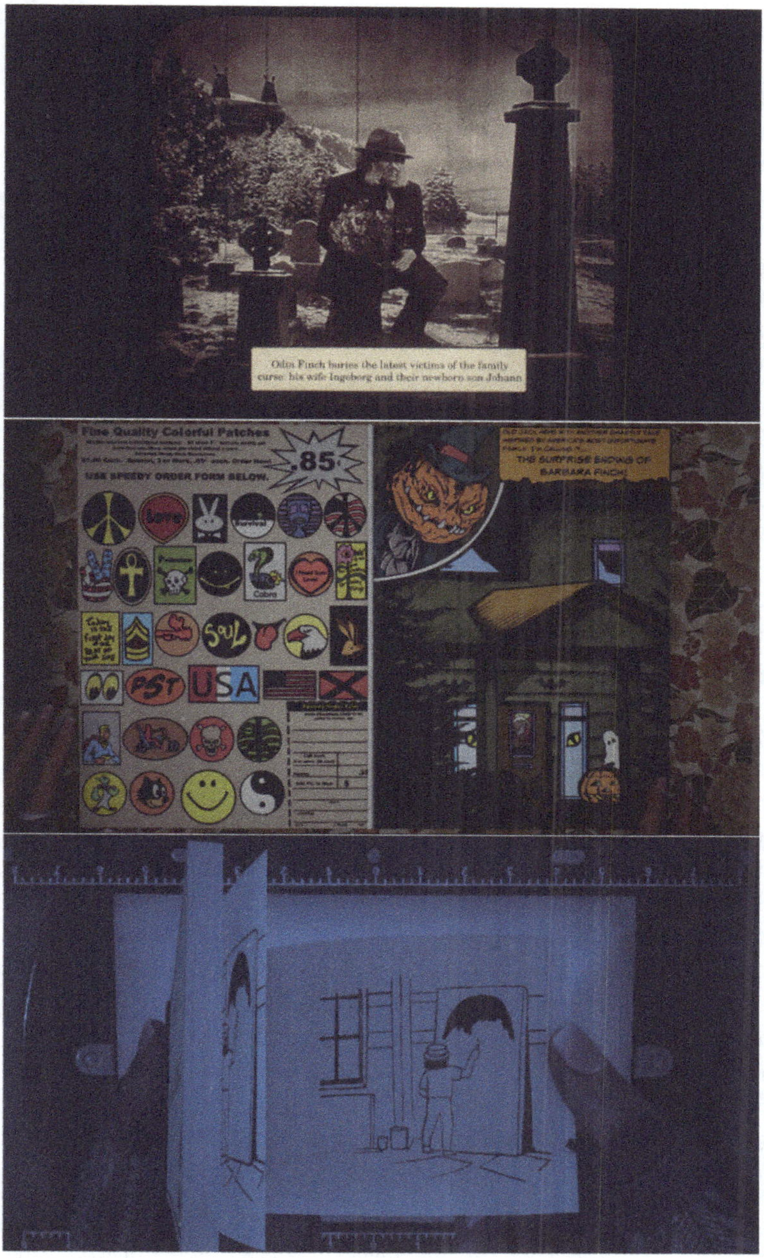

Abb. 28: Die Remediatisierung eines nicht-digitalen Stereoskops, Comics und Daumenkinos in *What Remains of Edith Finch* (2017) (Collage eigener Screenshots). © The Legal Fiction of Edith Finch.

Allerdings finden sich nicht weniger zahlreiche Indie Games, die im Rahmen jener Spielart einer postdigitalen Ästhetik, die ich als ästhetische Transferbewegung vom Nicht-Digitalen ins Digitale beschreiben würde, stärker ihre narrative Dimension in den Vordergrund rücken. Ein besonders komplexes Beispiel hierfür bietet der 2017 erschienene Walking Simulator *What Remains of Edith Finch*.[227] Nach der von einer Bach-Kantate untermalten Titelsequenz übernehmen die Spieler*innen zunächst die Kontrolle über Ediths Sohn Christopher, der ihr an ihn adressiertes Tagebuch liest, bevor das Spielgeschehen beginnt, jene sekundäre hypodiegetische Ebene der Storyworld darzustellen, von der in letzterem erzählt wird (vgl. zu dieser Terminologie auch Thon 2015; 2025f). Während die durch die Spieler*innen gesteuerte hypodiegetische Edith das verlassene Haus ihrer Familie erkundet, findet sie eine ganze Reihe weiterer nicht-digitaler narrativer Objekte, die verschiedene sich puzzleartig ergänzende Geschichten über Ediths meist auf tragische Weise zu Tode gekommene Familienmitglieder erzählen (siehe Abb. 28). Dazu gehören das Tagebuch ihrer Großtante Molly; ein Stereoskop, das die Geschichte ihres Urgroßvaters Odin illustriert; ein Aufsatz ihres Großvaters Sam über dessen Bruder Calvin; ein Horror-Comic, das die Geschichte von Ediths Großtante Barbara erzählt; ein Abschiedsbrief von Ediths Großonkel Walter; eine Sammlung nicht-digitaler Fotos, die Ediths Mutter Dawn von ihrem (Dawns) Vater Sam gemacht hat; ein Brief von Sam über seinen Sohn Gregory; ein Gedicht von Dawn über Ediths Onkel Gus; ein autobiografisches Daumenkino von Ediths Bruder Milton; ein Brief der Psychiaterin Dr. Emily Nuth über Ediths Bruder Lewis; und schließlich eine weitere Version von Ediths Tagebuch, in dem ein an Edith adressiertes Tagebuch ihrer Urgroßmutter Edie erwähnt wird. Neben der Beobachtung, dass Ediths Interaktionen mit diesen nicht-digitalen narrativen Objekten häufig Voice-Over-Erzählungen auslösen, die zudem von durch die Spielräume schwebenden Untertiteln begleitet werden, ist auch bemerkenswert, dass einige dieser teilweise stark subjektivierten oder metaphorisierten „Vignetten" (Ian Dallas, zitiert in gamer_152 2018, o. S.; Übers. d. Verf.)[228] wiederum einen Wechsel des Spielgeschehens zur Darstellung von tertiären hypo-hypodiegetischen oder quartären hypo-hypo-hypodiegetischen Ebenen der Storyworld auslösen. Auch jenseits der damit nur angerissenen Frage nach seiner Narrativität darf *What Remains of Edith Finch* aber als ein besonders vielgestaltiges Beispiel für jene Spielart einer postdigitalen Ästhetik gelten, die ich als ästhetische Transferbewegung vom Nicht-Digitalen ins Digitale beschreiben würde.

---

227 Vgl. neben Thon 2025e z. B. auch Balduzzi 2024; Bozdog und Galloway 2020; Kagen 2020; Kirkland 2020; Krampe 2025, 128–168; Mészáros 2022 für eine Auswahl relevanter Forschung.

228 „[V]ignettes" (Ian Dallas, zitiert in gamer_152 2018, o. S.). Auch Rezensionen betonen oft den hier salienten magischen Realismus (vgl. z. B. Jackson 2017; Ramanan 2017; Sliva 2017; Smith 2017).

5 Fazit und Ausblick

Der Ausgangspunkt des vorliegenden Bandes war die Frage, zu welchen neuen Praktiken, Artefakten und Erfahrungsräumen die sich aus der Ubiquität digitaler Technologie ergebende Verschiebung, Verwischung oder Auflösung der Unterscheidung zwischen dem Digitalen und dem Nicht-Digitalen geführt hat und inwiefern sich selbige unter den Begriff einer ‚postdigitalen Ästhetik' subsumieren lassen. Nach einer Rekonstruktion der für die Beantwortung dieser Frage relevanten theoretischen und theoriegeschichtlichen Grundlagen, die insbesondere um die in der bisherigen Theoriegeschichte bisweilen recht unterschiedlich konzeptualisierten und entsprechend schillernden Begriffe des ‚Postdigitalen' und der ‚Ästhetik' kreiste, wurde im zweiten Kapitel eine mindestens heuristische Unterscheidung zwischen vier salienten Spielarten einer postdigitalen Ästhetik vorgeschlagen, die sich in ganz unterschiedlichen und nicht zuletzt auch populären Medienformen – von Bildern und Comics bis zu Filmen und (Computer-)Spielen – beobachten lassen und die ich als ästhetische Intensivierung des Digitalen, als ästhetische Transferbewegung vom Digitalen ins Nicht-Digitale, als ästhetische Intensivierung des Nicht-Digitalen sowie als ästhetische Transferbewegung vom Nicht-Digitalen ins Digitale beschreiben würde. Dem damit zugleich umrissenen Interesse des vorliegenden Bandes an (hier nicht nur auf Rezeptions-, sondern vor allem auch auf Produktionskontexte bezogener) ästhetischer Praxis und ästhetischer Form (als der Wahrnehmung zugängliche äußere Gestalt medialer Darstellungen, medialer Artefakte und anderer ästhetischer Objekte) gemäß fokussierten die beiden folgenden Kapitel dann vornehmlich auf solche medialen Darstellungen (als darstellerische Funktionen erfüllende mediale Artefakte), die im Rahmen der für alle vier zuvor unterschiedenen Spielarten einer postdigitalen Ästhetik einschlägigen Remediatisierungsprozesse die Logik der *hypermediacy* stärker betonen als die Logik der *immediacy* – und die also ihre eigene Medialität, Materialität und ästhetische Form auf unterschiedliche Weise in den Vordergrund rücken sowie zudem vielleicht auch dazu tendieren, im Rezeptionsprozess ästhetische im Gegensatz zu pragmatischer, funktionaler oder eben: nicht-ästhetischer Wahrnehmung zu privilegieren.

Das dritte Kapitel wendete sich dann zunächst der ästhetischen Intensivierung des Digitalen zu und zeigte in etwas größerem Detail auf, dass es sich bei der der Logik der *hypermediacy* folgenden Remediatisierung von Verpixelung, 8- oder 16-Bit Sound sowie diversen visuellen, auditiven und audiovisuellen Glitches in KI-generierten Bildern galoppierender Pferde, Webcomics wie Ryan Norths *Dinosaur Comics* (2003–) und Andrew Hussies *Homestuck* (2009–2015), Desktop-Filmen wie *Unfriended* (2015) und Computeranimationen wie jenen der *8-Bit Cinema*-Reihe

https://doi.org/10.1515/9783111638669-005

(2013–2017) oder Indie Games wie *Proteus* (2013) und *Pony Island* (2016) um nicht zuletzt in der populären Medienkultur der Gegenwart weitgehend etablierte ästhetische Praktiken handelt, deren Resultate in der Verschiebung der Aufmerksamkeit vom (medial dargestellten) Inhalt auf die (wahrnehmbare ästhetische) Form immer auch auf die Materialität digitaler Technologie verweisen. Daran anschließend zeigte das dritte Kapitel aber ebenso, dass der Einsatz von Verpixelung, Glitches und weiteren ästhetischen Formen, die die Materialität digitaler Technologie in den Vordergrund rücken, durchaus nicht auf den Bereich digitaler medialer Darstellungen beschränkt ist, sondern zudem im Sinne jener Spielart einer postdigitalen Ästhetik, die ich als ästhetische Transferbewegung vom Digitalen ins Nicht-Digitale beschreiben würde, in verschiedenen nicht-digitalen Bildern, nicht-digitalen Möbelstücken wie Ferrucio Lavianis *Good Vibrations* (2013/2014) und nicht-digitalen Skulpturen wie Shawn Smiths *Fissure* (2019), nicht-digitalen Printcomics wie Ilan Manouachs *Fastwalkers* (2021a) und George Wylesols *Internet Crusader* (2019), mindestens ‚vor der Kamera' nicht-digital gestalteten Stop-Motion-Animationsfilmen wie Rymdreglages *8-Bit Trip* (2009) und *8-Bit Trip 2* (2021) oder nicht-digitalen Spielen wie jenen der *Pixel Tactics*-Reihe (2012–2020) zu beobachten ist, welche jeweils gleichermaßen als das Resultat von der Logik der *hypermediacy* folgenden Prozessen der Remediatisierung als digital wahrnehmbarer ästhetischer Formen in nicht- oder nicht-primär-digitalen medialen Kontexten verstanden werden können.

Das vierte Kapitel befasste sich dann wiederum zunächst mit der ästhetischen Intensivierung des Nicht-Digitalen, von deren Vorliegen sich vor dem Hintergrund der Ubiquität digitaler Technologie in der Produktion und Rezeption gerade auch populärer Medienformen vergleichsweise permissiv etwa im Fall von Mini-Comics wie Evie Fridels *Worrier: Small Anxieties in London* (2017) und David Maklers *Timeforce* (2020–2024), Webcomics wie Kate Beatons *Hark! A Vagrant* (2007–2018) und Fran Krauses *Deep Dark Fears* (2012–), nicht-digitalen Filmen wie *Decasia* (2002) und *Landfill 16* (2011) oder Brettspielen wie *Pax Pamir: Second Edition* (2019) und *SHŌBU* (2019) sprechen lässt, insofern hier jeweils sowohl die relevanten ästhetischen Formen als auch die ästhetischen Praktiken, die selbige hervorgebracht haben, die Materialität nicht-digitaler Technologie in den Vordergrund rücken, ohne dass digitale Technologie zur salienten Transformation der ästhetischen Formen der entsprechenden medialen Darstellungen eingesetzt wurde. Wenngleich nun die Übergänge zwischen den beiden hier unterschiedenen Spielarten einer postdigitalen Ästhetik offenkundig fließend sind (was sich nicht zuletzt an Animationsfilmen wie *Waking Life* [2001], *Isle of Dogs* [2018] oder *Wolfwalkers* [2020] zeigen ließ), konnte das vierte Kapitel das Vorliegen einer von der ästhetischen Intensivierung des Nicht-Digitalen abzugrenzenden ästhetischen Transferbewegung vom Nicht-Digitalen ins Digitale dann nicht nur wiederum in verschiedenen KI-generierten

Bildern galoppierender Pferde, sondern etwa auch in Webcomics wie David Malkis *Wondermark* (2003–) und Stuart Campbells *These Memories Won't Last* (2015), digitalen Spielfilmen wie *Planet Terror* (2007) und Computeranimationsfilmen wie *Spider-Man: Into the Spider-Verse* (2018) oder Indie Games wie *Cuphead* (2017), *Card Hunter* (2015) und *What Remains of Edith Finch* (2017) nachweisen, in denen die Medialität und Materialität nicht-digitaler Medienformen bzw. nicht-digitaler medialer Darstellungen jeweils nicht bloß digitalisiert, sondern im Rahmen der entsprechenden Digitalisierungsprozesse auf saliente Weise transformiert wird.

Gerade angesichts des begrenzten Umfangs des vorliegenden Bandes wird es nun zwar kaum überraschen, dass vielfältiges Erweiterungs-, Vertiefungs- und Übertragungspotential nicht nur mit Blick auf die detailliertere Analyse der auf den vorangegangenen Seiten adressierten digitalen wie nicht-digitalen Bilder, Skulpturen, Comics, Filme und Spiele sowie der diese jeweils umgebenden ästhetischen Diskurse, sondern auch hinsichtlich hier zunächst nicht näher betrachteter ästhetischer Praktiken und ästhetischer Formen etwa im Kontext von literarischen Texten und Poetry Slams, Theaterinszenierungen und Live-Action-Rollenspielen oder Kunstausstellungen und musikalischen Darbietungen sowie der durchaus voraussetzungsreichen Frage nach dem dabei von Fall zu Fall je unterschiedlich realisierten Verhältnis von kritischen oder subversiven zu unkritischen oder affirmativen Perspektiven besteht. Zugleich sollten die im Rahmen des vorliegenden Bandes unternommenen theoretischen und analytischen Anstrengungen aber doch auch bereits hinreichend deutlich gemacht haben, dass die hier heuristisch unterschiedenen Spielarten einer postdigitalen Ästhetik, die ich als ästhetische Intensivierung des Digitalen, ästhetische Transferbewegung vom Digitalen ins Nicht-Digitale, ästhetische Intensivierung des Nicht-Digitalen und ästhetische Transferbewegung vom Nicht-Digitalen ins Digitale beschreiben würde, inzwischen nicht zuletzt jenseits von auch institutionell als solche markierten Kunstkontexten und insbesondere in den stärker auf Popularität ausgerichteten Bereichen der gegenwärtigen Medienkultur saliente ästhetische Praktiken und ästhetische Formen adressieren, deren theoriegeleitete und materialorientierte Analyse uns ein vertieftes Verständnis unserer Selbst- und Weltverhältnisse unter postdigitalen Bedingungen ermöglicht. Ohne damit also den theoretischen und analytischen Nutzen der hier vorgeschlagenen Konzeptualisierung einer postdigitalen Ästhetik in Abrede stellen zu wollen, lässt sich der vorliegende Band – im Sinne einer Momentaufnahme eines sich nach wie vor mit vergleichsweise hoher Geschwindigkeit entwickelnden Forschungsfeldes und Gegenstandsbereichs – letztlich wiederum eher als Ausgangspunkt für die zukünftige Auseinandersetzung mit Spielarten einer postdigitalen Ästhetik in der (mehr oder weniger) populären Medienkultur der Gegenwart denn als wie auch immer gearteter Endpunkt einer solchen Auseinandersetzung verstehen.

6 Literatur- und Medienverzeichnis

AANAATT. Max Hattler, 2008. (Video.)

Aarseth, Espen. „How We Became Postdigital: From CyberStudies to Game Studies". *Critical Cyberculture Studies*. Hg. David Silver und Adrienne Massanari. New York: New York University Press, 2006. 37–46.

Abblitt, Stephen. „A Postdigital Paradigm in Literary Studies". *Higher Education Research and Development* 38.1 (2018): 97–109.

Alchemists. Czech Games Edition, 2014. (Brettspiel.)

Alexenberg, Mel. *The Future of Art in a Postdigital Age: From Hellenistic to Hebraic Consciousness*. 2. Aufl. Bristol: Intellect, 2011.

Alter, Ethan. *Film Firsts: The 25 Movies That Created Contemporary American Cinema*. Santa Barbara: Praeger, 2014.

Amadon, Michael. „*Homestuck* Character Styles Broken Down". *Medium*, 19. September 2021. https://lankque.medium.com/homestuck-character-styles-broken-down-2467878641e7 (15. August 2025).

And Yet It Moves. Broken Rules Interactive Media, 2009. (Windows.)

Anderson, Chris. *Makers: The New Industrial Revolution*. London: Random House, 2012.

Andrews, Ian. „Post-Digital Aesthetics and the Return to Modernism". Vortrag am 6. November 2002, University of Technology, Sydney. https://ian-andrews.org/texts/postdig.pdf (15. August 2025).

Andrews, Ian. „Post-Digital Aesthetics and the Function of Process". *ISEA2013: Proceedings of the 19th International Symposium on Electronic Art*. Hg. Kathy Cleland, Laura Fisher und Ross Harley. Sidney: Sidney University/ISEA International, 2013. 256–258.

Anger, Jiří, und Kevin B. Lee. „Suture Goes Meta: Desktop Documentary and Its Narrativization of Screen-Mediated Experience". *Quarterly Review of Film and Video* 40.5 (2023): 595–622.

Antunes, Luis Rocha. *The Multisensory Film Experience: A Cognitive Model of Experiential Film Aesthetics*. Bristol: Intellect, 2016.

Apollo 10 ½: A Space Age Childhood. Reg. Richard Linklater. Netflix, 2022. (Film.)

Appadurai, Arjun, und Neta Alexander. *Failure*. Cambridge: Polity, 2019.

Apprich, Clemens, Josephine Berry Slater, Anthony Iles und Oliver Lerone Schultz (Hg.). *Provocative Alloys: A Post-Media Anthology*. Berlin: Mute, 2013.

Archimedes. Joshua Hughes, 2016. (Windows.)

Arjoranta, Jonne. „How to Define Games and Why We Need to". *Computer Games Journal* 8 (2019): 109–120.

Armello. League of Geeks, 2015. (Windows.)

Arndt, Sonja, Gordon Asher, Jeremy Knox et al. „Between the Blabbering Noise of Individuals or the Silent Dialogue of Many: A Collective Response to ‚Postdigital Science and Education' (Jandrić et al. 2018)". *Postdigital Science and Education* 1 (2019): 446–474.

Arnheim, Rudolf. *Art and Visual Perception: A Psychology of the Creative Eye*. Berkeley: University of California Press, 1954.

Arnold, Gordon B. *Animation and the American Imagination: A Brief History*. Santa Barbara: Praeger, 2017.

Artan, Ayan. „*Across the Spider-Verse*'s Spider-Punk Is a Step Forward for Black British Representation". *Digital Spy*, 6. Juni 2023. https://www.digitalspy.com/movies/a44104674/across-the-spider-verse-spider-punk/ (15. August 2025).

https://doi.org/10.1515/9783111638669-006

Axiom Verge. Thomas Happ Games, 2015. (Windows.)

Ayala, Nicolas. „Why *Spider-Man: Beyond the Spider-Verse* Isn't Releasing until 2027". *ScreenRant*, 1. April 2025. https://screenrant.com/spider-man-beyond-the-spider-verse-2027-delay-explained/ (15. August 2025).

Bachmann, Christian A. „To the Bitter Ends: Exploring Agonistic Text-Reader-Relationships in ‚Choose Your Own Adventure Books'". *Journal of Interactive Books* 3 (2024): 56–71.

Backe, Hans-Joachim. „Game-Comics and Comic-Games: Against the Concept of Hybrids". *Comics and Videogames: From Hybrid Medialities to Transmedia Expansions*. Hg. Andreas Rauscher, Daniel Stein und Jan-Noël Thon. Abingdon: Routledge, 2021. 60–83.

Backe, Hans-Joachim, und Jan-Noël Thon. „Playing with Identity: Authors, Narrators, Avatars, and Players in *The Stanley Parable* and *The Beginner's Guide*". *DIEGESIS: Interdisciplinary E-Journal for Narrative Research* 8.2 (2019): 1–25.

Bajohr, Hannes. „Dumb Meaning: Machine Learning and Artificial Semantics". *IMAGE: The Interdisciplinary Journal of Image Sciences* 37.1 (2023): 58–70.

Bajohr, Hannes. „Operative Ekphrasis: The Collapse of the Text/Image Distinction in Multimodal AI". *Word and Image: A Journal of Verbal/Visual Enquiry* 40.2 (2024): 77–90.

Baker, Camille, Max Schleser und Kasia Molga. „Aesthetics of Mobile Media Art". *Journal of Media Practice* 10.2–3 (2009): 101–122.

Balbi, Gabriele. *The Digital Revolution: A Short History of an Ideology*. Oxford: Oxford University Press, 2023.

Balbi, Gabriele, und Paolo Magaudda. *A History of Digital Media: An Intermedia and Global Perspective*. New York: Routledge, 2018.

Balduzzi, Samuele. „Literary and Ludic Mise-en-Abyme in *What Remains of Edith Finch*". *Play/Write Student Journal* 4 (2024): 38–46.

Banger. Reg. Adam Sedlák. Bontonfilm, 2022. (Film.)

Barbour, Sophie. „*Into the Spider-Verse* and a New Age of Comic Realism". *Film Matters* 12.3 (2021): 21–33.

Barck, Karlheinz, Peter Gente, Heidi Paris und Stefan Richter (Hg.). *Aisthesis: Wahrnehmung heute oder Perspektiven einer anderen Ästhetik*. Leipzig: Reclam, 1993a.

Barck, Karlheinz, Peter Gente, Heidi Paris und Stefan Richter. „Statt eines Nachwortes". *Aisthesis: Wahrnehmung heute oder Perspektiven einer anderen Ästhetik*. Hg. Karlheinz Barck, Peter Gente, Heidi Paris und Stefan Richter. Leipzig: Reclam, 1993b. 445–468.

Barkman, Cassandra. „‚There's No Point in Saving Anymore': Diegesis and Interactional Metalepsis in *Pony Island* and *Doki Doki Literature Club*". *Journal of Games Criticism* 5.1 (2021): 1–22. https://gamescriticism.org/wp-content/uploads/2024/03/barkman-5-1.pdf (15. August 2025).

Baron, Jamie. *The Archive Effect: Found Footage and the Audiovisual Experience of History*. Abingdon: Routledge, 2014.

Barthes, Roland. „Le troisième sens: Notes de recherche sur quelques photogrammes de S. M. Eisenstein". *Cahiers du cinéma* 222 (1970): 12–19.

Baschiera, Stefano, und Elena Caoduro. „Retro, Faux-Vintage, and Anachronism: When Cinema Looks Back". *NECSUS: European Journal of Media Studies* 4.2 (2015): 143–163.

Baumgarten, Alexander Gottlieb. *Aesthetica*. 2 Bände. Frankfurt (Oder): J. C. Kleyb, 1750/1758.

Beardsley, Monroe C. *Aesthetics: Problems in the Philosophy of Criticism*. 2. Aufl. Indianapolis: Hackett, 1981.

Beardsley, Monroe C. „Redefining Art". *The Aesthetic Point of View: Selected Essays*. Hg. Michael J. Wreen und Donald M. Callen. Ithaca: Cornell University Press, 1982. 298–315.

Beaton, Kate. „About". *Hark! A Vagrant*, o. D. http://www.harkavagrant.com/about.php (15. August 2025).

Beck, Martin. „Messy States: Medienästhetik und postdigitale Kunst". *Internationales Jahrbuch für Medienphilosophie und Medienästhetik* (2024): 53–79.

Beil, Benjamin. *First Person Perspectives: Point of View und figurenzentrierte Erzählformen im Film und im Computerspiel*. Münster: LIT, 2010.

Beil, Benjamin. „8-Bit-High-Definition: Zu verpixelten Bildern in hochaufgelösten Filmen und Computerspielen". *Navigationen: Zeitschrift für Medien- und Kulturwissenschaften* 11.1 (2011): 83–105.

Beil, Benjamin. „Game Studies und Genretheorie". *Game Studies: Aktuelle Ansätze der Computerspielforschung*. Hg. Klaus Sachs-Hombach und Jan-Noël Thon. Köln: Halem, 2015. 29–69.

Bekmambetov, Timur. „Rules of the Screenmovie: The *Unfriended* Manifesto for the Digital Age". *MovieMaker*, 22. April 2015 [aktualisiert am 31. Januar 2023]. https://www.moviemaker.com/unfriended-rules-of-the-screenmovie-a-manifesto-for-the-digital-age/ (15. August 2025).

Benatti, Francesca. *Innovations in Digital Comics: A Popular Revolution*. Cambridge: Cambridge University Press, 2024.

Bender, John W. „Supervenience and the Justification of Aesthetic Judgments". *Journal of Aesthetics and Art Criticism* 46.1 (1987): 31–40.

Bender, John W. „Realism, Supervenience, and Irresolvable Aesthetic Disputes". *Journal of Aesthetics and Art Criticism* 54.4 (1996): 371–381.

Benson-Allott, Caetlin. „*Grindhouse*: An Experiment in the Death of Cinema". *Film Quarterly* 62.1 (2008): 20–24.

Benthien, Claudia, Jordis Lau und Maraike M. Marxsen. *The Literariness of Media Art*. New York: Routledge, 2019.

Berkessel, Juergen. „Perfect Imperfection: Digital Glitches in Traditional Oil Painting". *The Intersect of Art and Tech*, 2. Januar 2025. https://theintersectofartandtech.substack.com/p/perfect-imperfection-digital-glitches (15. August 2025).

Berndt, Frauke. *Poema/Gedicht: Die epistemische Konfiguration der Literatur um 1750*. Berlin: De Gruyter, 2011.

Berndt, Frauke. *Facing Poetry: Alexander Gottlieb Baumgarten's Theory of Literature*. Berlin: De Gruyter, 2020.

Bernhart, Walter, und Werner Wolf (Hg.). *Self-Reference in Literature and Music*. Amsterdam: Rodopi, 2010.

Berry, David M. „Post-Digital Humanities: Computation and Cultural Critique in the Arts and Humanities". *Educause* 49.3 (2014): 22–26.

Berry, David M., und Michael Dieter (Hg.). *Postdigital Aesthetics: Art, Computation and Design*. Basingstoke: Palgrave Macmillan, 2015a.

Berry, David M., und Michael Dieter. „Thinking Postdigital Aesthetics: Art, Computation and Design". *Postdigital Aesthetics: Art, Computation and Design*. Hg. David M. Berry und Michael Dieter. Basingstoke: Palgrave Macmillan, 2015b. 1–11.

Bešlagić, Luka. „Computer Interface as Film: Post-Media Aesthetics of Desktop Documentary". *AM: Journal of Art and Media Studies* 20 (2019): 51–60.

Betancourt, Michael. *Glitch Art in Theory and Practice: Critical Failures and Post-Digital Aesthetics*. New York: Routledge, 2017.

Betancourt, Michael. *Harmonia: Glitch, Movies and Visual Music*. Cabin John: Wildside Press, 2018.

Betancourt, Michael. *Research Art: Glitches, Poetics, Typography and the Aura of the Digital*. Savannah: Cinegraphic Media/I'm Press'd, 2021.

Betancourt, Michael. *Glitch Theory: Art and Semiotics*. Savannah: Cinegraphic Media/I'm Press'd, 2023.
Better Man. Reg. Michael Gracey. Paramount, 2024. (Film.)
Bienia, Rafael. *Role Playing Materials*. Braunschweig: Zauberfeder, 2016.
Binary Quotes. Nick Briz, 2008. (Video.)
Binns, Daniel. „The Allure of Artificial Worlds: Aesthetic and Narrative Implications of AI Media and Simulations". *M/C Journal* 27.6 (2024): o. S. https://doi.org/10.5204/mcj.3105 (15. August 2025).
Bishop, Claire. „Digital Divide". *Artforum* 51.1 (2012): 434–442.
Bishop, Ryan, Kristoffer Gansing, Jussi Parikka und Elvia Wilk (Hg.). *Across and Beyond: A Transmediale Reader on Post-Digital Practices, Concepts, and Institutions*. London: Sternberg Press, 2017.
Blamey, Courtney. „*Cuphead*". *Encyclopedia of Video Games: The Culture, Technology, and Art of Gaming*. 2. Aufl. Hg. Mark J. P. Wolf. Santa Barbara: ABC-CLIO, 2021. 227–228.
Bloat. Reg. Pablo Absento. Lionsgate, 2025. (Film.)
Bob and George. David Anez, 2000–2007. (Webcomic.) https://www.bobandgeorge.com/ (15. August 2025).
Bódi, Bettina, und Jan-Noël Thon. „Playing Stories? Narrative-Dramatic Agency in *Disco Elysium* (2019) and *Astroneer* (2019)". *Frontiers of Narrative Studies* 6.2 (2020): 157–190.
Böhme, Gernot. *Für eine ökologische Naturästhetik*. Frankfurt am Main: Suhrkamp, 1989.
Böhme, Gernot. *Aisthetik: Vorlesungen über Ästhetik als allgemeine Wahrnehmungslehre*. München: Fink, 2001.
Bolter, Jay David. „AI Generative Art as Algorithmic Remediation". *IMAGE: The Interdisciplinary Journal of Image Sciences* 37.1 (2023): 195–207.
Bolter, Jay David, und Richard Grusin. „Remediation". *Configurations* 4.3 (1996): 311–358.
Bolter, Jay David, und Richard Grusin. *Remediation: Understanding New Media*. Cambridge, MA: MIT Press, 1999.
Bolz, Norbert. *Theorie der neuen Medien*. München: Raben, 1990.
Bolz, Norbert. *Eine kurze Geschichte des Scheins*. München: Fink, 1991.
Booth, Paul. *Game Play: Paratextuality in Contemporary Board Games*. New York: Bloomsbury, 2015.
Booth, Paul. *Board Games as Media*. New York: Bloomsbury, 2021.
Botella Lorenzo, Caridad. „The Mobile Aesthetics of Cell Phone Made Films: From the Pixel to the Everyday". *Revista KEPES* 9.8 (2012): 73–87.
Botz, Daniel. *Kunst, Code und Maschine: Die Ästhetik der Computer-Demoszene*. Bielefeld: transcript, 2011.
Boym, Svetlana. *The Future of Nostalgia*. New York: Basic Books, 2001.
Bozdog, Mona, und Dayna Galloway. „Worlds at Our Fingertips: Reading (in) *What Remains of Edith Finch*". *Games and Culture* 15.7 (2020): 789–808.
Brady, Emily. *Aesthetics of the Natural Environment*. Edinburgh: Edinburgh University Press, 2019.
Braguinski, Nikita. „The Resolution of Sound: Understanding Retro Game Audio beyond the ‚8-Bit' Horizon". *NECSUS: European Journal of Media Studies* 7.1 (2018): 105–121.
Braid. Number None, 2008. (Windows.)
Bramesco, Charles. „How *Spider-Man: Into the Spider-Verse* Changed the Animation Game". *Vulture*, 18. Januar 2019. https://www.vulture.com/2019/01/how-spider-man-into-the-spider-verse-changed-animation.html (15. August 2025).
Break the Game. Simon Fredholm, 2019. (Windows.)
Brecht, Bertolt. „Verfremdungseffekte in der chinesischen Schauspielkunst" (1936). *Schriften zum Theater: Über eine nichtaristotelische Dramatik*. Hg. Siegfried Unseld. Frankfurt am Main: Suhrkamp, 1957. 74–89.
Brecht, Bertolt. „Neue Technik der Schauspielkunst" (1940). *Schriften zum Theater: Über eine nichtaristotelische Dramatik*. Hg. Siegfried Unseld. Frankfurt am Main: Suhrkamp, 1957. 106–114.

Bridle, James. „About“. *The New Aesthetic*, o. D. https://new-aesthetic.tumblr.com/about (15. August 2025).

Bridle, James. „#sxaesthetic“. *booktwo.org*, 15. März 2012. http://booktwo.org/notebook/sxaesthetic/ (15. August 2025).

Bridle, James. „The New Aesthetic and Its Politics“. *booktwo.org*, 12. Juni 2013. http://booktwo.org/notebook/new-aesthetic-politics/ (15. August 2025).

Brookey, Robert, und Jonathan Gray. „‚Not Merely Para‘: Continuing Steps in Paratextual Research“. *Critical Studies in Media Communication* 34.2 (2017): 101–110.

Brown, Kieron. „Metareference in Comics Games“. *Videogames and Metareference: Mapping the Margins of an Interdisciplinary Field*. Hg. Theresa Krampe und Jan-Noël Thon. Abingdon: Routledge, 2025. 188–220.

Brown, Kieron. *Playfulness in Comics*. Berlin: De Gruyter, 2026.

Brown, Kieron, und Jan-Noël Thon (Hg.). *Comics and Playfulness*. Berlin: De Gruyter, 2026.

Brownlee, Shannon. „Amateurism and the Aesthetics of Lego Stop-Motion on YouTube“. *Film Criticism* 40.2 (2016): o. S. https://doi.org/10.3998/fc.13761232.0040.204 (15. August 2025).

Bruckner, Franziska. „Hybrid Image, Hybrid Montage: Film Analytical Parameters for Live Action/Animation Hybrids“. *Animation: An Interdisciplinary Journal* 10.1 (2015): 22–41.

Brückner, Dominik. *Geschmack: Untersuchungen zu Wortsemantik und Begriff im 18. und 19. Jahrhundert: Gleichzeitig ein Beitrag zur Lexikographie von Begriffswörtern*. Berlin: De Gruyter, 2003.

Bruno, Giuliana. *Surface: Matters of Aesthetics, Materiality, and Media*. Chicago: University of Chicago Press, 2014.

Bruns, Axel. *Blogs, Wikipedia, Second Life, and Beyond: From Production to Produsage*. New York: Peter Lang, 2008.

Budd, Malcom. *Values of Art: Pictures, Poetry and Music*. London: Penguin, 1995.

Budd, Malcom. *The Aesthetic Appreciation of Nature: Essays on the Aesthetics of Nature*. Oxford: Clarendon Press, 2002.

Buick, Adam. „Copyright and AI Training Data: Transparency to the Rescue?“. *Journal of Intellectual Property Law and Practice* 20.3 (2025): 182–192.

Busi Rizzi, Giorgio. „Digital Comics: An Old/New Form“. *The Cambridge Companion to Comics*, Hg. Maaheen Ahmed. Cambridge: Cambridge University Press, 2023. 102–122.

Busi Rizzi, Giorgio. „*All Click and No Play*? Game Comics, Comic Games, and User Agency“. *New Review of Hypermedia and Multimedia* 31.1–2 (2025): 126–145.

Busi Rizzi, Giorgio, und Lorenzo Di Paola. „Remediation Processes and Reading Protocols: A Genealogy of Digital Comics“. *Studies in Comics* 14.1 (2023): 29–42.

Candy, Linda. *The Creative Reflective Practitioner*. Abingdon: Routledge, 2020.

Cano, John, und Megan Chow. „Kid’s Perception on Gaming Experience and Learning with the *Nintendo Labo*: Multiple Make and Play Experiences“. *Revista Colombiana de Ciencias Sociales* 15.1 (2024): 114–139.

Caoduro, Elena. „Photo Filter Apps: Understanding Analogue Nostalgia in the New Media Ecology“. *Networking Knowledge* 7.2 (2014): 67–82. https://ojs.meccsa.org.uk/index.php/netknow/article/view/338 (15. August 2025).

Card Hunter. Blue Manchu, 2015. (Windows.)

Card Hunter. „Acquisitions Incorporated Opens Its Cardhuntria Office!“. *Card Hunter*, 18. April 2016. https://www.cardhunter.com/2016/04/acquisitions-incorporated-opens-its-cardhuntria-office/ (15. August 2025).

Carlson, Allen. *Nature and Landscape: An Introduction to Environmental Aesthetics*. New York: Columbia University Press, 2009.

Cascone, Kim. „The Aesthetics of Failure: ‚Post-Digital' Tendencies in Contemporary Computer Music". *Computer Music Journal* 24.4 (2000): 12–18.

Cascone, Kim, und Petar Jandrić. „The Failure of Failure: Postdigital Aesthetics against Techno-Mystification". *Postdigital Science and Education* 3 (2021): 566–574.

Casetti, Francesco. *The Lumière Galaxy: Seven Key Words for the Cinema to Come*. New York: Columbia University Press, 2015.

Castoriadis, Cornelius. *L'institution imaginaire de la société*. Paris: Éditions du Seuil, 1975.

Catanese, Rosella, und Jussi Parikka. „Handmade Films and Artist-Run Labs: The Chemical Sites of Film's Counterculture". *NECSUS: European Journal of Media Studies* 7.2 (2018): 43–63.

Catani, Stephanie. „Richtig gestellt: Filmische Immersion im vertikalen *Screenmovie*". *Künstliche Welten zwischen Multisensorik und Multimedialität*. Hg. Stephanie Catani und Jasmin Pfeiffer. Berlin: De Gruyter, 2021. 165–183.

Causey, Matthew. „Postdigital Performance". *Theatre Journal* 68.3 (2016): 427–441.

Celeste. Matt Makes Games, 2018. (Windows.)

Chevat, Zev. „*Spider-Man: Into the Spider-Verse*'s Unique Art Style Meant ‚Making Five Movies'". *Polygon*, 11. Dezember 2018. https://www.polygon.com/2018/12/11/18136056/spider-man-into-the-spider-verse-movie-art-animation-style-visual-effects (15. August 2025).

Church, David. *Grindhouse Nostalgia: Memory, Home Video and Exploitation Film Fandom*. Edinburgh: Edinburgh University Press, 2015.

Cipher Hunt. Alex Hirsch, 2016. (Alternate Reality Game.)

Clarke, Bruce. *Gaian Systems: Lynn Margulis, Neocybernetics, and the End of the Anthropocene*. Minneapolis: University of Minnesota Press, 2020.

Clarke, M.J., und Cynthia Wang (Hg.). *Indie Games in the Digital Age*. New York: Bloomsbury, 2020.

Clüver, Claudius. „Würfel, Karten und Bretter: Materielle Elemente von Spielen und der Begriff der Spielform". *Navigationen: Zeitschrift für Medien- und Kulturwissenschaften* 20.1 (2020): 35–52.

Coleman, I. „REVIEW: *Pony Island*". *Medium*, 11. Februar 2016. https://medium.com/@yeetzchak/review-pony-island-85fc3b533ae6 (15. August 2025).

Collins, Karen. „In the Loop: Creativity and Constraint in 8-Bit Video Game Audio". *Twentieth-Century Music* 4.2 (2007): 209–227.

Collins, Karen. *Game Sound: An Introduction to the History, Theory, and Practice of Video Game Music and Sound Design*. Cambridge, MA: MIT Press, 2008.

Collins, Karen. *Playing with Sound: A Theory of Interacting with Sound and Music in Video Games*. Cambridge, MA: MIT Press, 2013.

Compress Process. Rosa Menkman, 2009. (Video.)

Consalvo, Mia, und Christopher A. Paul. *Real Games: What's Legitimate and What's Not in Contemporary Videogames*. Cambridge, MA: MIT Press, 2019.

Contreras-Koterbay, Scott, und Łukasz Mirocha. *The New Aesthetic and Art: Constellations of the Postdigital*. Amsterdam: Institute of Network Cultures, 2016.

Cormier, Dave, Petar Jandrić, Mark Childs et al. „Ten Years of the Postdigital in the 52group: Reflections and Developments 2009–2019". *Postdigital Science and Education* 1 (2019): 475–506.

Corner, John. „Aesthetics within Media Inquiry". *Media Theory* 3.2 (2019): 103–116.

Cramer, Florian. „Post-Digital Writing". *Electronic Book Review*, 12. Dezember 2012. https://electronicbookreview.com/essay/post-digital-writing/ (15. August 2025).

Cramer, Florian. „Post-Digital Aesthetics". *Jeu de Paume: Le Magazine*, 1. Mai 2013. Archiviert unter: https://www.rotterdamuas.com/research/projects-and-publications/pub/post-digital-aesthetics/a7051e7b-cb5d-47c2-8908-b0036259ee3a/ (15. August 2025).

Cramer, Florian. „What Is ‚Post-Digital'?". *A Peer-Reviewed Journal about* 3.1 (2014): 10–24.

Cramer, Florian. „What Is ‚Post-Digital'?". *Postdigital Aesthetics: Art, Computation and Design*. Hg. David M. Berry und Michael Dieter. Basingstoke: Palgrave Macmillan, 2015. 12–26.
Cramer, Florian. „Nach dem Koitus oder nach dem Tod? Zur Begriffsverwirrung von ‚postdigital', ‚Post-Internet' und ‚Post-Media'". *Kunstforum* 242 (2016): 54–67.
Cramer, Florian, und Petar Jandrić. „Postdigital: A Term That Sucks but Is Useful". *Postdigital Science and Education* 3 (2021): 966–989.
Crayon Chronicles. Outer Grid Games, 2015. (Windows.)
Crayon Physics Deluxe. Kloonigames, 2009. (Windows.)
Critical Role. Critical Role, 2015–. (Webserie.) https://www.youtube.com/c/criticalrole (15. August 2025).
Crucifix, Benoît. „[CoCo]: Conceptual Comics and Online Archives". *Ilan Manouach in Review: Critical Approaches to His Conceptual Comics*. Hg. Pedro Moura. Abingdon: Routledge, 2024. 189–203.
CTRL. Reg. Vikramaditya Motwane. Netflix, 2024. (Film.)
Cubitt, Sean. „Analogue and Digital". *Theory, Culture and Society* 23.2–3 (2006): 250–251.
Cubitt, Sean. „Glitch". *Cultural Politics* 13.1 (2017): 19–33.
Cuphead. StudioMDHR, 2017. (Windows.)
Currie, Gregory. „Supervenience, Essentialism and Aesthetic Properties". *Philosophical Studies: An International Journal for Philosophy in the Analytic Tradition* 58.3 (1990): 243–257.
Currie, Gregory. *Narratives and Narrators: A Philosophy of Stories*. Oxford: Oxford University Press, 2010.
Currie, Gregory, und Ian Ravenscroft. *Recreative Minds: Imagination in Philosophy and Psychology*. Oxford: Clarendon Press, 2002.
Curtin, Deane W. „Varieties of Aesthetic Formalism". *Journal of Aesthetics and Art Criticism* 40.3 (1982): 315–326.
Cut to the Core. Plasma Press/AAD Productions, 2022. (Windows.)
D'Amato, Gabriele, und Luca Diani. „Multiverse Fiction: A Narratological Approach to Infinite Worlds Narratives". *Between: Journal of the Italian Association for the Theory and Comparative History of Literature* 14.27 (2024): 593–614.
Dancing Glitch. Michael Betancourt, 2013. (Video.)
Danto, Arthur C. *The Transfiguration of the Commonplace: A Philosophy of Art*. Cambridge, MA: Harvard University Press, 1981.
The Dark Quarter. Lucky Duck Games, 2025. (Brettspiel.)
Daudrich, Anna. „Towards Post-Digital Aesthetics". *SAJ: Serbian Architectural Journal* 7.2 (2015): 213–222.
Davies, Stephen. *Definitions of Art*. Ithaca: Cornell University Press, 1991.
De Clercq, Rafael. „The Concept of an Aesthetic Property". *Journal of Aesthetics and Art Criticism* 60.2 (2002): 167–176.
De Clercq, Rafael. „The Structure of Aesthetic Properties". *Philosophy Compass* 3.5 (2008): 894–909.
De Rosa, Miriam. *Camille Henrot,* Grosse Fatigue*: Notes on Desktop Cinema*. Sesto San Giovanni: Mimesis Edizioni, 2024.
De Salle, Adam. „Spider-Punk: Corporate Co-Option of Anti-Capitalism". *Medium*, 27. Juni 2023. https://adamdesalle.medium.com/spider-punk-corporate-co-option-of-anti-capitalism-cc7738d06b26 (15. August 2025).
Dear Mister Compression. Rosa Menkman, 2010. (Video.)
Death Proof. Reg. Quentin Tarantino. Dimension Films, 2007. (Film.)
Decasia. Reg. Bill Morrison. Icarus Films, 2002. (Film.)
Deep Dark Fears. Fran Krause, 2012–. (Webcomic.) https://www.tumblr.com/deep-dark-fears (15. August 2025).

Demers, Joanna. *Listening through the Noise: The Aesthetics of Experimental Electronic Music*. Oxford: Oxford University Press, 2010.

Denson, Shane, und Julia Leyda (Hg.). *Post-Cinema: Theorizing 21st-Century Film*. Falmer: Reframe Books, 2016.

Desowitz, Bill. „‚Isle of Dogs': How Team Wes Anderson Created a Stop-Motion Love Letter to Japanese Cinema". *IndieWire*, 23. März 2018. https://www.indiewire.com/features/general/isle-of-dogs-wes-anderson-stop-motion-animation-japanese-cinema-1201942149/ (15. August 2025).

Desowitz, Bill. „Inside 5 Mind-Blowing Dimensions in ‚Spider-Man: Across the Spider-Verse'". *IndieWire*, 15. Juni 2023. https://www.indiewire.com/features/animation/spider-man-across-the-spider-verse-animated-worlds-interview-1234874269/ (15. August 2025).

Deterding, Sebastian, und José P. Zagal. „The Many Faces of Role-Playing Game Studies". *Role-Playing Game Studies: Transmedia Foundations*. Hg. José P. Zagal und Sebastian Deterding. New York: Routledge, 2018. 1–16.

Devereaux, Mary. „Beauty and Evil: The Case of Leni Riefenstahl's *Triumph of the Will*". *Aesthetics and Ethics: Essays at the Intersection*. Hg. Jerrold Levinson. Cambridge: Cambridge University Press, 1998. 227–256.

Dewey, John. *Art as Experience*. New York: Wideview/Perigee, 1980.

Dickie, George. *Art and the Aesthetic: An Institutional Analysis*. Ithaca: Cornell University Press, 1974.

Diecke, Josephine, Bregt Lameris und Laura Niebling. „On #Materiality". *NECSUS: European Journal of Media Studies* 11.2 (2022): 5–23.

Diesel Sweeties. Richard Stevens III., 2000–. (Webcomic.) https://www.dieselsweeties.com/ (15. August 2025).

Dinosaur Comics. Ryan North, 2003–. (Webcomic.) https://www.qwantz.com/ (15. August 2025).

Disco Elysium. ZA/UM, 2019. (Windows.)

Disney Infinity. Avalanche Software/Disney Interactive Studios, 2013–2015. (PlayStation 3.)

Distelmeyer, Jan. „Durch und über Computer: Desktop-Filme". *Cutting Edge! Aktuelle Positionen der Filmmontage*. Hg. Martin Doll. Berlin: Bertz und Fischer, 2019. 201–218.

Distelmeyer, Jan. *Kritik der Digitalität*. Wiesbaden: Springer VS, 2021.

Distelmeyer, Jan. „Which Operativity? On Political Aspects of Operational Images and Sounds". *Interface Critique* 4 (2022): 23–33.

Dittbrenner, Nils. *Soundchip-Musik: Computer- und Videospielmusik von 1977–1994*. Osnabrück: epOS, 2007.

Django Unchained. Reg. Quentin Tarantino. Columbia, 2012.

Döring, Jörg, Niels Werber, Veronika Albrecht-Birkner et al. „Was bei vielen Beachtung findet: Zu den Transformationen des Populären". *Kulturwissenschaftliche Zeitschrift* 6.2 (2021): 1–24.

Doki Doki Literature Club! Team Salvato, 2017. (Windows.)

Dordogne. Un Je Ne Sais Quoi/Umanimation/Focus Entertainment, 2023. (Windows.)

Dowers, Michael. „Introduction". *Treasury of Mini Comics: Volume One*. Seattle: Fantagraphics, 2013a. 8–9.

Dowers, Michael (Hg.). *Treasury of Mini Comics: Volume One*. Seattle: Fantagraphics, 2013b.

Dowers, Michael (Hg.). *Treasury of Mini Comics: Volume Two*. Seattle: Fantagraphics, 2014.

Droste, Magdalena. *Bauhaus 1919–1933: Reform und Avantgarde*. Köln: Taschen, 2015.

Düchting, Hajo. *Wassily Kandinsky 1866–1944: A Revolution in Painting*. Köln: Taschen, 2000.

Dungeons and Dragons. TSR/Wizards of the Coast, 1974–. (Tischrollenspiel.)

Dunkirk. Reg. Christopher Nolan. Warner Bros., 2017. (Film.)

Eaton, Marcia Muelder. *Merit, Aesthetic and Ethical*. Oxford: Oxford University Press, 2001.

Eder, Jens. „Film and Digital Media“. *The Johns Hopkins Guide to Digital Media*. Hg. Marie-Laure Ryan, Lori Emerson und Benjamin J. Robertson. Baltimore: Johns Hopkins University Press, 2014. 191–197.

Edrei, Shawn. „The World That Wasn't There: Interstitial Ontological Spaces in Contemporary Video Games“. *Frontiers of Narrative Studies* 4.1 (2018): 112–122.

Ehrenspeck, Yvonne. „Aisthesis und Ästhetik: Überlegungen zu einer problematischen Entdifferenzierung“. *Aisthesis/Ästhetik: Zwischen Wahrnehmung und Bewußtsein*. Hg. Klaus Mollenhauer und Christoph Wulf. Weinheim: Deutscher Studien Verlag, 1996. 201–230.

8-Bit Cinema. CineFix, 2013–2017. (Webserie.) https://www.youtube.com/playlist?list=PL1AXWu-gGX6LNsfQ-KkeGPxL76CFONTom (15. August 2025).

8-Bit Trip. Rymdreglage, 2009. (Video.)

8-Bit Trip 2. Rymdreglage, 2021. (Video.)

Einwächter, Sophie Gwendolyn, und Felix M. Simon. „How Digital Remix and Fan Culture Helped the Lego Comeback“. *Transformative Works and Cultures* 25 (2017): o. S. https://doi.org/10.3983/twc.2017.01047 (15. August 2025).

Eldridge, Richard. „Form and Content: An Aesthetic Theory of Art“. *British Journal of Aesthetics* 25.4 (1985): 303–316.

Emerson, Lori. „Glitch Aesthetics“. *The Johns Hopkins Guide to Digital Media*. Hg. Marie-Laure Ryan, Lori Emerson und Benjamin J. Robertson. Baltimore: Johns Hopkins University Press, 2014. 235–237.

Engberg, Maria, und Jay David Bolter. „Mobile Cinematics“. *Compact Cinematics: The Moving Image in the Age of Bit-Sized Media*. Hg. Pepita Hesselberth und Maria Poulaki. New York: Bloomsbury, 2017. 165–173.

Ensslin, Astrid, und Alice Bell. *Digital Fiction and the Unnatural: Transmedial Narrative Theory, Method, and Analysis*. Columbus: Ohio State University Press, 2021.

Ervik, Andreas. „Generative AI and the Collective Imaginary: The Technology-Guided Social Imagination in AI-Imagenesis“. *IMAGE: The Interdisciplinary Journal of Image Sciences* 37.1 (2023): 42–57.

erzählmirnix. Nadja Hermann, 2012–. (Webcomic.) https://erzaehlmirnix.wordpress.com/ (15. August 2025).

Evoland. Shiro Games, 2013. (Windows.)

The Eye of Judgment. Sony Computer Entertainment, 2007. (PlayStation 3.)

Fahey, Mike. „A Stop-Motion 8-Bit Lego Masterpiece Nine Years in the Making“. *Kotaku*, 19. August 2021. https://kotaku.com/a-stop-motion-8-bit-lego-masterpiece-nine-years-in-the-1847520838 (15. August 2025).

Fahlenbrach, Kathrin. *Audiovisuelle Metaphern: Zur Körper- und Affektästhetik in Film und Fernsehen*. Marburg: Schüren, 2010.

Failes, Ian. „*Isle of Dogs*: How Every Frame Was Touched by VFX“. *VFX Voice: The Magazine of the Visual Effects Society*, 8. Januar 2019. https://www.vfxvoice.com/isle-of-dogs-how-every-frame-was-touched-by-vfx/ (15. August 2025).

Failes, Ian. „How the ‚Pinocchio‘ VFX Team Took the Stop-Motion Further“. *Befores and Afters*, 24. Januar 2023. https://beforesandafters.com/2023/01/24/how-the-pinocchio-vfx-team-took-the-stop-motion-further/ (15. August 2025).

Fairclough, Norman. *Critical Discourse Analysis: The Critical Study of Language*. 2. Aufl. Abingdon: Routledge, 2010.

Farocki, Harun. „Phantom Images“. *Public* 29 (2004): 12–22.

Fazi, M. Beatrice. „Digital Aesthetics: The Discrete and the Continuous“. *Theory, Culture and Society* 36.1 (2019): 3–26.

Feige, Daniel Martin. *Computerspiele: Eine Ästhetik*. Berlin: Suhrkamp, 2015.
Ferreira, Pedro. *Audiovisual Disruption: Post-Digital Aesthetics in Contemporary Audiovisual Arts*. Bielefeld: transcript, 2024.
Fissure. Shawn Smith, 2019. (Skulptur.)
FitzWhittemore, Lore. „Expanding the Spider-Verse: Infinite Possibility and Fan Plausibility“. *Entering the Multiverse: Perspectives on Alternate Universes and Parallel Worlds*. Hg. Paul Booth. New York: Routledge, 2025. 140–149.
Flückiger, Barbara. *Visual Effects: Filmbilder aus dem Computer*. Marburg: Schüren, 2008.
Ford, Derek R. „Postdigital Soundscapes: Sonics, Pedagogies, Technologies“. *Postdigital Science and Education* 5 (2023): 265–276.
Forrest Gump. Reg. Robert Zemeckis. Paramount, 1994. (Film.)
Frank, Michael C. *The Cultural Imaginary of Terrorism in Public Discourse, Literature, and Film: Narrating Terror*. New York: Routledge, 2017.
The French Dispatch. Reg. Wes Anderson. Searchlight, 2021. (Film.)
The Fresh Vegetable Mystery. Reg. Dave Fleischer. Paramount, 1939. (Film.)
Fridel, Evie. *Worrier: Small Anxieties in London*. Selbstverlag, 2017.
Fridel, Evie. *Single: How to Be on Your Own*. Selbstverlag, 2023.
Fridel, Evie. E-Mail-Korrespondenz am 31. August und 25. September 2025.
Friedberg, Eli. „*The Boy and the Heron* Cinematographer Atsushi Okui on Analog vs. Digital Animation and 30 Years with Hayao Miyazaki“. *The Film Stage*, 12. Dezember 2023. https://thefilmstage.com/the-boy-and-the-heron-cinematographer-atsushi-okui-on-analog-vs-digital-animation-and-30-years-with-hayao-miyazaki/ (15. August 2025).
Friedewald, Boris. *Bauhaus*. München: Prestel, 2016.
Frigerio, Aldo, Alessandro Giordani und Luca Mari. „On Representing Information: A Characterization of the Analog/Digital Distinction“. *Dialectica* 67.4 (2013): 455–483.
Furniss, Mauren. *Art in Motion: Animation Aesthetics*. Überarb. Aufl. London: John Libbey, 2007.
Galloway, Alexander R. *The Interface Effect*. Cambridge: Polity, 2012.
Galloway, Alexander R. *Laruelle: Against the Digital*. Minneapolis: University of Minnesota Press, 2014.
Galloway, Alexander R. „Jodi's Infrastructure“. *e-flux journal* 74 (2016): o. S. https://www.e-flux.com/journal/74/59810/jodi-s-infrastructure (15. August 2025).
Galloway, Alexander R. „Golden Age of Analog“. *Critical Inquiry* 48.2 (2022): 211–232.
gamer_152. „Interview: Ian Dallas, Creative Director of *What Remains of Edith Finch*“. *Giant Bomb*, 15. Dezember 2018. https://www.giantbomb.com/profile/gamer_152/blog/interview-ian-dallas-creative-director-of-what-rem/120070/ (15. August 2025).
GameSpot. „How *Cuphead*'s Devs Gambled on a Dream | The Making of *Cuphead*“. *YouTube*, 11. November 2017. https://youtu.be/ujkFlNkXMu4 (15. August 2025).
Gamespot Staff. „*Proteus* Review“. *GameSpot*, 30. Januar 2013. https://www.gamespot.com/reviews/proteus-review/1900-6403756/ (15. August 2025).
Garda, Maria B. „Nostalgia in Retro Games“. *Proceedings of DiGRA 2013: DeFragging Game Studies* (2013): o. S. https://dl.digra.org/index.php/dl/article/view/651/651 (15. August 2025).
Garda, Maria B., und Paweł Grabarczyk. „Is Every Indie Game Independent? Towards the Concept of Independent Game“. *Game Studies: The International Journal of Computer Game Research* 16.1 (2016): o. S. https://gamestudies.org/1601/articles/gardagrabarczyk/ (15. August 2025).
Gaut, Berys. „‚Art‘ as a Cluster Concept“. *Theories of Art Today*. Hg. Noël Carroll. Madison: University of Wisconsin Press, 2000. 25–44.
Gaut, Berys. „Opaque Pictures“. *Revue internationale de philosophie* 246.4 (2008): 381–396.
Geertz, Clifford. *The Interpretation of Cultures: Selected Essays*. New York: Basic Books, 1973.

Genesis Augmented Reality. Genesis Augmented, 2023. (Android.)

Gerok-Reiter, Annette, und Jörg Robert. „Andere Ästhetik: Akte und Artefakte in der Vormoderne: Zum Forschungsprogramm des SFB 1391". *Andere Ästhetik: Grundlagen – Fragen – Perspektiven*. Hg. Annette Gerok-Reiter, Jörg Robert, Matthias Bauer und Anna Pawlak. Berlin: De Gruyter, 2022. 3–51.

Giardina, Caroyln. „‚Spider-Man: Across the Spider-Verse' VFX Supervisor Says the Animated Film Is ‚Like 3,000 Paintings with 1,000 Artists'". *The Hollywood Reporter*, 17. Januar 2024. https://www.hollywoodreporter.com/movies/movie-features/spider-man-across-the-spider-verse-vfx-1235788181/amp/ (15. August 2025).

Gitelman, Lisa. *Always Already New: Media, History, and the Data of Culture*. Cambridge, MA: MIT Press, 2006.

Glanz, Berit. *Filter*. Berlin: Wagenbach, 2023.

Glaser, Tim. „*Homestuck* as a Game: A Webcomic between Playful Participation, Digital Technostalgia, and Irritating Inventory Systems". *Comics and Videogames: From Hybrid Medialities to Transmedia Expansions*. Hg. Andreas Rauscher, Daniel Stein und Jan-Noël Thon. Abingdon: Routledge, 2021. 96–112.

Glitched. En House Studios/Digerati, in Vorb. (Windows.)

Golding, Daniel. „Listening to *Proteus*". *Meanjin* 72.2 (2013): 108–115.

Goldman, Alan H. „Aesthetic Qualities and Aesthetic Value". *Journal of Philosophy* 87.1 (1990): 23–37.

Goldman, Alan H. *Aesthetic Value*. Boulder: Westview Press, 1995.

Goldman, Alan H. „The Broad View of Aesthetic Experience". *Journal of Aesthetics and Art Criticism* 71.4 (2013): 323–333.

Gone Home. Fullbright Company, 2013. (Windows.)

Good Vibrations. Ferruccio Laviani. Fratelli Boffi, 2013/2014. (Eichenschrank.)

Goodbrey, Daniel Merlin. „Digital Comics: New Tools and Tropes". *Studies in Comics* 4.1 (2013): 185–197.

Goodbrey, Daniel Merlin. „Game Comics: Theory and Design". *Comics and Videogames: From Hybrid Medialities to Transmedia Expansions*. Hg. Andreas Rauscher, Daniel Stein und Jan-Noël Thon. Abingdon: Routledge, 2021. 45–59.

Goriunova, Olga, und Alexei Shulgin. „Glitch". *Software Studies: A Lexicon*. Hg. Matthew Fuller. Cambridge, MA: MIT Press, 2008. 110–119.

Gormley, Michael J. *The End of the Anthropocene: Ecocriticism, the Universal Ecosystem, and the Astropocene*. Lanham: Lexington Books, 2021.

Gray, Jonathan. *Show Sold Separately: Promos, Spoilers, and Other Media Paratexts*. New York: New York University Press, 2010.

Grayson, Nathan. „*Proteus* Review". *IGN*, 9. Februar 2013. https://www.ign.com/articles/2013/02/09/proteus-review (15. August 2025).

Grindhouse. Reg. Robert Rodriguez, Eli Roth, Quentin Tarantino, Edgar Wright und Rob Zombie. Dimension Films, 2007. (Film.)

Gris. Nomada Studio/Devolver Digital, 2018. (Windows.)

Grodal, Torben. *Moving Pictures: A New Theory of Film Genres, Feelings, and Cognition*. Oxford: Clarendon Press, 1997.

Guattari, Felix. „Vers une ère post-média". *Terminal* 51 (1990): 43.

Günther, Hans. „Verfremdung: Brecht und Šklovskij". *Gedächtnis und Phantasma: Festschrift für Renate Lachmann*. Hg. Susi K. Frank, Erika Greber, Schamma Schahadat und Igor Smirnov. München: Sagner, 2001. 137–145.

Guillermo del Toro's Pinocchio. Reg. Guillermo del Toro und Mark Gustafson. Netflix, 2022. (Film.)

Gunning, Tom. „The Cinema of Attraction: Early Film, Its Spectator and the Avant-Garde". *Wide Angle* 8.3–4 (1986): 63–70.

Gupta, Mehul. „GPT-5: OpenAI's Worst Release Yet". *Medium*, 10. August 2025. https://medium.com/data-science-in-your-pocket/gpt-5-openais-worst-release-yet-421558ad89f4 (15. August 2025).

Hagener, Malte, Vinzenz Hediger und Alena Strohmaier (Hg.). *The State of Post-Cinema: Tracing the Moving Image in the Age of Digital Dissemination*. London: Palgrave Macmillan, 2016.

Hague, Ian. *Comics and the Senses: A Multisensory Approach to Comics and Graphic Novels*. New York: Routledge, 2014.

Hamel, Hanna, und Eva Stubenrauch (Hg.). *Wie postdigital schreiben? Neue Verfahren der Gegenwartsliteratur*. Bielefeld: transcript, 2023.

Hammel, Björn. *Webcomics: Einführung und Typologie*. Berlin: Bachmann, 2014.

Hammel, Björn. „Webcomics". *Comics und Graphic Novels: Eine Einführung*. Hg. Julia Abel und Christian Klein. Stuttgart: Metzler, 2016. 169–180.

Hansen, Mark B. N. *New Philosophy for New Media*. Cambridge, MA: MIT Press, 2004.

Hark! A Vagrant. Kate Beaton, 2007–2018. (Webcomic.) http://www.harkavagrant.com/ (15. August 2025).

Hart, Hugh. „‚Spider-Man: Across the Spider-Verse' Look of Picture Supervisor Bret St. Clair on Spider-Punk, Mumbattan and More". *Motion Picture Association*, 14. Juni 2023. https://www.motionpictures.org/2023/06/spider-man-across-the-spider-verse-look-of-picture-supervisor-bret-st-clair-on-spider-punk-mumbattan-more/ (15. August 2025).

Hartmann, Maren. „Technologie". *Handbuch Cultural Studies und Medienanalyse*. Hg. Andreas Hepp, Friedrich Krotz, Swantje Lingenberg und Jeffrey Wimmer. Wiesbaden: Springer VS, 2015. 351–360.

Hasebrink, Felix. „Animierter Langfilm". *Handbuch Animation Studies*. Hg. Franziska Bruckner, Julia Eckel, Erwin Feyersinger und Maike Sarah Reinerth. Wiesbaden: Springer VS, 2023. 1–19. https://doi.org/10.1007/978-3-658-25978-5_6-1 (15. August 2025).

Hatch, Mark. *The Maker Movement Manifesto: Rules for Innovation in the New World of Crafters, Hackers, and Tinkerers*. New York: McGraw Hill, 2014.

Hausken, Liv. „Introduction". *Thinking Media Aesthetics: Media Studies, Film Studies and the Arts*. Hg. Liv Hausken. Berlin: Peter Lang, 2013. 29–50.

Hauthal, Janine, Julijana Nadj, Ansgar Nünning und Henning Peters (Hg.). *Metaisierung in Literatur und anderen Medien: Theoretische Grundlagen – Historische Perspektiven – Metagattungen – Funktionen*. Berlin: De Gruyter, 2007.

Hayes, Sarah. *Postdigital Positionality: Developing Powerful Inclusive Narratives for Learning, Teaching, Research and Policy in Higher Education*. Leiden: Brill, 2021.

Hayles, N. Katherine. *How We Became Posthuman: Virtual Bodies in Cybernetics, Literature, and Informatics*. Chicago: University of Chicago Press, 1999.

Haynes, Edward. „‚Internet Crusader'". *Multiversity Comics*, 14. Januar 2020. http://www.multiversitycomics.com/reviews/internet-crusader/ (15. August 2025).

Hecken, Thomas. *Das Populäre als Kunst? Fragen der Form, Werturteile, Begriffe und Begründungen*. Berlin: Metzler, 2024a.

Hecken, Thomas (Hg.). *Gezählte Beachtung: Theorien des Populären*. Berlin: Metzler, 2024b.

Heller-Nicholas, Alexandra. *Found Footage Horror Films: Fear and the Appearance of Reality*. Jefferson: McFarland, 2014.

Henning, Michelle. „Affective Realism: Reimagining Photography with the Google Pixel 9". *AI Aesthetics: AI-Generated Images between Artistics and Aisthetics*. Hg. Jan-Noël Thon und Lukas R. A. Wilde. Abingdon: Routledge, 2025. 92–105.

Herhuth, Eric. *Pixar and the Aesthetic Imagination: Animation, Storytelling, and Digital Culture*. Oakland: University of California Press, 2017.

The Hex. Daniel Mullins Games, 2018. (Windows.)

Hinterwaldner, Inge. „Programmierte Operativität und operative Bildlichkeit“. *Die Kunst der Systemik: Systemische Ansätze der Literatur- und Kunstforschung in Mitteleuropa*. Hg. Roman Mikulás, Sibylle Moser und Karin S. Wozonig. Wien: LIT, 2013. 63–94.

Hiveswap: Act 1. What Pumpkin Games, 2017. (Windows.)

Hiveswap: Act 2. What Pumpkin Games, 2020. (Windows.)

Hiveswap Friendship Simulator. What Pumpkin Games/Fellow Traveller Games, 2018. (Windows.)

Hjarvard, Stig. *The Mediatization of Culture and Society*. Abingdon: Routledge, 2013.

Hobo with a Shotgun. Reg. Jason Eisener. Magnet Releasing, 2011. (Film.)

Hodgson, Justin. *Post-Digital Rhetoric and the New Aesthetic*. Columbus: Ohio State University Press, 2019.

Hoel, Aud Sissel. „Operative Images: Inroads to a New Paradigm of Media Theory“. *Image – Action – Space: Situating the Screen in Visual Practice*. Hg. Luisa Feiersinger, Kathrin Friedrich und Moritz Queisner. Berlin: De Gruyter, 2018. 11–27.

Hoelzl, Ingrid, und Rémi Marie. *Softimage: Towards a New Theory of the Digital Image*. Bristol: Intellect, 2015.

Hogg, Trevor. „Stop-Motion Breathes New Life into *Guillermo del Toro's Pinocchio*“. *VFX Voice: The Magazine of the Visual Effects Society*, 3. Januar 2023. https://www.vfxvoice.com/stop-motion-breathes-new-life-into-guillermo-del-toros-pinocchio/ (15. August 2025).

Holl, Ute. [Ohne Titel]. *Ein Medium namens McLuhan: 37 Befragungen eines Klassikers*. Hg. Peter Bexte und Martina Leeker. Lüneburg: meson press, 2020. 37–46.

Holliday, Christopher. *The Computer-Animated Film: Industry, Style and Genre*. Edinburgh: Edinburgh University Press, 2018.

Holloway, Travis. *How to Live at the End of the World: Theory, Art, and Politics for the Anthropocene*. Stanford: Stanford University Press, 2022.

Homestuck. Andrew Hussie, 2009–2015. (Webcomic.) https://www.homestuck.com/ (15. August 2025).

Honess Roe, Annabelle. *Animated Documentary*. Basingstoke: Palgrave Macmillan, 2013.

Hosea, Birgitta. „Made by Hand“. *The Crafty Animator: Handmade, Craft-Based Animation and Cultural Value*. Hg. Caroline Ruddell und Paul Ward. Cham: Palgrave Macmillan, 2019. 17–43.

Host. Reg. Rob Savage. Shudder, 2020. (Film.)

Hoy, Meredith. *From Point to Pixel: A Genealogy of Digital Aesthetics*. Hanover, NH: Dartmouth College Press, 2017.

Hunter, Greg. „*Internet Crusader*“. *The Comics Journal*, 27. August 2019. https://www.tcj.com/reviews/internet-crusader/ (15. August 2025).

Hunter, Madeleine. „Bric[k]olage: Adaptation as Play in *The Lego Movie* (2014)“. *Adaptation* 11.3 (2018): 273–281.

Inscryption. Daniel Mullins Games/Devolver Digital, 2021. (Windows.)

Insert Coin. Rymdreglage, 2010. (Video.)

Irrgang, Bernhard. *Philosophie der Technik*. Darmstadt: Wissenschaftliche Buchgesellschaft, 2008.

Isle of Dogs. Reg. Wes Anderson. Searchlight, 2018. (Film.)

Ivănescu, Andra. *Popular Music in the Nostalgia Video Game: The Way It Never Sounded*. Cham: Palgrave Macmillan, 2019.

Jackson, Gita. „*What Remains of Edith Finch*: The *Kotaku* Review“. *Kotaku*, 24. April 2017. https://kotaku.com/what-remains-of-edith-finch-the-kotaku-review-1794562388 (15. August 2025).

Jacobson, Colin. „*Planet Terror*: Unrated [Blu-Ray] (2007)". *DVD Movie Guide*, 5. Januar 2021. http://www.dvdmg.com/planetterrorbr.shtml (15. August 2025).

Jäger, Ludwig. „Störung und Transparenz: Skizze zur performativen Logik der Medien". *Performativität und Medialität*. Hg. Sybille Krämer. München: Fink, 2004. 35–74.

Jäger, Siegfried. *Kritische Diskursanalyse: Eine Einführung*. 7. Aufl. Münster: Unrast, 2015.

Jahn-Sudmann, Andreas, und Frank Kelleter. „Die Dynamik serieller Überbietung: Amerikanische Fernsehserien und das Konzept des Quality-TV". *Populäre Serialität: Narration – Evolution – Distinktion: Zum seriellen Erzählen seit dem 19. Jahrhundert*. Hg. Frank Kelleter. Bielefeld: transcript, 2012. 205–224.

Jandrić, Petar, Jeremy Knox, Tina Besley, Thomas Ryberg, Juha Suoranta und Sarah Hayes. „Postdigital Science and Education". *Educational Philosophy and Theory* 50.10 (2018): 893–899.

Janes, Stephanie. *Alternate Reality Games: Promotion and Participatory Culture*. Abingdon: Routledge, 2020.

Jeffries, Dru. „‚Anyone Can Wear the Mask': The Marginalization of Miles Morales in *Spider-Man: Into the Spider-Verse*". *JCMS: Journal of Cinema and Media Studies* 62.5 (2022): 192–214.

Jenkins, Henry. *Convergence Culture: Where Old and New Media Collide*. New York: New York University Press, 2006.

Jenkins, Henry, Sam Ford und Joshua Green. *Spreadable Media: Creating Value and Meaning in a Networked Culture*. New York: New York University Press, 2013.

Jensen, Klaus Bruhn. *Media Convergence: The Three Degrees of Network, Mass, and Interpersonal Communication*. 2. Aufl. Abingdon: Routledge, 2022.

Jörissen, Benjamin. „Subjektivation und ästhetische Bildung in der post-digitalen Kultur". *Vierteljahrsschrift für wissenschaftliche Pädagogik* 94 (2018): 51–70.

Jones, Shelley (Hg.). *Watch Us Roll: Essays on Actual Play and Performance in Tabletop Role-Playing Games*. Jefferson: McFarland, 2021.

Jordan, Spencer. *Postdigital Storytelling: Poetics, Praxis, Research*. Abingdon: Routledge, 2020.

Jung, Berenike, Klaus Sachs-Hombach und Lukas R. A. Wilde (Hg.). *Agency postdigital: Verteilte Handlungsmächte in medienwissenschaftlichen Forschungsfeldern*. Köln: Halem, 2021.

Jung, Tristan. „*Cuphead* Review". *Medium*, 16. November 2017. https://medium.com/@3stan/cuphead-review-d62d57ce5528 (15. August 2025).

Jurassic Park. Reg. Steven Spielberg. Universal, 1993. (Film.)

Juul, Jesper. „High-Tech Low-Tech Authenticity: The Creation of Independent Style at the Independent Games Festival". *Proceedings of the 9th International Conference on the Foundations of Digital Games* (2014): o. S. http://www.fdg2014.org/papers/fdg2014_paper_15.pdf (15. August 2025).

Juul, Jesper. *Handmade Pixels: Independent Video Games and the Quest for Authenticity*. Cambridge, MA: MIT Press, 2019.

Kagen, Melissa. „Archival Adventuring". *Convergence: The International Journal of Research into New Media Technologies* 26.4 (2020): 1007–1020.

Kagen, Melissa. *Wandering Games*. Cambridge, MA: MIT Press, 2022.

Kane, Carolyn L. *High-Tech Trash: Glitch, Noise, and Aesthetic Failure*. Oakland: University of California Press, 2019.

Kankainen, Ville, Jonne Arjoranta und Timo Nummenmaa. „Games as Blends: Understanding Hybrid Games". *Journal of Virtual Reality and Broadcasting* 14.4 (2017): o. S. https://doi.org/10.20385/1860-2037/14.2017.4 (15. August 2025).

Kant, Immanuel. *Critik der Urtheilskraft*. Berlin: Lagarde und Friederich, 1790.

Kee, Chera. „The Ghosts in the Machine: Screened Reality and the Desktop Film". *Lit: Literature Interpretation Theory* 33.2 (2022): 131–151.

Keller, Reiner. *Wissenssoziologische Diskursanalyse: Grundlegung eines Forschungsprogramms*. 3. Aufl. Wiesbaden: Springer VS, 2011.
Kessler, Frank. „*Ostranenie*: Zum Verfremdungsbegriff von Formalismus und Neoformalismus". *montage AV: Zeitschrift für Theorie und Geschichte audiovisueller Kommunikation* 5.2 (1996): 51–65.
Khemsurov, Monica. „Ferruccio Laviani on His *Good Vibrations* Series". *Sight Unseen*, 28. April 2014. https://www.sightunseen.com/2014/04/ferruccio-laviani-on-his-good-vibrations-series/ (15. August 2025).
Kimitachi wa Dō Ikiru ka (*Der Junge und der Reiher*). Reg. Hayao Miyazaki. Toho, 2023. (Film.)
King Neptune. Reg. Burt Gillett. United Artists, 1932. (Film.)
Kirkland, Ewan. „‚He Died a Lot': The Gothic Gameplay of *What Remains of Edith Finch*". *Death, Culture and Leisure: Playing Dead*. Hg. Matt Coward-Gibbs. Bringley: Emerald Publishing, 2020. 95–107.
Kirkpatrick, Graeme. *Aesthetic Theory and the Video Game*. Manchester: Manchester University Press, 2011.
Kiss, Miklós. „Desktop Documentary: From Artefact to Artist(ic) Emotions". *NECSUS: European Journal of Media Studies* 10.1 (2021): 99–119.
Kleefeld, Sean. *Webcomics*. London: Bloomsbury, 2020.
Kliche, Dieter. „Ästhetik und Aisthesis: Zur Begriffs- und Problemgeschichte des Ästhetischen". *Weimarer Beiträge: Zeitschrift für Literaturwissenschaft, Ästhetik und Kulturwissenschaften* 44.4 (1998): 485–505.
Koch, Lars. „Störung". *Stichwörter für die kritische Praxis*. Hg. Michel Chaouli, Jan Lietz, Jutta Müller-Tamm und Simon Schleusener. Zürich: diaphanes, 2023. 217–232.
Koch, Lars, und Tobias Nanz. „Ästhetische Experimente: Zur Ereignishaftigkeit und Funktion von Störungen in den Künsten". *Zeitschrift für Literaturwissenschaft und Linguistik* 44.1 (2014): 94–115.
Koch, Lars, Tobias Nanz und Johannes Pause. „Imaginationen der Störung: Ein Konzept". *Behemoth: A Journal on Civilization* 9.1 (2016): 6–23.
Koch, Lars, Tobias Nanz und Johannes Pause (Hg.). *Disruption in the Arts: Textual, Visual, and Performative Strategies for Analyzing Societal Self-Descriptions*. Berlin: De Gruyter, 2018.
The Kodak Moment. Michael Betancourt, 2013. (Video.)
Köhler, Wolfgang. *Gestalt Psychology*. New York: Horace Liveright, 1929.
Koenitz, Hartmut. *Understanding Interactive Digital Narrative: Immersive Expressions for a Complex Time*. Abingdon: Routledge, 2023.
Koffka, Kurt. *Principles of Gestalt Psychology*. New York: Harcourt Brace and Company, 1935.
Kouvaras, Linda Ioanna. *Loading the Silence: Australian Sound Art in the Post-Digital Age*. Abingdon: Routledge, 2016.
Krämer, Sybille. *Der Stachel des Digitalen: Geisteswissenschaften und Digital Humanities*. Berlin: Suhrkamp, 2025.
Kraidy, Marwan M. „Hybridity". *Keywords for Media Studies*. Hg. Laurie Ouellette und Jonathan Gray. New York: New York University Press, 2017. 90–93.
Krampe, Theresa. *Metareference in Videogames*. Abingdon: Routledge, 2025.
Krampe, Theresa, Stephanie Lotzow und Jan-Noël Thon. „Playful Poetics: Metareferential Interfaces in Recent Indie Games". *Poetics Today* 43.4 (2022): 729–771.
Krampe, Theresa, und Jan-Noël Thon (Hg.). *Videogames and Metareference: Mapping the Margins of an Interdisciplinary Field*. Abingdon: Routledge, 2025.
Krause, Fran. E-Mail-Korrespondenz am 14. und 15. Juni 2025.
Krüger-Fürhoff, Irmela Marei. „Screen Memories in Literary and Graphic Dementia Narratives: Irene Dische's ‚The Doctor Needs a Home' and Stuart Campbell's *These Memories Won't Last*". *The Politics of Dementia: Forgetting and Remembering the Violent Past in Literature, Film and Graphic*

Narratives. Hg. Irmela Marei Krüger-Fürhoff, Nina Schmidt und Sue Vice. Berlin: De Gruyter, 2022. 135–149.
Kuhn, Thomas S. *The Structure of Scientific Revolutions*. Chicago: University of Chicago Press, 1962.
Kukkonen, Karin. „Web Comics". *The Johns Hopkins Guide to Digital Media*. Hg. Marie-Laure Ryan, Lori Emerson und Benjamin J. Robertson. Baltimore: Johns Hopkins University Press, 2014. 521–524.
Kwastek, Katja. „How to Be Theorized: A Tediously Academic Essay on the *New Aesthetic*". *Postdigital Aesthetics: Art, Computation and Design*. Hg. David M. Berry und Michael Dieter. Basingstoke: Palgrave Macmillan, 2015. 72–85.
Lachmann, Renate. „Die ‚Verfremdung' und das ‚Neue Sehen' bei Viktor Šklovskij". *Poetica* 3 (1970): 226–249.
Lamerichs, Nicolle. „Scrolling, Swiping, Selling: Understanding Webtoons and the Data-Driven Participatory Culture around Comics". *Participations: Journal of Audience and Reception Studies* 17.2 (2020): 211–229.
Lamerichs, Nicolle, und Vanessa Ossa. „Fandom, Algorithm, Prompting: Reconsidering Webcomics". *Studies in Comics* 14 (2023): 137–149.
Landfill 16. Reg. Jennifer Reeves. Light Cone, 2011. (Film.)
Lange, Andreas. „Digitale Kultur ist Living Heritage: Eine Fallstudie zur Demoszene". *Paragrana: Internationale Zeitschrift für Historische Anthropologie* 33.2 (2024): 145–158.
Leavy, Patricia. *Method Meets Art: Arts-Based Research Practice*. 3. Aufl. New York: The Guilford Press, 2020.
Leavy, Patricia (Hg.). *Handbook of Arts-Based Research*. 2. Aufl. New York: The Guilford Press, 2025.
Leddy, Thomas. *The Extraordinary in the Ordinary: The Aesthetics of Everyday Life*. Peterborough: Broadview Press, 2012.
Lee, Jonathan Rey. „Master Building and Creative Vision in *The LEGO Movie*". *Cultural Studies of LEGO: More than Just Bricks*. Hg. Rebecca C. Hains und Sharon R. Mazzarella. Cham: Palgrave Macmillan, 2019. 149–173.
Lee, Jonathan Rey. *Deconstructing LEGO: The Medium and Messages of LEGO Play*. Cham: Palgrave Macmillan, 2020.
Lee, Kevin B., und Ariel Avissar. „Desktop Documentary as Scholarly Subjectivity: Five Approaches". *NECSUS: European Journal of Media Studies* 12.1 (2023): 276–280.
The Lego Batman Movie. Reg. Chris McKay. Warner Bros., 2017. (Film.)
Lego Dimensions. Traveller's Tales/Warner Bros. Interactive Entertainment, 2015–2017. (PlayStation 3.)
The Lego Movie. Reg. Phil Lord und Christopher Miller. Warner Bros., 2014. (Film.)
The Lego Movie 2: The Second Part. Reg. Mike Mitchell. Warner Bros., 2019. (Film.)
The Lego Ninjago Movie. Reg. Charlie Bean, Paul Fisher und Bob Logan. Warner Bros., 2017. (Film.)
Leschke, Rainer, und Jochen Venus (Hg.). *Spielformen im Spielfilm: Zur Medienmorphologie des Kinos nach der Postmoderne*. Bielefeld: transcript, 2015.
Levine, Caroline. *Forms: Whole, Rhythm, Hierarchy, Network*. Princeton: Princeton University Press, 2015.
Levinson, Jerrold. „Defining Art Historically". *British Journal of Aesthetics* 19.3 (1979): 232–250.
Levinson, Jerrold. „Aesthetic Supervenience". *Southern Journal of Philosophy* 22.S1 (1984): 93–110.
Levinson, Jerrold. „Aesthetic Properties, Evaluative Force, and Differences of Sensibility". *Aesthetic Concepts: Essays after Sibley*. Hg. Emily Brady und Jerrold Levinson. Oxford: Clarendon Press, 2001. 61–80.
Levinson, Jerrold. „Aesthetic Properties". *Proceedings of the Aristotelian Society, Supplementary Volumes* 79 (2005): 211–227.
Levinson, Jerrold. *Aesthetic Pursuits: Essays in the Philosophy of Art*. Oxford: Oxford University Press, 2016.

Levinson, Paul. *New New Media*. 2. Aufl. London: Pearson, 2015.
Light Speed: Arena. Tablescope, 2025. (Brettspiel.)
Lopes, Dominic. *Understanding Pictures*. Oxford: Clarendon Press, 1996.
Loud and Smart. Alex Krokus, 2016–. (Webcomic.) https://www.instagram.com/alexkrokus/ (15. August 2025).
Loving Vincent. Reg. Dorota Kobiela und Hugh Welchman. RBF Productions, 2017. (Film.)
Ludovico, Alessandro. *Post-Digital Print: The Mutation of Publishing since 1894*. Eindhoven: Onomatopee, 2012.
Lumino City. State of Play Games, 2013.
Lund, Holger. „Make It Real and Get Dirty! Zur Entwicklung postdigitaler Ästhetiken im Musikvideo". *Post-Digital Culture*. Hg. Daniel Kulle, Cornelia Lund, Oliver Schmidt und David Ziegenhagen. Hamburg: Universität Hamburg, 2015. 1–10. http://www.post-digital-culture.org/hlund (15. August 2025).
Lune, Matt. „‚200 Pages of Early-Internet Insanity': George Wylesol Talks ‚Internet Crusader'". *Multiversity Comics*, 6. November 2019. http://www.multiversitycomics.com/interviews/george-wylesol-internet-crusader-interview/ (15. August 2025).
Lyrisch nitraat. Reg. Peter Delpeut. Yuca Film, 1990. (Film.)
MacCormack, Patricia. *The Ahuman Manifesto: Activism for the End of the Anthropocene*. London: Bloomsbury, 2020.
Machete. Reg. Ethan Maniquis und Robert Rodriguez. Twentieth Century Fox, 2010. (Film.)
The Maester's Path. HBO, 2011. (Alternate Reality Game.)
Makai, Péter Kristóf. „Video Games as Objects and Vehicles of Nostalgia". *Humanities* 7.4 (2018): 123 (1–14). https://doi.org/10.3390/h7040123 (15. August 2025).
Makler, David. *Timeforce*. 6 Hefte. Selbstverlag, 2020–2024.
Makler, David. E-Mail-Korrespondenz am 30. August und 1. September 2025.
Maley, Corey J. „Analog and Digital, Continuous and Discrete". *Philosophical Studies* 155 (2011): 117–131.
Maley, Corey J. „Analogue Computation and Representation". *British Journal for the Philosophy of Science* 74.3 (2023): 739–769.
Malki!, David. „About". *Wondermark*, o. D. https://wondermark.com/about/ (15. August 2025).
Malki!, David. „2 Minutes to *Wondermark* #1368: Comic Strip Timelapse with Author Commentary". *YouTube*, 21. Februar 2024. https://youtu.be/YzuWarYaLW4 (15. August 2025).
Mandoki, Katya. *Everyday Aesthetics: Prosaics, the Play of Culture and Social Identities*. Abingdon: Routledge, 2016.
Manouach, Ilan. *The Cubicle Island: Pirates, Microworkers, Spambots and the Venatic Lore of Clickfarm Humor*. Brüssel: La Cinquième Couche, 2020.
Manouach, Ilan. *Fastwalkers*. Brüssel: La Cinquième Couche, 2021a.
Manouach, Ilan. „*The Cubicle Island*". *Ilan Manouach*, 23. Juli 2021 (2021b). https://ilanmanouach.com/work/thecubicleisland/ (15. August 2025).
Manouach, Ilan. „In Defense of Synthetic Comics". *The Comics Journal*, 10. Februar 2025. https://www.tcj.com/in-defense-of-synthetic-comics/ (15. August 2025).
Manovich, Lev. *The Language of New Media*. Cambridge, MA: MIT Press, 2001.
Manovich, Lev. „Postmedia Aesthetics". *Transmedia Frictions: The Digital, the Arts, and the Humanities*. Hg. Marsha Kinder und Tara McPherson. Oakland: University of California Press, 2014. 34–44.
Manovich, Lev. „What Is Digital Cinema?". *Post-Cinema: Theorizing 21st-Century Film*. Hg. Shane Denson und Julia Leyda. Falmer: Reframe, 2016. 20–50.
Manovich, Lev. „Aesthetics". *Keywords for Media Studies*. Hg. Laurie Ouellette und Jonathan Gray. New York: New York University Press, 2017. 9–11.

Manovich, Lev. „AI Image Media through the Lens of Art and Media History". *IMAGE: The Interdisciplinary Journal of Image Sciences* 37.1 (2023): 34–41.
Manovich, Lev, und Emanuele Arielli. *Artificial Aesthetics: Generative AI, Art and Visual Media*. Selbstverlag, 2024. https://manovich.net/index.php/projects/artificial-aesthetics (15. August 2025).
Marchiori, Dario. „Media Aesthetics". *Preserving and Exhibiting Media Art: Challenges and Perspectives*. Hg. Julia Noordegraaf, Cosetta G. Saba, Barbara Le Maître und Vinzenz Hediger. Amsterdam: Amsterdam University Press, 2013. 81–99.
Marks, Laura U. *Hanan al-Cinema: Affections for the Moving Image*. Cambridge, MA: MIT Press, 2015.
Mathier, Marion. *Postdigital Disconnects: The Discursive Formation of Technology in Education*. New York: Routledge, 2023.
Matravers, Derek. „Aesthetic Properties". *Proceedings of the Aristotelian Society, Supplementary Volumes* 79 (2005): 191–210.
Mattis, Tyler. *Disney's Live-Action Movie Bombs, 1979–2019*. Jefferson: McFarland, 2025.
McCloud, Scott: *Reinventing Comics: How Imagination and Technology Are Revolutionizing an Art Form*. New York: HarperCollins, 2000.
McGinn, Colin. *Mindsight: Image, Dream, Meaning*. Cambridge, MA: Harvard University Press, 2004.
McGowan, David. „*Cuphead*: Animation, the Public Domain, and Home Video Remediation". *Journal of Popular Culture* 52.1 (2019): 10–34.
McLuhan, Marshall. *Understanding Media: The Extensions of Man*. New York: McGraw-Hill, 1964.
McNamara, Lisa. „Tradition and Technology: Inside the Beautifully Hand-Animated ‚Wolfwalkers'". *frame.io insider*, 3. Mai 2021 [aktualisiert am 17. Dezember 2023]. https://blog.frame.io/2021/05/03/made-in-frame-wolfwalkers/ (15. August 2025).
McQuillan, J. Colin (Hg.). *Baumgarten's Aesthetics: Historical and Philosophical Perspectives*. Lanham: Rowman and Littlefield, 2021.
Meer, Alec. „Interview: *Card Hunter* Uncovered". *Rock Paper Shotgun*, 2. August 2011 (2011a). https://www.rockpapershotgun.com/card-hunter-preview (15. August 2025).
Meer, Alec. „Interview: *Card Hunter*'s Jon Chey (Part 2)". *Rock Paper Shotgun*, 10. August 2011 (2011b). https://www.rockpapershotgun.com/interview-card-hunters-jon-chey-part-2 (15. August 2025).
Meikle, Kyle. „8-Bit Goes to the Movies". *Wide Screen* 6.1 (2016): 1–16. https://widescreenjournal.org/wp-content/uploads/2021/06/8-bit-goes-to-the-movies.pdf (15. August 2025).
Meinel, Dietmar. *Pixar's America: The Re-Animation of American Myths and Symbols*. Cham: Palgrave Macmillan, 2016.
Menke, Christoph. „Schwerpunkt: Zur Aktualität der Ästhetik von Alexander G. Baumgarten". *Deutsche Zeitschrift für Philosophie* 49.2 (2001): 229–231.
Menkman, Rosa. *The Glitch Moment(um)*. Amsterdam: Institute of Network Cultures, 2011.
Meriläinen, Mikko, Katriina Heljakka und Jaakko Stenros. „Lead Fantasies: The Making, Meaning and Materiality of Miniatures". *Material Game Studies: A Philosophy of Analogue Play*. Hg. Chloé Germaine und Paul Wake. London: Bloomsbury, 2023. 83–101.
Merleau-Ponty, Maurice. *Phénoménologie de la perception*. Paris: Éditions Gallimard, 1945.
Mersch, Dieter. *Was sich zeigt: Materialität, Präsenz, Ereignis*. München: Fink, 2002.
Mersch, Dieter. „Medienästhetiken: Entwurf einer Systematisierung". *Internationales Jahrbuch für Medienphilosophie und Medienästhetik* (2024): 203–227.
Mészáros, Tímea. „The Book as Framing Device in Exploration Games: *Myst* (1993) and *What Remains of Edith Finch* (2017)". *Buch-Aisthesis: Philologie und Gestaltungsdiskurs*. Hg. Christopher Busch und Oliver Ruf. Bielefeld: transcript, 2022. 103–118.

Meyer, Roland. „Es schimmert, es glüht, es funkelt: Zur Ästhetik der KI-Bilder". *54books*, 20. März 2023 (2023a). https://54books.de/es-schimmert-es-glueht-es-funkelt-zur-aesthetik-der-ki-bilder (15. August 2025).

Meyer, Roland. „The New Value of the Archive: AI Image Generation and the Visual Economy of ‚Style'". *IMAGE: The Interdisciplinary Journal of Image Sciences* 37.1 (2023b): 100–111.

Michael, Charlie. Spider-Man: Into the Spider-Verse*: Youth, Race, and the Hypertext*. Abingdon: Routledge, 2025.

Mihailova, Mihaela. „To Err Is Generative: The Flaw as Flow in Prompt-Based Animation". *JCMS: Journal of Cinema and Media Studies* 64.1 (2024): 189–195.

Milner, Daphne. „*Internet Crusader* Tells the Story of a Virus-Induced Post-Apocalyptic World". *It's Nice That*, 16. September 2019. https://www.itsnicethat.com/articles/george-wylesol-internet-crusader-illustration-160919 (15. August 2025).

Minecraft. Mojang Studios, 2011. (Windows.)

Missing. Reg. Nicholas D. Johnson und Will Merrick. Stage 6 Films, 2023. (Film.)

Mitchell, Alex, und Jasper van Vught. *Videogame Formalism: On Form, Aesthetic Experience and Methodology*. Amsterdam: Amsterdam University Press, 2023.

Mitchell, William J. T. *The Reconfigured Eye: Visual Truth in the Post-Photographic Era*. Cambridge, MA: MIT Press, 1992.

Mitchell, William J. T. „Foreword: Media Aesthetics". *Thinking Media Aesthetics: Media Studies, Film Studies and the Arts*. Hg. Liv Hausken. Berlin: Peter Lang, 2013. 15–27.

Molina-Guzmán, Isabel. „*Into the Spider-Verse* and the Commodified (Re)Imagining of Afro-Rican Visibility". *Mixed-Race Superheroes*. Hg. Sika A. Dagbovie-Mullins und Eric L. Berlatsky. New Brunswick: Rutgers University Press, 2021. 220–242.

Monday Morning. Danny Noble, 2010–2014. (Webcomic.) https://dannynoble.tumblr.com/ (15. August 2025).

Monster Movie. Takeshi Murata, 2005. (Video.)

Montembeault, Hugo, und Maxime Deslongchamps-Gagnon. „The Walking Simulator's Generic Experiences". *Press Start* 5.2 (2019): 1–28.

Moon, So-young. „Japanese Artist's Work Tests the Eyes, Human Perception". *Korea JoongAng Daily*, 9. Oktober 2012. https://koreajoongangdaily.joins.com/2012/10/09/artsdesign/japanese-artists-work-tests-the-eyes-human-perception/2960547.html (15. August 2025).

Morales, Eric César. „*Spider-Man: Into the Spider-Verse* by Ramsey, Persichetti and Rothman". *Chiricú Journal: Latina/o Literatures, Arts, and Cultures* 3.2 (2019): 171–174.

Morrison, Angus. „*Pony Island* Review". *PC Gamer*, 22. Januar 2016. https://www.pcgamer.com/pony-island-review/ (15. August 2025).

Moskatova, Olga. *Male am Zelluloid: Zum relationalen Materialismus im kameralosen Film*. Bielefeld: transcript, 2019.

Moskatova, Olga. „The Aesthetics of Promise: Tech-Failures and Tech-Demonstrations of Generative AI". *AI Aesthetics: AI-Generated Images between Artistics and Aisthetics*. Hg. Jan-Noël Thon und Lukas R. A. Wilde. Abingdon: Routledge, 2025. 75–91.

Moulin Rouge! Reg. Baz Luhrmann. Twentieth Century Fox, 2001. (Film.)

Müller, Corinna, und Harro Segeberg (Hg.). *Die Modellierung des Kinofilms: Zur Geschichte des Kinoprogramms zwischen Kurzfilm und Langfilm (1905/6–1918)*. München: Fink, 1998.

Müller, Jannik. *Die Hybridästhetik des Computeranimationsfilms*. Osnabrück: Universität Osnabrück (Dissertation), 2025.

Mundhenke, Florian. *Zwischen Dokumentar- und Spielfilm: Zur Repräsentation und Rezeption von Hybrid-Formen*. Wiesbaden: Springer VS, 2017.

Murray, Michael D. „Generative AI Art: Copyright Infringement and Fair Use“. *SMU Science and Technology Law Review* 26.2 (2023): 259–315.

Murray, Sarah. „Postdigital Cultural Studies“. *International Journal of Cultural Studies* 23.4 (2020): 441–450.

Nakhaie, F. S. „Reproduce and Adapt: *Homestuck* in Print and Digital (Re)Incarnations“. *Convergence: The International Journal of Research into New Media Technologies* 29.5 (2022): 1168–1182.

Nanay, Bence. *Aesthetics as Philosophy of Perception*. Oxford: Oxford University Press, 2016.

Nanay, Bence. „Mental Imagery“. *The Stanford Encyclopedia of Philosophy (Winter 2021 Edition)*. Hg. Edward N. Zalta. Stanford: Stanford University, 2021. O. S. https://plato.stanford.edu/archives/win2021/entries/mental-imagery/ (15. August 2025).

Nansen, Bjorn, Benjamin Nicoll und Thomas Apperley. „Postdigitality in Children’s Crossmedia Play: A Case Study of Nintendo’s Amiibo Figurines“. *The Internet of Toys: Practices, Affordances and the Political Economy of Children’s Smart Play*. Hg. Giovanna Mascheroni und Donell Holloway. Cham: Palgrave Macmillan, 2019. 89–108.

Negroponte, Nicholas. „Beyond Digital“. *Wired*, 1. Dezember 1998. https://www.wired.com/1998/12/negroponte-55/ (15. August 2025).

Neverending Nightmares. Infinitap Games, 2014. (Windows.)

A New Ecology for the Citizen of a Digital Age. Nick Briz, 2009. (Video.)

Ngai, Sianne. *Our Aesthetic Categories: Zany, Cute, Interesting*. Cambridge, MA: Harvard University Press, 2012.

Nielsen, Henrik Kaare. „Totalizing Aesthetics? Aesthetic Theory and the Aestheticization of Everyday Life“. *Nordisk estetisk tidskrift* 17.32 (2005): 60–75.

Niemeyer, Katharina (Hg.). *Media and Nostalgia: Yearning for the Past, Present and Future*. Basingstoke: Palgrave Macmillan, 2014.

Nintendo Labo Multi-Set. Nintendo, 2018. (Switch.)

Nocturnes pour le roi de Rome. Reg. Jean-Charles Fitoussi. Pointligneplan, 2005. (Film.)

Nöth, Winfried, und Nina Bishara (Hg.). *Self-Reference in the Media*. Berlin: De Gruyter, 2007.

Nuernbergk, Christian. *Anschlusskommunikation in der Netzwerköffentlichkeit: Ein inhalts- und netzwerkanalytischer Vergleich der Kommunikation im „Social Web“ zum G8-Gipfel von Heiligendamm*. Baden-Baden: Nomos, 2013.

Nuovi comizi d’amore. Reg. Marcello Mencarini und Barbara Seghezzi. Emage, 2006. (Film.)

Odin, Roger. „Cinema in My Pocket“. *Exposing the Film Apparatus: The Film Archive as a Research Laboratory*. Hg. Giovanna Fossati und Annie van den Oever. Amsterdam: Amsterdam University Press, 2016. 45–53.

Offert, Fabian. „On the Concept of History (in Foundation Models)“. *IMAGE: The Interdisciplinary Journal of Image Sciences* 37.1 (2023): 121–134.

O’Hara, William. „Mapping Sound: Play, Performance, and Analysis in *Proteus*“. *Journal of Sound and Music in Games* 1.3 (2020): 35–67.

Ohmer, Susan. „Classical Hollywood, 1928–1946“. *Animation*. Hg. Scott Curtis. New Brunswick: Rutgers University Press, 2019. 48–74.

Oliver, Andy. „‚I Think There’s So Much Room in Comics for Experimentation‘: George Wylesol on His ‚Point and Click‘ Graphic Novel ‚2120‘ and the Avery Hill Kickstarter“. *Broken Frontier*, 29. November 2021. https://www.brokenfrontier.com/george-wylesol-2120-avery-hill-kickstarter/ (15. August 2025).

Olson, Marisa. „Postinternet: Art after the Internet“. *Foam Magazine* 29 (2011): 59–63.

Once Upon a Time… in Hollywood. Reg. Quentin Tarantino. Columbia, 2019. (Film.)

OpenAI. „Introducing 4o Image Generation". *OpenAI*, 25. März 2025 (2025a). https://openai.com/index/introducing-4o-image-generation/ (15. August 2025).

OpenAI. „Introducing GPT-5". *OpenAI*, 7. August 2025 (2025b). https://openai.com/index/introducing-gpt-5/ (15. August 2025).

Openshaw, Jonathan. *Postdigital Artisans: Craftmanship with a New Aesthetic in Fashion, Art, Design and Architecture*. Amsterdam: Frame.

Oppenheimer. Reg. Christopher Nolan. Universal, 2023. (Film.)

Ortega, Élika. „Media and Cultural Hybridity in the Digital Humanities". *PMLA: Publications of the Modern Language Association of America* 135.1 (2020): 159–164.

Packard, Stephan, Andreas Rauscher, Véronique Sina, Jan-Noël Thon, Lukas R. A. Wilde und Janina Wildfeuer. *Comicanalyse: Eine Einführung*. Berlin: Metzler, 2019.

Pantenburg, Volker. „Working Images: Harun Farocki and the Operational Image". *Image Operations: Visual Media and Political Conflict*. Hg. Jens Eder und Charlotte Klonk. Manchester: Manchester University Press, 2017. 49–62.

Papagiannouli, Christina. „A Postdigital Response: Experiential Dramaturgies of Online Theatre, Cyberformance, and Digital Texts". *Experiential Theatres: Praxis-Based Approaches to Training 21st Century Theatre Artists*. Hg. William W. Lewis und Sean Bartley. New York: Routledge, 2022. 175–181.

Papenburg, Bettina. „Postdigitale Weltraumästhetik". *Internationales Jahrbuch für Medienphilosophie und Medienästhetik* (2024): 175–201.

Papetura. Petums, 2021. (Windows.)

Parikka, Jussi. *Operational Images: From the Visual to the Invisual*. Minneapolis: University of Minnesota Press, 2023.

Parkin, Simon. „*Cuphead* Review". *Eurogamer*, 2. Oktober 2017. https://www.eurogamer.net/cuphead-review (15. August 2025).

Paul, Christiane. „Introduction: From Digital to Post-Digital: Evolutions of an Art Form". *A Companion to Digital Art*. Hg. Christiane Paul. Malden: Wiley-Blackwell, 2016. 1–19.

Paul, Christiane. *Digital Art*. 2. Aufl. London: Thames and Hudson, 2023.

Paul, Christiane, und Malcolm Levy. „Genealogies of the New Aesthetic". *Postdigital Aesthetics: Art, Computation and Design*. Hg. David M. Berry und Michael Dieter. Basingstoke: Palgrave Macmillan, 2015. 27–43.

Pax Pamir: Second Edition. Wehrlegig Games, 2019. (Brettspiel.)

Peckham, Matt. „Exclusive: See How *Cuphead*'s Incredible Cartoon Graphics Are Made". *Time*, 12. April 2016. https://time.com/4123150/cuphead-preview/ (15. August 2025).

Pedroza, Jason. „*Cuphead* Review". *Merry-Go-Round Magazine*, 11. Oktober 2017. https://merrygoroundmagazine.com/cuphead-review/ (15. August 2025).

Pentiment. Obsidian Entertainment/Xbox Game Studios, 2022. (Windows.)

Pepperell, Robert, und Michael Punt. *The Postdigital Membrane: Imagination, Technology and Desire*. Bristol: Intellect, 2000.

Philipsen, Lotte. „Who's Afraid of the Audience? Digital and Post-Digital Perspectives on Aesthetics". *A Peer-Reviewed Journal about* 3.1 (2014): 120–130.

The Phoenician Scheme. Reg. Wes Anderson. Focus Features, 2025. (Film.)

A Picnic Panic. Reg. Burt Gillett und Tom Palmer. RKO Radio Pictures, 1935. (Film.)

Piece by Piece. Reg. Morgan Neville. Focus Features, 2024. (Film.)

Pix. GameWorks, 2012. (Brettspiel.)

Pixel. Educational Insights, 2007. (Brettspiel.)

Pixel Glory. Zafty, 2014. (Kartenspiel.)

Pixel Glory: Light and Shadow. Zafty, 2018. (Kartenspiel.)
Pixel Lincoln: A Side-Scrolling Adventure Card Game. Championland, 2008. (Kartenspiel.)
Pixel Lincoln: The Deckbuilding Game. Island Officials/Game Salute, 2013. (Kartenspiel.)
Pixel Tactics. Level 99 Games, 2012. (Kartenspiel.)
Pixel Tactics 2. Level 99 Games, 2013. (Kartenspiel.)
Pixel Tactics 3. Level 99 Games, 2014. (Kartenspiel.)
Pixel Tactics 4. Level 99 Games, 2015. (Kartenspiel.)
Pixel Tactics 5. Level 99 Games, 2015. (Kartenspiel.)
Pixel Tactics Deluxe. Level 99 Games, 2015. (Kartenspiel.)
Pixel Tactics Legends. Level 99 Games, 2020. (Kartenspiel.)
Pixels. Reg. Patrick Jean. One More Production, 2010. (Film.)
Pixels. Reg. Chris Columbus. Columbia, 2015. (Film.)
Planet Terror. Reg. Robert Rodriguez. Dimension Films, 2007. (Film.)
Plantinga, Carl. *Moving Viewers: American Film and the Spectator's Experience*. Berkeley: University of California Press, 2009.
The Plucky Squire. All Possible Futures/Devolver Digital, 2024. (Windows.)
Pony Island. Daniel Mullins Games, 2016. (Windows.)
Pooker, Nils. „‚Friedrichs Bilder können ebensogut auf den Kopf gesehen werden'“. *Nils Pooker*, o. D. https://www.nils-pooker.de/arbeiten-malerei/friedrich-auf-dem-kopf/ (15. August 2025).
Poor Cinderella. Reg. Dave Fleischer und Seymour Kneitel. Paramount, 1934. (Film.)
Popeye the Sailor Meets Sindbad the Sailor. Reg. Dave Fleischer. Paramount, 1936. (Film.)
Porten-Cheé, Pablo. *Anschlusskommunikation als Medienwirkung: Der Einfluss von Relevanz und Qualität von Medieninhalten auf das Gesprächsverhalten*. Baden-Baden: Nomos, 2017.
Postema, Barbara, und Ilan Manouach. „‚The Hard Work of Programming Germinates Soft Pleasures': Creating Synthetic Comics with AI Collaboration“. *Critical Humanities* 2.2 (2024): o. S. https://doi.org/10.33470/2836-3140.1053 (15. August 2025).
Proteus. Ed Key und David Kanaga, 2013. (Windows.)
Pulliam-Moore, Charles. „*Across the Spider-Verse*'s Animators Allegedly Worked under Unsustainable Conditions“. *The Verge*, 23. Juni 2023. https://www.theverge.com/2023/6/23/23771199/across-the-spider-verse-working-conditions-phil-lord (15. August 2025).
Punday, Daniel. *Playing at Narratology: Digital Media as Narrative Theory*. Columbus: Ohio State University Press, 2019.
Pyre. Supergiant Games, 2017. (Windows.)
Quiroga Rodríguez, Elio. „The *Tron* Technical Challenge: History of Visual Effects and Computer Graphics“. *Information Display* 41.3 (2025): 36–41.
Raczkowski, Felix. „Papier und Polygon: Theming und Materialität in Game Studies und Game Design“. *Navigationen: Zeitschrift für Medien- und Kulturwissenschaften* 20.1 (2020): 21–33.
Radulovic, Petrana. „Spider-Punk's Chaotic Look Had to Break *Across the Spider-Verse*'s Animation Rules“. *Polygon*, 6. Juni 2023. https://www.polygon.com/23749792/across-the-spider-verse-spider-punk-animation-development (15. August 2025).
Raise Your Little Hand. Rymdreglage, 2011. (Video.)
Rajewsky, Irina O. *Intermedialität*. Tübingen: Francke, 2002.
Rajewsky, Irina O. „Intermediality, Intertextuality, and Remediation: A Literary Perspective on Intermediality“. *Intermédialités / Intermediality* 6 (2005): 43–64.
Rajewsky, Irina O. „Intermedialität und *remediation*: Überlegungen zu einigen Problemfeldern der jüngeren Intermedialitätsforschung“. *Intermedialität analog/digital: Theorien – Methoden – Analysen*. Hg. Joachim Paech und Jens Schröter. München: Fink, 2008. 47–60.

Rall, Hannes. „Animationstechniken und -produktion“. *Handbuch Animation Studies*. Hg. Franziska Bruckner, Julia Eckel, Erwin Feyersinger und Maike Sarah Reinerth. Wiesbaden: Springer VS, 2023. 1–21. https://doi.org/10.1007/978-3-658-25978-5_2-1 (15. August 2025).
Ralph Breaks the Internet. Reg. Rich Moore und Phil Johnston. Walt Disney Studios, 2018. (Film.)
Ramanan, Chella. „*What Remains of Edith Finch* Review: Magical Ode to the Joy of Storytelling“. *The Guardian*, 26. April 2017. https://www.theguardian.com/technology/2017/apr/26/what-remains-of-edith-finch-review-giant-sparrow (15. August 2025).
Rancière, Jacques. *Aisthesis: Scènes du régime esthétique de l'art*. Paris: Éditions Galilée, 2011.
Rathe, Clemens. *Die Philosophie der Oberfläche: Medien- und kulturwissenschaftliche Perspektiven auf Äußerlichkeiten und ihre tiefere Bedeutung*. Bielefeld: transcript, 2020.
Rautzenberg, Markus, und Andreas Wolfsteiner (Hg.). *Hide and Seek: Das Spiel von Transparenz und Opazität*. München: Fink, 2010.
Reckwitz, Andreas. „How the Senses Organise the Social“. *Praxeological Political Analysis*. Hg. Michael Jonas und Beate Littig. Abingdon: Routledge, 2016. 56–66.
Reinerth, Maike Sarah. „Kleines Glossar“. *montage AV: Zeitschrift für Theorie und Geschichte audiovisueller Kommunikation* 22.2 (2013): 178–179.
Robertson, Barbara. „Imageworks Artists ‚Break the Mold‘ to Create an Alternate Spider-Verse“. *VFX Voice: The Magazine of the Visual Effects Society*, 13. Dezember 2018. https://www.vfxvoice.com/imageworks-artists-break-the-mold-to-create-an-alternate-spider-verse/ (15. August 2025).
Robison, Greg. „Tokens Not Noise: How GPT-4o's Approach Changes Everything about AI Art“. *Medium*, 1. April 2025. https://gregrobison.medium.com/tokens-not-noise-how-gpt-4os-approach-changes-everything-about-ai-art-99ab8ef5195d (15. August 2025).
Roche, David. *Making and Remaking Horror in the 1970s and 2000s: Why Don't They Do It Like They Used To?* Jackson: University Press of Mississippi, 2014.
Rötzer, Florian (Hg.). *Digitaler Schein: Ästhetik der elektronischen Medien*. Frankfurt am Main: Suhrkamp, 1991a.
Rötzer, Florian. „Mediales und Digitales: Zerstreute Bemerkungen und Hinweise eines irritierten informationsverarbeitenden Systems“. *Digitaler Schein: Ästhetik der elektronischen Medien*. Hg. Florian Rötzer. Frankfurt am Main: Suhrkamp, 1991b. 9–78.
Rombes, Nicholas. *Cinema in the Digital Age*. Überarb. Aufl. New York: Wallflower Press, 2017.
Romele, Alberto. *Digital Habitus: A Critique of the Imaginaries of Artificial Intelligence*. New York: Routledge, 2024.
Rothwell, Ian. *Postinternet Art and Its Afterlives*. New York: Routledge, 2024.
Ruddell, Caroline. „‚Don't Box Me In‘: Blurred Lines in *Waking Life* and *A Scanner Darkly*“. *Animation: An Interdisciplinary Journal* 7.1 (2012): 7–23.
Ruddell, Caroline, und Paul Ward (Hg.). *The Crafty Animator: Handmade, Craft-Based Animation and Cultural Value*. Cham: Palgrave Macmillan, 2019.
Rudi, Jøran. „Past and Current Tendencies in Technology-Based Music“. *Organised Sound* 20.1 (2015): 30–36.
Ruffino, Paolo (Hg.). *Independent Videogames: Cultures, Networks, Techniques and Politics*. Abingdon: Routledge, 2021.
Ruhland, Perry. „Literally Developed by Satan: A *Pony Island* Interview“. *TechRaptor*, 18. Januar 2016. https://techraptor.net/gaming/interview/literally-developed-by-satan-pony-island-interview (15. August 2025).
Ryan, Marie-Laure. *Avatars of Story*. Minneapolis: University of Minnesota Press, 2006.
Sachs-Hombach, Klaus. *Das Bild als kommunikatives Medium: Elemente einer allgemeinen Bildwissenschaft*. Köln: Halem, 2003.

Saito, Yuriko. *Everyday Aesthetics*. Oxford: Oxford University Press, 2012.
Salvaggio, Eryk. „How to Read an AI Image: Toward a Media Studies Methodology for the Analysis of Synthetic Images". *IMAGE: The Interdisciplinary Journal of Image Sciences* 37.1 (2023): 83–99.
Sandford, Shannon. „‚Loading Memories…': Deteriorating Pasts and Distant Futures in Stuart Campbell's *These Memories Won't Last*". *Text: Journal of Writing and Writing Courses* 26.Special 69 (2022): 1–20. https://doi.org/10.52086/001c.57765 (15. August 2025).
Saving Private Ryan. Reg. Steven Spielberg. DreamWorks, 1998. (Film.)
A Scanner Darkly. Reg. Richard Linklater. Warner Bros., 2006. (Film.)
Scarantino, Andrea, und Ronald de Sousa. „Emotion". *The Stanford Encyclopedia of Philosophy (Summer 2021 Edition)*. Hg. Edward N. Zalta. Stanford: Stanford University, 2021. O. S. https://plato.stanford.edu/archives/sum2021/entries/emotion/ (15. August 2025).
Schäfer, Mirko Tobias. *Bastard Culture! How User Participation Transforms Cultural Production*. Amsterdam: Amsterdam University Press, 2011.
Schindel, Daniel. „Art and Craft: Atsushi Okui on *The Boy and the Heron*". *Film Comment*, 11. Dezember 2023. https://www.filmcomment.com/blog/art-and-craft-atsushi-okui-on-the-boy-and-the-heron/ (15. August 2025).
Schlarb, Damien B. „Narrative Glitches: Action Adventure Games and Metaleptic Convergence". *Playing the Field: Video Games and American Studies*. Hg. Sascha Pöhlmann. Berlin: De Gruyter, 2019. 195–210.
Schleser, Max. *Smartphone Filmmaking: Theory and Practice*. New York: Bloomsbury, 2021.
Schlesinger, George. „Aesthetic Experience and the Definition of Art". *British Journal of Aesthetics* 19.2 (1979): 167–176.
Schmidt, Hanns Christian. „Ludo Labo Literacy: Papphäuser, Bauhäuser und der Versuch einer medienpädagogischen Selbstentfaltung". *Navigationen: Zeitschrift für Medien- und Kulturwissenschaften* 20.1 (2020): 161–177.
Schonig, Jordan. „Laborious Aesthetics: Visible and Invisible Labor in the *Spider-Verse* Franchise". *Animation: An Interdisciplinary Journal* 20.1 (2025): 25–40.
Schoppmeier, Sören. „Breaking the Habitual: *Pony Island* as Countergaming". *Modernities and Modernization in North America*. Hg. Ilka Brasch und Ruth Mayer. Heidelberg: Winter, 2018. 427–448.
Schrey, Dominik. „Mediennostalgie und Cinephilie im *Grindhouse*-Doublefeature". *Techniknostalgie und Retrotechnologie*. Hg. Andreas Böhn und Kurt Möser. Karlsruhe: KIT Scientific Publishing, 2010. 183–195.
Schrey, Dominik. „Retrofotografie: Die Wiederverzauberung der digitalen Welt". *MEDIENwissenschaft: Rezensionen | Reviews* 32.1 (2015): 9–26.
Schrey, Dominik. *Analoge Nostalgie in der digitalen Medienkultur*. Berlin: Kadmos, 2017.
Schrödinger, Erwin. *What Is Life? The Physical Aspect of the Living Cell*. Cambridge: Cambridge University Press, 1944.
Schröter, Jens. „Analog/Digital: Opposition oder Kontinuum?". *Analog/Digital: Opposition oder Kontinuum? Zur Theorie und Geschichte einer Unterscheidung*. Hg. Jens Schröter und Alexander Böhnke. Bielefeld: transcript, 2004. 7–30.
Schröter, Jens. *3D: Zur Geschichte, Theorie und Medienästhetik des technisch-transplanen Bildes*. München: Fink, 2009.
Schröter, Jens. „Medienästhetik, Simulation und ‚neue Medien'". *Zeitschrift für Medienwissenschaft* 8 (2013): 88–100.

Schröter, Jens. „Intermediality and Computer Simulation". *The Palgrave Handbook of Intermediality*. Hg. Jørgen Bruhn, Asun López-Varela Azcárate und Miriam de Paiva Vieira. Cham: Palgrave Macmillan, 2024. 1135–1146.

Schröter, Jens. „The Lens Flare: Photorealistic Computer Graphics between Physics and Economic Viability". *Transbordeur* 9 (2025): o. S. https://doi.org/10.4000/13dww (15. August 2025).

Das Schwarze Auge. Schmidt Spiele/Fantasy Productions/Ulisses Spiele, 1984–. (Tischrollenspiel.)

Scoggin, Lisa. „The Pseudo-1930s World of *Cuphead*". *The Intersection of Animation, Video Games, and Music: Making Movement Sing*. Hg. Lisa Scoggin und Dana Plank. New York: Routledge, 2023. 62–75.

Scolari, Carlos A. *On the Evolution of Media: Understanding Media Change*. Abingdon: Routledge, 2023.

ScourgeBringer. Flying Oak Games/Dear Villagers, 2020. (Windows.)

Scrolls. Mojang, 2014. (Windows.)

Sea of Stars. Sabotage Studios, 2023. (Windows.)

Searching. Reg. Aneesh Chaganty. Stage 6 Films, 2018. (Film.)

Seel, Martin. *Eine Ästhetik der Natur*. Frankfurt am Main: Suhrkamp, 1991.

Seel, Martin. „Vor dem Schein kommt das Erscheinen: Bemerkungen zu einer Ästhetik der Medien". *Merkur* 534–535 (1993a): 770–783.

Seel, Martin. „Zur ästhetischen Praxis der Kunst". *Deutsche Zeitschrift für Philosophie* 41.1 (1993b): 31–43.

Seel, Martin. „Ästhetik und Aisthetik: Über einige Besonderheiten ästhetischer Wahrnehmung". *Bild und Reflexion: Paradigmen und Perspektiven gegenwärtiger Ästhetik*. Hg. Birgit Recki und Lambert Wiesing. München: Fink, 1997. 17–38.

Seel, Martin. *Ästhetik des Erscheinens*. Frankfurt am Main: Suhrkamp, 2003.

Senior, Tom. „*Proteus* Review". *PC Gamer*, 5. März 2013. https://www.pcgamer.com/proteus-review/ (15. August 2025).

Seymour, Mike. „Why *Spider-Verse* Has the Most Inventive Visuals You'll See This Year!" *fxguide*, 17. Dezember 2018. https://www.fxguide.com/fxfeatured/why-spider-verse-has-the-most-inventive-visuals-youll-see-this-year/ (15. August 2025).

Shaker, Noor, Julian Togelius und Mark J. Nelson. *Procedural Content Generation in Games*. Cham: Springer, 2016.

Sharp, John. *Works of Game: On the Aesthetics of Games and Art*. Cambridge, MA: MIT Press, 2015.

Shea, Cam. „*Pony Island* Review". *IGN*, 19. Januar 2016 [aktualisiert am 1. Mai 2017]. https://www.ign.com/articles/2016/01/19/pony-island-review (15. August 2025).

Shivener, Rich. „Re-Theorizing the Infinite Canvas: A Space for Comics and Rhetorical Theories". *Perspectives on Digital Comics: Theoretical, Critical and Pedagogical Essays*. Hg. Jeffrey S. J. Kirchoff und Mike P. Cook. Jefferson: McFarland, 2019. 46–62.

SHŌBU. Smirk and Laughter Games, 2019. (Brettspiel.)

Shoemaker, Eric. „Is AI Art Theft? The Moral Foundations of Copyright Law in the Context of AI Image Generation". *Philosophy and Technology* 37 (2024): 114 (1–21). https://doi.org/10.1007/s13347-024-00797-x (15. August 2025).

Shore, Robert. *Post-Photography: The Artist with a Camera*. London: Laurence King Publishing, 2014.

Shusterman, Richard. *Surface and Depth: Dialectics of Criticism and Culture*. Ithaca: Cornell University Press, 2002.

Sibley, Frank. „Aesthetic Concepts". *Philosophical Review* 68.4 (1959): 421–450.

Sibley, Frank. „Aesthetic and Nonaesthetic". *Philosophical Review* 74.2 (1965): 135–159.

Sibley, Frank. „Objectivity and Aesthetics". *Proceedings of the Aristotelian Society, Supplementary Volumes* 42 (1968): 31–54.

Sibley, Frank. „Particularity, Art and Evaluation“. *Proceedings of the Aristotelian Society, Supplementary Volumes* 48 (1974): 1–21.

Siegmund, Judith. *Die Evidenz der Kunst: Künstlerisches Handeln als ästhetische Kommunikation*. Bielefeld: transcript, 2007.

Silber, Daniel. *Pixel Art for Game Developers*. Boca Raton: CRC Press, 2016.

Simons, Jan. „Between iPhone and YouTube: Movies on the Move“. *Video Vortex Reader II: Moving Images beyond YouTube*. Hg. Geert Lovink und Rachel Somers Miles. Amsterdam: Institute of Network Cultures, 2011. 95–107.

Sin City. Reg. Frank Miller und Robert Rodriguez. Dimension Films, 2005. (Film.)

Šklovskij, Viktor. „Iskusstvo, kak priem“. *Sborniki po teorii poetičeskogo jazyka* 2 (1917): 3–14.

Sky Captain and the World of Tomorrow. Reg. Kerry Conran. Paramount, 2004. (Film.)

Skylanders. Toys for Bob/Activision, 2011–2016. (PlayStation 3.)

Slay the Princess. Black Tabby Games, 2023. (Windows.)

Sliva, Marty. „*What Remains of Edith Finch* Review“. *IGN*, 27. April 2017 [aktualisiert am 20. Juli 2017]. https://www.ign.com/articles/2017/04/26/what-remains-of-edith-finch-review (15. August 2025).

Smith, Adam. „Wot I Think: *Card Hunter*“. *Rock Paper Shotgun*, 17. September 2013. https://www.rockpapershotgun.com/wot-i-think-card-hunter (15. August 2025).

Smith, Adam. „Wot I Think: *What Remains Of Edith Finch*“. *Rock Paper Shotgun*, 24. April 2017. https://www.rockpapershotgun.com/what-remains-of-edith-finch-review (15. August 2025).

Smith, Greg M. *Film Structure and the Emotion System*. Cambridge: Cambridge University Press, 2003.

Smith, Shawn. „Statement“. *Shawn Smith*, o. D. https://www.shawnsmithart.com/statement.html (15. August 2025).

Smith, Shawn. E-Mail-Korrespondenz am 8. und 9. September 2025.

SMS Sugar Man. Reg. Aryan Kaganof. African Noise Foundation, 2008. (Film.)

Sørensen, Peter. „Tronic Imagery“. *Cinefex* 8 (1982): 4–35.

Soul. Reg. Pete Docter und Kemp Powers. Walt Disney Studios, 2020. (Film.)

Spider-Man: Into the Spider-Verse. Reg. Bob Persichetti, Peter Ramsey und Rodney Rothman. Columbia, 2018. (Film.)

Spider-Man: Across the Spider-Verse. Reg. Joaquim Dos Santos, Kemp Powers und Justin K. Thompson. Columbia, 2023. (Film.)

Spurgeon, Tom. „Reading Mini Comics“. *The Comics Reporter*, 10. Oktober 2004. https://www.comicsreporter.com/index.php/all_about_comics/all_about/78/ (15. August 2024).

Stardew Valley. Concerned Ape/Chucklefish, 2016. (Windows.)

Stecker, Robert. „Historical Functionalism or the Four Factor Theory“. *British Journal of Aesthetics* 34.3 (1994): 255–265.

Stein, Jordan Alexander. „How to Be a Theory Dinosaur“. *Postmodern Culture: Journal of Interdisciplinary Thought on Contemporary Cultures* 21.2 (2011): o. S. https://www.pomoculture.org/2013/09/03/how-to-be-a-theory-dinosaur/ (15. August 2025).

Sterne, Jonathan. „Analog“. *Digital Keywords: A Vocabulary of Information Society and Culture*. Hg. Benjamin Peters. Princeton: Princeton University Press, 2016. 31–44.

Steyerl, Hito. „In Defense of the Poor Image“. *e-flux journal* 10 (2009): o. S. https://www.e-flux.com/journal/10/61362/in-defense-of-the-poor-image/ (15. August 2025).

Stilstand. Niila Games, 2020. (Windows.)

Strauven, Wanda (Hg.). *The Cinema of Attractions Reloaded*. Amsterdam: Amsterdam University Press, 2006.

Stuart, Keith. „*Proteus*: Review“. *The Guardian*, 4. Februar 2013. https://www.theguardian.com/technology/gamesblog/2013/feb/04/proteus-review (15. August 2025).

Styhre, Alexander. *Indie Video Game Development Work: Innovation in the Creative Economy*. Cham: Palgrave Macmillan, 2020.

Sullivan, Lucas. „*Cuphead* Review: ‚Stands Tall among the Best 2D Shooters of All Time'". *GamesRadar+*, 29. September 2017. https://www.gamesradar.com/cuphead-review/ (15. August 2025).

Summers, Sam. „Adapting a Retro Comic Aesthetic with *Spider-Man: Into the Spider-Verse*". *Adaptation* 12.2 (2019): 190–194.

Švelch, Jan. „Paratextuality in Game Studies: A Theoretical Review and Citation Analysis". *Game Studies: The International Journal of Computer Game Research* 20.2 (2020): o. S. https://gamestudies.org/2002/articles/jan_svelch (15. August 2025).

Swing You Sinners! Reg. Dave Fleischer. U. M. and M. TV Corp., 1930. (Film.)

TableTop. Geek and Sundry, 2012–2017. (Webserie.) https://www.youtube.com/playlist?list=PL7atuZxmT956cWFGxqSyRdn6GWhBxiAwE (15. August 2025).

Taffel, Sy. „Perspectives on the Postdigital: Beyond Rhetorics of Progress and Novelty". *Convergence: The International Journal of Research into New Media Technologies* 22.3 (2016): 324–338.

Tan, Ed S. *Emotion and the Structure of Narrative Film: Film as an Emotion Machine*. Mahwah: Lawrence Erlbaum Associates, 1996.

Tangerine. Reg. Sean Baker. Magnolia, 2015. (Film.)

Taylor, T. L. *Watch Me Play: Twitch and the Rise of Game Live Streaming*. Princeton: Princeton University Press, 2018.

Terraria. Re-Logic, 2011. (Windows.)

Thanksgiving. Reg. Eli Roth. TriStar, 2023. (Film.)

There Is No Game: Wrong Dimension. Draw Me a Pixel, 2020. (Windows.)

These Memories Won't Last. Stuart Campbell, 2015. (Webcomic.) https://thesememorieswontlast.com/ (15. August 2025).

Thibault, Mattia. „Post-Digital Games: The Influence of Nostalgia in Indie Games' Graphic Regimes". *Gamevironments* 4 (2016): 1–24.

Thibault, Mattia. „Paper-Made Digital Games: The Poetic of Cardboard from *Crayon Physics Deluxe* to *Nintendo Labo*". *Proceedings of DiGRA 2018: The Game Is the Message* (2018): o. S. https://dl.digra.org/index.php/dl/article/view/983/983 (15. August 2025).

32-Rbit. Victor Orozco Ramirez, 2018. (Video.)

Thomas, Alex. „‚I Wanted the Interactivity to Reflect the Frustration of Memory and Dementia': Stu ‚SUTU' Campbell on His Highly Personal Webcomic *These Memories Won't Last*". *Pipedream Comics*, o. D. https://pipedreamcomics.co.uk/interview-sty-campbell-sutu-these-memories-wont-last/ (15. August 2025).

Thompson, Kristin. „The Concept of Cinematic Excess". *Ciné-Tracts* 1.2 (1977): 54–63.

Thompson, Kristin. „Neoformalistische Filmanalyse: Ein Ansatz, viele Methoden". *montage AV: Zeitschrift für Theorie und Geschichte audiovisueller Kommunikation* 4.1 (1995): 23–62.

Thomson-Jones, Katherine. „Inseparable Insight: Reconciling Cognitivism and Formalism in Aesthetics". *Journal of Aesthetics and Art Criticism* 63.4 (2005): 375–384.

Thon, Jan-Noël. „Perspective in Contemporary Computer Games". *Point of View, Perspective, and Focalization: Modeling Mediation in Narrative*. Hg. Peter Hühn, Wolf Schmid und Jörg Schönert. Berlin: De Gruyter, 2009. 279–299.

Thon, Jan-Noël. „Mediality". *The Johns Hopkins Guide to Digital Media*. Hg. Marie-Laure Ryan, Lori Emerson und Benjamin J. Robertson. Baltimore: Johns Hopkins University Press, 2014. 334–337.

Thon, Jan-Noël. „Game Studies und Narratologie". *Game Studies: Aktuelle Ansätze der Computerspielforschung*. Hg. Klaus Sachs-Hombach und Jan-Noël Thon. Köln: Halem, 2015. 104–164.

Thon, Jan-Noël. *Transmedial Narratology and Contemporary Media Culture*. Lincoln: University of Nebraska Press, 2016.

Thon, Jan-Noël. „Transmedial Narratology Revisited: On the Intersubjective Construction of Storyworlds and the Problem of Representational Correspondence in Films, Comics, and Video Games". *Narrative* 25.3 (2017): 286–320.

Thon, Jan-Noël. „Playing with Fear: The Aesthetics of Horror in Recent Indie Games". *Eludamos: Journal for Computer Game Culture* 10.1 (2019a): 197–231.

Thon, Jan-Noël. „Post/Documentary: Referential Multimodality in ‚Animated Documentaries' and ‚Documentary Games'". *Poetics Today* 40.2 (2019b): 269–297.

Thon, Jan-Noël. „Transmedia Characters: Theory and Analysis". *Frontiers of Narrative Studies* 5.2 (2019c): 176–199.

Thon, Jan-Noël. „Analyzing Indie Aesthetics". *Proceedings of DiGRA 2020: Play Everywhere* (2020): o. S. https://dl.digra.org/index.php/dl/article/view/1276/1276 (15. August 2025).

Thon, Jan-Noël. „Comics Narratology". *Handbook of Comics and Graphic Narratives*. Hg. Sebastian Domsch, Dan Hassler-Forest und Dirk Vanderbeke. Berlin: De Gruyter, 2021. 99–120.

Thon, Jan-Noël. „Transmedia Characters/Transmedia Figures: Drawing Distinctions and Staging Re-Entries". *Narrative* 30.2 (2022): 140–147.

Thon, Jan-Noël. „Alles literarisch? Zur ästhetischen Komplexität gegenwärtiger Computerspiele". *Der Deutschunterricht* 75.4 (2023a): 24–33.

Thon, Jan-Noël. „Bildmedium Computerspiel? Zur ästhetischen Komplexität aktueller Indie Games". *Bildmedien: Materialität – Semiotik – Ästhetik: Festschrift für Klaus Sachs-Hombach zum 65. Geburtstag*. Hg. Frauke Berndt und Jan-Noël Thon. Berlin: De Gruyter, 2023b. 441–460.

Thon, Jan-Noël. „AI Horseplay: Postdigital Aesthetics in AI-Generated Images". *AI Aesthetics: AI-Generated Images between Artistics and Aisthetics*. Hg. Jan-Noël Thon und Lukas R. A. Wilde. Abingdon: Routledge, 2025a. 22–58.

Thon, Jan-Noël. „Arthur/Artoria/Arthas: Some Theoretical Remarks on Arthur(ian) Characters in Contemporary Media Culture". *JLT: Journal of Literary Theory* 19.2 (2025b): 404–435.

Thon, Jan-Noël. „Digitale Erzählformen: Eine Einführung". *Der Deutschunterricht* 77.5 (2025c): 2–9.

Thon, Jan-Noël. „Playing with *Otium*? On the Aesthetics of Walking Simulators". *Narrative* 33.3 (2025d): 305–337.

Thon, Jan-Noël. „Postdigital Aesthetics in Recent Indie Games". *Videogames and Metareference: Mapping the Margins of an Interdisciplinary Field*. Hg. Theresa Krampe und Jan-Noël Thon. Abingdon: Routledge, 2025e. 221–283.

Thon, Jan-Noël. „Spielend erzählen? Ausgewählte theoretisch-methodologische Schlaglichter auf die Narrativität gegenwärtiger Computerspiele". *Der Deutschunterricht* 77.5 (2025f): 61–72.

Thon, Jan-Noël, und Lukas R. A. Wilde. „Introduction: Mediality and Materiality of Contemporary Comics". *Journal of Graphic Novels and Comics* 7.3 (2016): 233–241.

Thon, Jan-Noël, und Lukas R. A. Wilde. „Introduction: AI Aesthetics". *AI Aesthetics: AI-Generated Images between Artistics and Aisthetics*. Hg. Jan-Noël Thon und Lukas R. A. Wilde. Abingdon: Routledge, 2025. 1–21.

300. Reg. Zack Snyder. Warner Bros., 2006. (Film.)

Tischer, Matthias. „Vom Klang der Schaltkreise". *Lied und populäre Kultur/Song and Popular Culture* 64 (2019): 171–182.

To the Death! Brian Garber, 2019. (Kartenspiel.)

Todd, Mark, und Esther Pearl Watson. *Whatcha Mean, What's a Zine? The Art of Making Zines and Mini Comics: With Contributions by More than 20 Creators of Indie Comics and Magazines*. Boston: Graphia, 2006.

Trammell, Aaron. „Analog Games and the Digital Economy“. *Analog Game Studies* 6.1 (2019): o. S. https://analoggamestudies.org/2019/03/analog-games-and-the-digital-economy/ (15. August 2025).

Trammell, Aaron, Emma Leigh Waldron und Evan Torner. „Reinventing Analog Game Studies“. *Analog Game Studies* 1.1 (2014): o. S. https://analoggamestudies.org/2014/08/reinventing-analog-game-studies/ (15. August 2025).

Traulsen, Sören Jannik, und Felix Büchner. „Postdigitales Schultheater: Eine Kartografie zentraler Akteur*innen des Diskurses ‚Theater und Digitalität‘“. *MedienPädagogik: Zeitschrift für Theorie und Praxis der Medienbildung/Jahrbuch Medienpädagogik* 18 (2022): 331–362.

Trials of Fire. Whatboy Games, 2021. (Windows.)

Tron. Reg. Steven Lisberger. Buena Vista, 1982. (Film.)

Turner, Peter. *Found Footage Horror Films: A Cognitive Approach*. New York: Routledge, 2019.

28 Years Later. Reg. Danny Boyle. Columbia, 2025. (Film.)

Tyrrell, Caitlin. „*Spider-Man: Across the Spider-Verse* Art Director Breaks Down Gwen Stacy's Earth“. *Screen Rant*, 29. August 2023. https://screenrant.com/spider-man-across-the-spider-verse-clip-gwen-stacy/ (15. August 2025).

Ugenti, Elio. „Between Visibility and Media Performativity: The Role of Interface and Gesturality in Desktop Cinema“. *Cinéma and Cie: Film and Media Studies Journal* 21.36–37 (2021): 177–192.

Undertale. Toby Fox, 2015. (Windows.)

Unfriended. Reg. Levan Gabriadze. Universal, 2015. (Film.)

Unsane. Reg. Steven Soderbergh. Fingerprint, 2018. (Film.)

Untitled (Silver). Takeshi Murata, 2006. (Video.)

Varul, Mathias Zick. „The Accursed Second Part: Small-Scale Discourses of Gender and Race in *The LEGO Movie 2*“. *Cultural Studies of LEGO: More than Just Bricks*. Hg. Rebecca C. Hains und Sharon R. Mazzarella. Cham: Palgrave Macmillan, 2019. 123–145.

Vear, Craig (Hg.). *The Routledge International Handbook of Practice-Based Research*. Abingdon: Routledge, 2022.

Verstegen, Ian. *Arnheim, Gestalt and Media: An Ontological Theory*. Cham: Springer, 2018.

von Aarburg, Hans-Georg, Philipp Brunner, Christa M. Haeseli et al. (Hg.). *Mehr als Schein: Ästhetik der Oberfläche in Film, Kunst, Literatur und Theater*. Zürich: diaphanes, 2008.

von Ehrenfels, Christian. „Über Gestaltqualitäten“. *Vierteljahrsschrift für wissenschaftliche Philosophie* 14 (1890): 249–292.

von Kapp-herr, Kathrin. *Zeigen und Verbergen: Zum Doppelgestus der digitalen Visual Effects im Hollywood-Kino*. Bielefeld: transcript, 2018.

Voss, Christiane. *Narrative Emotionen: Eine Untersuchung über Möglichkeiten und Grenzen philosophischer Emotionstheorien*. Berlin: De Gruyter, 2004.

Waarom heeft niemand mij verteld dat het zo erg zou worden in Afghanistan. Reg. Cyrus Frisch. Filmfreak Distributie, 2007. (Film.)

Wake, Paul. „Life and Death in the Second Person: Identification, Empathy, and Antipathy in the Adventure Gamebook“. *Narrative* 24.2 (2016): 190–210.

Wake, Paul, und Chloé Germaine. „Introduction: Material Game Studies“. *Material Game Studies: A Philosophy of Analogue Play*. Hg. Chloé Germaine und Paul Wake. London: Bloomsbury, 2023. 1–18.

Waking Life. Reg. Richard Linklater. Searchlight, 2001. (Film.)

Walker, John. „Wot I Think: *Pony Island*: The Smartest Game of 2016“. *Rock Paper Shotgun*, 5. Januar 2016. https://www.rockpapershotgun.com/wot-i-think-pony-island-the-smartest-game-of-2016 (15. August 2025).

Walker Rettberg, Jill. *Seeing Ourselves through Technology: How We Use Selfies, Blogs and Wearable Devices to See and Shape Ourselves*. Basingstoke: Palgrave Macmillan, 2014.
Wallace, Benedikte, Kristian Nymoen, Jim Torresen und Charles Patrick Martin. „Breaking from Realism: Exploring the Potential of Glitch in AI-Generated Dance". *Digital Creativity* 35.2 (2024): 125–142.
Wallenstein, Sven-Olov. „Baumgarten and the Invention of Aesthetics". *Site* 33 (2013): 31–57.
Walton, Kendall L. „Transparent Pictures: On the Nature of Photographic Realism". *Critical Inquiry* 11.2 (1984): 246–277.
Walton, Kendall L. *Mimesis as Make-Believe: On the Foundations of the Representational Arts*. Cambridge, MA: Harvard University Press, 1990.
Waltz with Bashir. Reg. Ari Folman. Sony Pictures Classics, 2008. (Film.)
Ward, Paul. „‚I Was Dreaming I Was Awake and Then I Woke Up and Found Myself Asleep': Dreaming, Spectacle and Reality in *Waking Life*". *The Spectacle of the Real: From Hollywood to Reality TV and Beyond*. Hg. Geoff King. Bristol: Intellect, 2005. 161–171.
Ward, Paul. „Independent Animation, Rotoshop and Communities of Practice: As Seen through *A Scanner Darkly*". *Animation: An Interdisciplinary Journal* 7.1 (2012): 59–72.
Warhammer. Games Workshop, 1983–. (Miniaturenspiel.)
Warhammer 40.000. Games Workshop, 1987–. (Miniaturenspiel.)
Weber, Mathias. *Der soziale Rezipient: Medienrezeption als gemeinschaftliche Identitätsarbeit in Freundeskreisen Jugendlicher*. Wiesbaden: Springer VS, 2015.
Welsch, Wolfgang. *Aisthesis: Grundzüge und Perspektiven der Aristotelischen Sinneslehre*. Stuttgart: Klett-Kotta, 1987.
Welsch, Wolfgang. *Ästhetisches Denken*. Stuttgart: Reclam, 1990.
Welsch, Wolfgang (Hg.). *Die Aktualität des Ästhetischen*. München: Fink, 1993.
Welsch, Wolfgang. *Grenzgänge der Ästhetik*. Stuttgart: Reclam, 1996.
Wertheimer, Max. *Drei Abhandlungen zur Gestalttheorie*. Erlangen: Verlag der Philosophischen Akademie, 1925.
Wesselkämper, Hannes. *Spektakel filmischer Oberflächen: Eine medienästhetische Reflexion*. Berlin: De Gruyter, 2024.
What Remains of Edith Finch. Giant Sparrow/Annapurna Interactive, 2017. (Windows.)
Whissel, Kristen. *Spectacular Digital Effects: CGI and Contemporary Cinema*. Durham: Duke University Press, 2014.
Wiese, Wanja. *Experienced Wholeness: Integrating Insights from Gestalt Theory, Cognitive Neuroscience, and Predictive Processing*. Cambridge, MA: MIT Press, 2017.
Wilde, Lukas R. A. „Distinguishing Mediality: The Problem of Identifying Forms and Features of Digital Comics". *Networking Knowledge* 8.4 (2015): 1–14. https://ojs.meccsa.org.uk/index.php/netknow/article/view/386 (15. August 2025).
Wilde, Lukas R. A. „LEGO als Marke, Lego als Material: Transmedialisierbarkeit und Wahrnehmbarkeit dargestellter Welten". *Transmedialisierung*. Hg. Sabine Coelsch-Foisner und Christopher Herzog. Heidelberg: Winter, 2019. 355–386.
Wilde, Lukas R. A. „Generative Imagery as Media Form and Research Field: Introduction to a New Paradigm". *IMAGE: The Interdisciplinary Journal of Image Sciences* 37.1 (2023): 6–33.
Wilde, Lukas R. A. „Bilderzählungen unter Plattform-Bedingungen: Erweiterungen, Reduktionen und Formatierungen des Erzählens mit digitalen Comics". *Der Deutschunterricht* 77.5 (2025): 31–40.
Wildermyth. Worldwalker Games, 2019. (Windows.)
Wilson, Jake. *Setersom*. 4 Hefte. Selbstverlag, 2021.
Wilson, Jake. E-Mail-Korrespondenz am 30. und 31. August 2025.

Wodak, Ruth. *Disorders of Discourse*. London: Longman, 1996.
Wolf, Mark J. P. (Hg.). *LEGO Studies: Examining the Building Blocks of a Transmedial Phenomenon*. New York: Routledge, 2014.
Wolf, Mark J. P. (Hg.). *The Routledge Companion to Media Technology and Obsolescence*. New York: Routledge, 2019.
Wolf, Werner. *The Musicalization of Fiction: A Study in the Theory and History of Intermediality*. Amsterdam: Rodopi, 1999.
Wolf, Werner. „Metareference across Media: The Concept, Its Transmedial Potentials and Problems, Main Forms and Functions". *Metareference across Media: Theory and Case Studies*. Hg. Werner Wolf. Amsterdam: Rodopi, 2009a. 1–85.
Wolf, Werner (Hg.). *Metareference across Media: Theory and Case Studies*. Amsterdam: Rodopi, 2009b.
Wolf, Werner. „Is There a Metareferential Turn, and If So, How Can It Be Explained". *The Metareferential Turn in Contemporary Arts and Media: Forms, Functions, Attempts at Explanation*. Hg. Werner Wolf. Amsterdam: Rodopi, 2011a. 1–47.
Wolf, Werner (Hg.). *The Metareferential Turn in Contemporary Arts and Media: Forms, Functions, Attempts at Explanation*. Amsterdam: Rodopi, 2011b.
Wolfwalkers. Reg. Tomm Moore und Ross Stewart. Wildcard, 2020. (Film.)
Wollheim, Richard. *Art and Its Objects*. New York: Harper and Row, 1968.
Wollheim, Richard. „On Pictorial Representation". *Journal of Aesthetics and Art Criticism* 56.3 (1998): 217–226.
Wollheim, Richard. „On Formalism and Pictorial Organization". *Journal of Aesthetics and Art Criticism* 59.2 (2001): 127–137.
Wondermark. David Malki !, 2003–. (Webcomic.) https://wondermark.com/ (15. August 2025).
Worden, Daniel. „Can Comics Think? Automation on *The Cubicle Island*". *Ilan Manouach in Review: Critical Approaches to His Conceptual Comics*. Hg. Pedro Moura. Abingdon: Routledge, 2024. 204–224.
Wreck-It Ralph. Reg. Rich Moore. Walt Disney Studios, 2012. (Film.)
Wylesol, George. *Internet Crusader*. London: Avery Hill Publishing, 2019.
Wylesol, George. *2120*. London: Avery Hill Publishing, 2022.
XCOM: The Board Game. Fantasy Flight Games, 2014. (Brettspiel.)
XKCD. Randall Munroe, 2005–. (Webcomic.) https://xkcd.com/ (15. August 2025).
Yang, Jing. „Media Evolution, ‚Double-Edged Sword' Technology and Active Spectatorship: Investigating ‚Desktop Film' from Media Ecology Perspective". *Lumina: Revista do Programa de Pós-Graduação em Comunicação da Universidade Federal de Juiz de Fora* 14.1 (2020): 125–138.
Young, James O. „Aesthetic Antirealism". *Southern Journal of Philosophy* 35.1 (1997): 119–134.
Zahed, Ramin. „‚Wolfwalkers': A Trip to Kilkenny's Magical Past". *Animation Magazine: The Business, Art and Technology of Animation*, 28. Oktober 2020. https://www.animationmagazine.net/2020/10/wolfwalkers-a-trip-to-kilkennys-magical-past/ (15. August 2025).
Zangwill, Nick. *The Metaphysics of Beauty*. Ithaca: Cornell University Press, 2001.
Zettl, Herbert. *Sight, Sound, Motion: Applied Media Aesthetics*. 8. Aufl. Boston: Cengage Learning, 2017.
Ziegele, Marc. *Nutzerkommentare als Anschlusskommunikation: Theorie und qualitative Analyse des Diskussionswerts von Online-Nachrichten*. Wiesbaden: Springer VS, 2016.
Zimmerman, Felix, und Christian Huberts. „From Walking Simulator to Ambience Action Game: A Philosophical Approach to a Misunderstood Genre". *Press Start* 5.2 (2019): 29–50.
Zuckerman, Esther. „How Daniel Kaluuya's Cockney-Speaking, Authority-Defying Spider-Punk Came to Life". *GQ*, 9. Juni 2023. https://www.gq.com/story/spider-punk-daniel-kaluuya-across-the-spider-verse (15. August 2025).

www.ingramcontent.com/pod-product-compliance
Lightning Source LLC
Chambersburg PA
CBHW050655270326
41927CB00012B/3029